本书为中国高等教育学会改革开放40周年高校辅导员队伍建设与发展研究专项课题重点项目"高校辅导员与任课教师协同育人实现途径研究"（项目编号2018FDYZD08）

高校德育成果文库

GaoXiao DeYu
ChengGuo WenKu

新时代高校思想政治教育工作探索

哈尔滨工程大学思想政治教育研究论丛

吕开东　主　编

张　彬　副主编
金　棱

光明日报出版社

图书在版编目（CIP）数据

新时代高校思想政治教育工作探索：哈尔滨工程大
学思想政治教育研究论丛 / 吕开东主编 . -- 北京：光
明日报出版社，2019. 11（2022. 4 重印）
（高校德育成果文库）
ISBN 978 - 7 - 5194 - 4949 - 0

Ⅰ. ①新… Ⅱ. ①吕… Ⅲ. ①高等学校—思想政治教
育—研究—中国 Ⅳ. ①G641

中国版本图书馆 CIP 数据核字（2019）第 250784 号

新时代高校思想政治教育工作探索：哈尔滨工程大学思想
政治教育研究论丛

XINSHIDAI GAOXIAO SIXIANG ZHENGZHI JIAOYU GONGZUO TANSUO：
HAERBIN GONGCHENG DAXUE SIXIANG ZHENGZHI JIAOYU YANJIU LUNCONG

主　　编：吕开东

责任编辑：李月娥　　　　　　　　　责任校对：陈永娟

封面设计：中联学林　　　　　　　　责任印制：曹　净

出版发行：光明日报出版社

地　　址：北京市西城区永安路 106 号，100050

电　　话：010 - 63139890（咨询），010 - 63131930（邮购）

传　　真：010 - 63131930

网　　址：http：// book. gmw. cn

E - mail：gmrbcbs@ gmw. cn

法律顾问：北京市兰台律师事务所龚柳方律师

印　　刷：三河市华东印刷有限公司

装　　订：三河市华东印刷有限公司

本书如有破损、缺页、装订错误，请与本社联系调换，电话：010 - 63131930

开　　本：170mm×240mm

字　　数：244 千字　　　　　　　　印　　张：17

版　　次：2019 年 11 月第 1 版　　　印　　次：2022 年 4 月第 2 次印刷

书　　号：ISBN 978 - 7 - 5194 - 4949 - 0

定　　价：98. 00 元

序　言

习近平总书记在全国高校思想政治工作会议上指出，要加强和改进高校思想政治工作的指导思想，坚持社会主义办学方向，扎根中国大地办大学，以立德树人为根本，以理想信念教育为核心，以社会主义核心价值观为引领，培养又红又专、德才兼备、全面发展的社会主义合格建设者和可靠接班人。这充分体现了以习近平同志为核心的党中央对高校思想政治工作的重视，为做好新形势下高校思想政治工作指明了前进的方向。

为深入贯彻落实全国高校思想政治工作会议精神和党的十九大精神，哈尔滨工程大学相继制定并出台《哈尔滨工程大学关于加强和改进新形势下思想政治工作实施方案》《哈尔滨工程大学"七育人"工作创新项目管理办法》等文件。学校党委在第四次党代会上明确指出，坚持把"立德树人"贯穿办学全过程，确立"以学生发展为中心"的育人理念，坚持育人和育才相统一，深入贯彻"四个服务"办学要求，推动思想政治工作在七个主要方面"强起来"，思想价值引领在七个育人领域"融进去"，牢牢掌握意识形态工作领导权、主动权。

本书围绕新形势下学校思想政治教育工作遇到的问题与挑战、创新与发展、时效性与针对性进行阐释。从"教书和科研育人""实践育人""管理育人""组织育人""服务育人""文化育人"六个育人领域梳理先进经验、提炼优秀做法,从不同侧面展现出哈尔滨工程大学思想政治教育工作生机盎然的景象。本书共分为六个章节:第一章教书和科研育人篇,主要探讨专业精神、课程思政等相关问题;第二章实践育人篇,主要探讨实践育人功能、网络思政教育、新媒体应用、协同育人作用等相关问题;第三章管理育人篇,主要探讨思想政治教育、社会主义核心价值观教育、入学教育等相关问题;第四章组织育人篇,主要探讨学生党支部作用、学生党员管理、学生党建促学风工作等相关问题;第五章服务育人篇,主要探讨体验式专业教育、学生精准帮扶、个体咨询技术等相关问题;第六章文化育人篇,主要探讨文化自信、中国传统文化和学术能力等相关问题。

　　近年来,哈尔滨工程大学高度重视学生思想政治教育工作,形成了以立德树人为根本,以理想信念教育为核心,以社会主义核心价值观为引领的思想政治育人体系。学校先后出台了《哈尔滨工程大学学生工作课题研究项目管理办法》《哈尔滨工程大学学生思想政治教育教师岗位管理办法》等规章制度,积极鼓励辅导员开展科学研究工作,不断提高辅导员学生管理科学水平。为总结先进工作经验,推进思想政治教育工作系统化、科学化、体系化建设,本书将学生工作中的典型做法及相关研究进行了汇集整理,每篇文章均由长期工作在一线的学生工作者编撰而成。但由于研究水平有限,仍存在诸多思考不足的地方,望广大读者和同仁批评指正、不吝赐教。

　　使命崇高,任重道远。愿思想政治教育战线的各位同仁勠力同心,为新形势下的高校思想政治教育工作贡献智慧和力量。

　　以上感想,是为序。

编委会
2018 年 12 月 25 日

目 录
CONTENTS

第一篇 01

教书和科研育人篇

高校学生党建促进学风建设"DEPTH"模式研究

崔木子*

摘 要:学风建设是高校发展之追求,同时也是高校党建工作的重要目标。随着学习十九大精神以及"两学一做"常态化制度化的工作开展,党建和学风建设也有了新内涵。本文将高校学生党建工作与学风建设相结合,构建党建促学风"DEPTH"模式,深入研究工作机制,充分调动党建工作的自主性和主动性,促进学风建设走向更好层面。

关键词:学生党建;学风建设;"DEPTH"模式

习近平指出,思想政治工作从根本上说是做人的工作,必须围绕学生、关照学生、服务学生,不断提高学生思想水平、政治觉悟、道德品质、文化素养,让学生成为德才兼备、全面发展的人才。[1]因此,高校学生党建和学风建设的工作模式值得更加深度的思考。创建"DEPTH"工作模式,使学生工作迈出更稳健的一步。

一、学生党建与学风建设关系

学生党建是思想政治工作的关键一环,是学风建设的核心,是引导学生培养正确世界观、人生观、价值观的坚强堡垒;学风是大学的灵魂,良好的学

---

* 崔木子,1987年出生,辽宁省营口市人,哈尔滨工程大学计算机学院辅导员、讲师,硕士,研究方向思想政治教育和党建研究。

风是实现培养优秀人才目标的重要环节,是学校全面贯彻党的教育方针、提高育人质量的重要保证。[2]

学生党建与学风建设相互渗透、相辅相成、相互促进、共同发展。[3]党建工作为学风建设提供了思想和政治双重保证并拓宽途径。加强和改进学生党建,是充分发挥我们党政治优势和组织优势、做好大学生思想政治教育工作、培养和造就大批社会主义事业合格建设者和可靠接班人的迫切需要。[3]目前,我国高等教育已经基本实现由精英教育向大众教育的转变,随着高校人数增加,高校中的学生党建对于中国共产党胜利完成自身历史使命具有十分重大的意义。高校学生党支部在学校中起到的模范带头作用有利于促进学风建设、端正学风,连接党与大学生,使党的精神传递到高校学生当中,学风建设为党建工作的开展提供了平台和质量保障。

二、学生党建与学风建设现状分析与存在问题

在大学教育的改革发展中,党组织发挥了核心引导作用,习近平曾指出,办好我国高等教育,必须坚持党的领导。党建工作是高校学生工作的重点工作之一,从党的"两学一做"到党的十九大、全国高校思想政治工作会议,中央一直倡导在党爱党、在党言党和在党为党的思想,鼓励学生做合格党员,做学生基层党建,并进一步提高了党员标准。

教育是高校最重要的任务和使命,学风建设的好坏直接影响教育的结果。现今,高校学风的主流是勤奋上进、刻苦认真的,大部分学生有梦想,积极进取,注重提高自身的综合素质和能力。但也存在一些令人担忧的问题及现象:一是学习目标不明确,学习态度不端正;二是专业认识不足,厌学情绪明显;三是自主能力和适应能力较弱;四是缺乏学习毅力,易受课余生活影响;五是党与高校学生存在客观距离,党的指示精神难以进行有效地传达。这些问题都严重破坏了学风和校风。

高校学生党支部作为高校党组织的基层组织,是联系党和学生的桥梁和纽带,应该发挥其感召力,在各方面起先锋模范作用。但随着发展的步伐不断加快,高校党建方面也存在一些不足:一是发展党员深度低,入党时间较短,新党员对党的认识不够充分,发展党员工作存在不平衡现象,出现如"形式上入党"而"思想未入党"的现象,不利于党的未来建设;二是对学生党员的培养和提高的力度不够、培训教育能力较弱,学生在入党以后,在党组织培训中缺乏全面的发展,对思想建设的提高不够,党员在学生中发挥的作用较小,不能良好地带动学生群体提高对党的认识;在新生入学时,缺乏对党的相关正确认识;三是学生基层党组织工作模式落后,不能及时顺应时代的发展进行相关创新,只注重线下传统工作,线上工作等新型模式发展较为落后;四是党员与学生之间的联系较弱,在工作中大量依赖辅导员,不利于体现学生党员在学生群体中的模范带头作用等,上述这些问题在一定程度上制约了培养具有坚定社会主义核心价值观与"中国梦"的高素质人才的工作进程。

三、构建学生党建工作促进学风建设的"DEPTH"模式

高校学生党建是高校建设的关键一环,充分发挥党的作用、基层党支部及优秀学生党员的作用是高校学生建设的重点。学生党建促学风的"DEPTH"模式紧紧围绕学风抓党建,抓好党建促学风,以大学生党建带动学风建设,创新深度工作模式,使学生党建有抓手,学风建设落在实处。[4]"DEPTH"模式主要包括以下内容。

1. Development:严把发展党员质量关,营造良好育人环境

一个学生的优秀与否需要长久的检验标准,学生从提交入党申请书到最终发展为一名正式党员的过程是检验学生优秀品质、学习持久力的试金石,是督促学生坚持德智体美全面发展的重要保证,是衡量学生是否优秀的重要过程保障。故而,发展党员的深度探索奠定了学风氛围的基础,同时深化了学风建设的内涵。严把发展党员质量关,使党员发展工作进一步科学化、程序化、制度化、规范化。具体来说要做到以下两点。一是把好入口关,力争避免"形式上入党"而"思想未入党"的现象发生。在确定入党积极分子之前,以《中国共产党章程》和时事政治为基本内容,建设标准化试题库,进一步加强学生思想政治教育,深化学生对党的认识。二是把好过程关,在

确定发展对象阶段,要创新举措,开展发展对象预答辩,由学院党委书记及各党支部书记对发展对象各项素质进行综合评价,选拔思想觉悟高、科学文化水平高的优秀学生作为党的发展对象,以答辩的方式激励学生在学习、思想方面发展自己,更加坚定自己的理想、坚定社会主义核心价值观,摆脱目标迷茫问题。将学风建设贯穿于学生党员发展过程中,将学生的综合素质作为确定积极分子和发展对象的重要指标,使发展党员更有深度。

2. Education:加强学生党员培养与教育,实现全方位全过程育人

在高校,育人是关键,高校学生教育伴随学生发展全过程,不仅有党员教育,更有新生教育、就业教育、团支部教育等各种培训教育活动。这些活动对学生的影响是显著的、可实现的。加强学生党员教育工作要做到以下五点。第一,要做好积极分子培训、发展对象培训、学习十九大培训等一系列培训工作,实现全方位培养党内优秀人才,促进高校学风建设。第二,发挥好党支书的带头作用,深化"书记教书记、书记跟着书记学"工作理念,召开书记论坛,开展支部书记培训,对支部书记上党课能力进行面传口授,采取集中备课、学习研讨等方式对基层党支书进行理论宣讲、学习引导和精神灌输,为党支部书记上党课把好内容关、方法关和质量关,为学风建设培养优秀人才。第三,组织专题研讨会,充分利用"三会一课",开展"微党课""普通党员讲党课"等活动,为学生提高思想认识,让学生党员自觉树立学业目标,认识自身重要性,充分发挥自身学业方面的先进性和能动性,带领其他同学加强学习,通过营造良好的学习氛围推进良好的学习风气。第四,在新生入学教育中加入党建专题,使学生对学生入党、实事品评有初步了解,帮助学生树立正确的社会主义核心价值观。第五,通过毕业生党课,回顾初心,牢记党史、校史,强化党员意识,增强党员自豪感和使命感。通过实践,不断建立健全党建带学风的领导体制和决策机制。[5]

3. Pattern:创新学生基层党组织工作模式,发挥基层党组织战斗堡垒作用

要促进党建工作更好发展,必须创新学生基层党组织工作模式,使党支部的路线方针政策、决策部署和学生工作贯彻落实。推进党的基层组织设

置和活动方式创新,更好地发挥党组织带头作用的首要任务,创新模式,形成"线上线下齐抓手"的工作格局。在线上,以党(团)支部、班级、寝室等为单位,坚持"缺什么、补什么"的问题导向,根据个体差异,以兴趣小组等形式,通过 QQ、微信、微博等网络平台,开展政治理论讨论、时事政治速递、学习疑难问题解答、定期汇报和讨论阶段性工作和热点问题等活动,不断深化自主学习,注重实际效果,真正做到"以做促学",达到创新党员管理模式、营造良好学习氛围、强化制度体系的目的。线下成立学生党务中心,连接学院党委和各个学生党支部,强化党员的自我教育、自我管理、自我服务的能力,通过新生入学教育、晚自习督查、深入课堂等多种方式,深入学生内部完成线下帮扶工作。充分利用线下党建活动工作室,建立党员学习书架,通过阅读深化心灵,通过讨论升华内涵,引导学生实现"四个正确认识",引导党员争做新时代"四讲四有"合格党员,充分提升学生党员政治素养,更好地促进学风建设。

4.Touch:建立学生党员联系制度,形成党建与学风的良性循环

辅导员是高校学生教育的关键所在,但如果仅仅依赖辅导员的工作,无法使党建工作发挥最佳效果,因此学生党员的带头作用以及联系学生的功能变得尤为重要。

充分发挥优秀学生党员带头作用,构建"党组织带党员——党员带动同学——同学带同学——优秀同学发展入党"的良性循环。推动学生在良好学习氛围中追求知识、努力学习的同时,使愿意实现自身价值和主动帮助他人的同学脱颖而出,由这些同学实施"一帮一"甚至"一帮多"举措,努力带动同寝、同班以及同专业的同学共同进步,发挥党员先锋模范作用,吸引更多优秀的同学加入党组织,让党员的先进性在学风建设上得以体现。

加强学生党员对普通学生的监督作用,成立学风督察团,组织学生党员对低年级同学进行学风督导工作,协助低年级辅导员进行基础查课查寝工作,每名党员负责一个学习小组,对学习小组的学习情况进行监督和指导,利用朋辈之间的榜样作用,帮助身边同学解决学习和生活上的疑难问题,使引导与服务学生相辅相成,形成分工明确、责任到人的学风督导体系。

5. Handheld App:创建掌上 App 学习模式,促进学生形成良好学习风气

随着新时代的发展,线上交流平台除了 QQ、微信、微博等传统 App,很多新型 App 也相继出现,甚至成为主流。高校学生党建以及学风建设都应该追随新时代的发展,善于结合实际,创造性推动工作,善于运用互联网技术和信息化手段。具体而言,要结合"互联网 +"思维,以时事新闻、党员文化建设、学生学习内容建设为主要内容创立掌上学习 App,这样不但可以吸引学生的目光,还能提高学生的创新积极性。掌上 App 党建部分的主要内容为时事发布、党史解读、支部建设以及党员身边事的宣传,主要以信息推送为主,增加投稿功能,使党员和普通学生对发生在身边的优秀事迹进行积极地表扬与支持,不但可以帮助学生随时随地了解党建动态还能发挥学生党员的先锋模范作用。学习部分主要是联系基础学科以及创新方向教师,通过"荐读荐学"方式,为学生推荐好的学习课程资料及学习方式总结,解答期末学习的疑难问题,以及开展创新创业方面的指导,让学生从 App 中学到知识的同时能够更加进步,不断突破自己,发现新想法,勇于实践,创造新科技。

新时代,新使命,党建有了新内涵,但党建促学风的初心没有变,反之党建促学风的力道更加强,党建促学风的形式更明显,党建促学风的举措更完善,树优带优的作用更确切。以党建促学风的"DEPTH"模式,努力发挥学生党员的先进性,将高校的学风建设工作作为考核学生党员的重要指标,让党建在学风建设中发挥更有效、有长久的正向引导作用,是新形势下学风建设的重要途径,值得深入思考与实践。

参考文献

[1]吴晶,胡浩.习近平在全国高校思想政治工作会议上的讲话[EB/OL].人民网,2016 - 12 - 08.

[2]赵统堂.浅析党建工作对学风建设的作用[J].现代经济信息,2013 (24):443.

[3]王务均,王俊,汪旭东,等.抓学生党建促学风建设[J].安徽工业大学学报:社会科学版,2008,25(4):142.

[4]段汝和,陈建新.加强大学生党建工作深入促进高校学风建设[J].
河北职业教育,2009,5(2):103－104.

[5]郭亮,英健文.高校学生党建在优良学风建设中发挥作用的途径研
究[J].湖北函授大学学报,2011,24(4):56－57.

核类专业大学生核工业精神培养路径研究

李灵东*

摘　要：核工业精神是核工业人精神风貌的集中表现，是"两弹一艇"精神的真实写照，是当代中国核工业的时代精神、民族精神、家国情怀的集中体现。在新的历史条件下，核类专业大学生领会、接受和传承核工业精神，对推进我国核工业发展、筑牢国家核安全基石具有重要意义。本文在阐释核工业精神内涵和分析当前核专业大学生核工业精神培养现状的基础上，从课程体系、主题教育、先进典型引领和社会实践等方面阐述了培养核类专业大学生核工业精神培养的途径。

关键词：核类专业大学生；核工业精神；"四个一切"

党的十九大报告指出："弘扬民族精神和时代精神，加强爱国主义、集体主义、社会主义教育，引导人们树立正确的历史观、民族观、国家观、文化观。"2018 年 5 月 2 日，习近平总书记在北京大学师生座谈会上的讲话指出，爱国，不能停留在口号上，而是要把自己的理想同祖国的前途、把自己的人生同民族的命运紧密联系在一起，扎根人民，奉献国家。[1]核工业精神是广大核工业人在发展核事业的过程中形成的一种先进的群体意识的总和，是核工业人的日常行为规范和准则。它以"事业高于一切，责任重于一切，严

* 李灵东，1982 年出生，湖北省随州市人，哈尔滨工程大学核科学与技术学院辅导员、讲师，硕士，研究方向思想政治教育。

细融于一切,进取成就一切"为主要内容,其基本特征表现为爱国情怀、责任意识、严细作风和创新精神,其实质是继承和弘扬了以爱国主义为核心的民族精神,并集中彰显了以改革创新为核心的时代精神。

发展核电是和平时期保持和拥有强大核科技工业体系、增强核实力的重要途径。目前,全球核电正处于二代向三代的转型升级期,我国已开发出自主品牌,以"华龙一号"、CAP1400 为代表的三代技术,具有四代特征的高温气冷堆技术处于国际领先水平,首批三代压水堆核电机组 AP1000、EPR 在我国率先建成。同时,随着我国具有自主知识产权的核电技术逐步成熟、优化,我国核电出口的步伐逐渐加速,核电"走出去"战略对精专业、会外语、懂管理的国际核电人才需求强劲,[2] 将直接推动我国核电人才输出。核电人才的培养是核电发展的基础和前提,核工业精神的培养对筑牢核专业大学生的理想信念,激发他们的事业责任感、历史使命感,把个人兴趣、人生价值与国家安全、民族复兴的伟大事业统一起来具有重大意义。

一、核工业精神内涵

事业铸就精神,精神成就事业。核工业精神形成于筚路蓝缕、艰苦创业的强军梦;发展于军民融合、自主创新的核能梦;弘扬于做强做优、世界一流的中核梦。[3]

1. 核工业精神的提出

1955 年 1 月 15 日,毛泽东同志在中南海主持召开中共中央书记处扩大会议,做出了发展中国原子能事业的战略决策,揭开了我国核工业发展的伟大历史篇章。核工业从无到有、发展壮大,成功研制了原子弹、氢弹和核潜艇,改写了中国大陆没有核电的历史,建立了完备的核科技工业体系。[4]

2005 年 1 月 15 日,在纪念中国核工业创建 50 周年大会上,中核集团公司负责人在报告中首次提出"四个一切"的核工业精神。报告指出,在我国核工业半个世纪的历史进程中,在创造辉煌业绩的同时,形成为"事业高于一切,责任重于一切,严细融于一切,进取成就一切"的核工业精神。从此,核工业精神成为核工业改革和发展的内在动力,成为核工业人的日常行为

规范和准则。[5-7]

2. 核工业精神的实质

核工业精神是指广大核工业人在发展核事业的过程中长期形成的、具有核工业特色的、为核工业人所认同的一种先进的群体意识，是核工业人的向心力、凝聚力、持久力和共同意志的总和。核工业精神不仅是一种行业精神，更是民族精神和时代精神的体现。核工业精神主要包括以下四点。

"事业高于一切"的奉献精神。为了祖国，为了核科技事业，把自己的本职工作与国家的发展、社会的进步和人民的根本利益紧密联系在一起，体现了核工业人共同拥有和信守的价值观念。作为重要的国防工业，核工业肩负着事关国家荣辱兴衰的光荣职责，必须时刻把国家利益放在第一位。事业高于一切，既是核工业人的行为准则，也是核工业人的终生追求。

"责任重于一切"的奋斗精神。在思想和实践中始终牢记祖国社会主义建设事业的重要性，牢记核事业发展的重要性，有高度的责任感和使命意识，以主人翁的精神开展工作。发展核工业，事关国家安全和民族命运，责任重于泰山这种强烈的责任意识，增添了核工业人的使命感，激发了核工业人艰苦奋斗、甘于奉献的责任意识。

"严细融于一切"的工匠精神。把从事的每一项工作、每一个细节都与事业成败联系在一起，把严细认真精神融入一切工作中，是核工业人严格细致、尊重科学、一丝不苟、扎实认真的优良作风，是核工业多年来形成的优良传统。为了确保万无一失，做到产品有问题不出厂，有疑点不发射，绝不放过一个疑点，不留下一个隐患，从每个人、每个环节、每道工序都严格地把住质量关安全关。

"进取成就一切"的创新精神。积极探索奋发向上、孜孜以求、永不言休的精神，就是利用一切有利条件，强化"争、抢、抓"意识，抢抓机遇，加快发展。核工业是战略性产业，是尖端技术，只有依靠自主创新、开拓进取，才能推动核工业的发展。进取是成就伟大核事业的关键，是推动核工业发展的动力。[8]

二、核专业大学生核工业精神培养现状

通过梳理当前核学院核工业精神培养情况、与学生沟通交流、深入学生班级了解情况、召开学生座谈会等方式我们发现，核专业大学生对核工业精神普遍认同，大部分同学对核事业具有高昂的热爱之情，但是对核历史、核文化的基本知识以及核工业精神内涵实质了解得不够深入。核专业大学生开展核工业精神培养活动中也存在以下问题：

一是核工业精神培养定位不够明确。当前主要侧重于核安全文化的培育，有目的、有计划地开展核工业精神培养较少，应将核工业精神培养和核安全文化培育一并开展，科学合理设计培养方案。核工业精神能够有效促进核专业学生的专业认可感和荣誉责任感，侧重于精神建设层面；核安全文化培育能够有效促进学生日后从事核行业工作的岗位意识，侧重于职业操守建设层面。

二是核工业精神培养活动内容不够丰富。当前主要是任课教师在课堂中，以及辅导员在年级会议时，讲述部分核工业相关内容，但宣讲核工业精神内涵实质深度不够，尚未根据年级特点形成系统的核工业精神培养体系。

三是核工业精神培养深入核行业实践资源不够充足。当前学生在核行业开展实践活动主要集中在暑期和专业实习，每年暑期可到成都核动力院社会实践的人数有限，专业实习集中在科研院所、核燃料、核电和船舶企业，学生重点关注专业所学内容，尚未形成针对核工业精神进行专题实践模式。[9]

三、核专业大学生核工业精神培养路径

从"两弹一艇"让中国屹立在世界东方，到以"两站一机"为突破，中国逐步成为世界核电产业中心，再到"华龙一号"让中国巨龙走出国门、腾飞世界，核工业人不仅实现了对科研技术的不断突破，为国家的经济建设做出了巨大贡献，而且在创业实践中形成了"四个一切"的核工业精神，为中华民族的精神资源注入了一笔宝贵的养分。[10]在新的历史条件下，探索核类专业大学生领会、接受和传承核工业精神培养路径，对推进我国核工业发展、筑牢国家核安全基石具有重要意义。

1. 构建核工业精神培养课程体系

根据核行业发展对人才需求特点,把握核专业学生思想动态,在思想政治理论课中设置核工业精神培养专题课程,把核工业精神的思政元素有机融入专业课。组织行业专家和教师对核工业精神培养专题课程进行整体设计,深入挖掘核工业精神蕴含的思想观念、人文精神、道德规范,并结合时代要求继承创新,将核工业精神培养内容融入思想政治理论课当中,编写核工业精神培养专题教材,使核工业精神培养专题课程成为人才培养方案中的必修环节。专业课教师要深入研讨课程教学大纲,分析课程的性质和特点,系统梳理课程的教学内容和教学素材,结合思政课程元素,设计和组织教学内容和教学素材,将核工业精神有机融入专业课教学中,让学生在专业课学习中实现对核工业精神的解读和升华。

2. 开展核工业精神主题教育活动

将核工业精神主题教育有机融入近现代史教育、革命传统教育、中国特色社会主义宣传教育和中华民族伟大复兴中国梦的主题教育的活动中,借助新媒体将核工业精神的优秀文章、优秀书籍、优秀案例向核专业学生推送,引导学生进行讨论,对于热点话题可由线上转为线下活动,教育引导核专业学生深刻理解核工业精神的历史意义、现实意义和时代意义,引导核专业大学生将个人理想同祖国和人民利益联系在一起,将个人梦想与中华民族伟大复兴中国梦有机结合起来,树立为实现中国特色社会主义、为中华民族伟大复兴不懈奋斗的信心和决心,做中国特色社会主义事业的坚定信仰者和接班人。[11]

3. 注重核工业精神先进典型的榜样引领

核工业精神是民族精神的继承和弘扬,是时代精神的彰显。核工业过去的创业时期,以国家需要为己任,成千上万创业者踏上茫茫戈壁、高寒草原、穷乡僻壤,以天为被以地为席,隐姓埋名、默默坚守、以身许国,把个人的命运、信仰和价值融入一个民族与国家繁荣富强兴旺发达的伟大事业里,让"两弹一艇"在国家安全和改革开放中发挥至关重要作用。在此过程中为我国核事业做出杰出贡献的先进典型用实际行动诠释了核工业精神,如钱三强、于敏、王淦昌、邓稼先、朱光亚、陈能宽、周光召、郭永怀、程开甲、彭桓武、彭士禄和赵仁恺等行业元勋。在核工业发展的新时期,核学院校友也用实际行动诠释核工业精神,如中国工程院院士李建刚,中国科学院院士宣益民,"华龙一号"总设计师、中国核电工程公司副总经理邢继,中国核动力研究设计院副总工程师刘承敏,中国核动力研究设计院核电项目副总设计师、集团公司燃料原件设计制造技术总设计师焦拥军,中国核潜艇研制事业后起之秀、某新型号副总设计师及动力系统总师刘春林。先进典型鼓舞人心,榜样力量激励斗志,用核工业创业时期和身边校友的先进典型教育核专业大学生,引领核专业学生见贤思齐、奋发进取,培养他们的爱国情怀,强化他们的责任意识、追求科学精神和发扬创新精神。

4.开展核工业精神社会实践活动

通过社会实践活动对核专业学生进行核工业精神教育,让学生直观感受、亲身参与,更容易使核专业大学生在思想上接受,让学生在实践中得到精神的洗礼。在核工业发展新形势下,高校和核行业根据自身的实际优势和发展的需要,充分组织和利用各种资源,从核产业上游(核燃料、原材料生产)、中游(核反应堆、核电核心设备制造及核电辅助设备制造环节)到下游(核电站建设、运营维护及乏燃料后处理)产业链搭建完备的核工业精神社会实践活动基地,建立高效有序的核工业精神社会实践活动运行机制。根据核专业人才培养目标,认真梳理、科学设计核工业精神社会实践环节,有计划地组织学生深入核工业的相关单位,探寻核工业六十余年来的发展轨迹,并为当地群众开展轻松有趣的核科普活动,让学生在参观、学习和交流中体味核工业人从"两弹一艇"到核能和平利用的过程中所诠释的核工业精神,让学生在实践中思考自身的事业选择与人生规划。

参考文献

[1]新华社.习近平:在北京大学师生座谈会上的讲话[EB/OL].人民网,2018－05－03.

[2]中国核能行业协会.“十三五”我国核电产业发展展望[EB/OL].中国电力网,2016－11－11.

[3]宋智文.“四个一切”核工业精神[J].思想政治工作研究,2016.

[4]中国核工业集团公司党群工作部.“四个一切”铸就核工业精神[J].思想政治工作研究,2013.

[5]杨金凤.“四个一切”核工业精神如何走近青年?——访“四个一切”核工业精神提炼者郑庆云[J].中国核工业,2015.

[6]郑庆云.激情岁月讴歌[M].北京:中国原子能出版社,2013.

[7]陈瑜,刘垠.中国核工业的精神传承[N].科技日报,2015.

[8]罗莉蓉,刘韵清.论核工业精神及其弘扬[J].南华大学学报:社会科学版,2013.

[9]刘韵清,罗莉蓉,陈章梅.核类专业大学生核工业精神培养中的问题及对策[J].中国电力教育,2013.

[10]张昌明,李丽,刘宇.传承“四个一切”精神 再创核工业新辉煌[J].思想政治工作研究,2016.

[11]李丽.关于传承核工业精神的新思考[N].中国核工业报,2017.

依托选修课开展辅导员课程思政实施路径的探索
——以哈尔滨工程大学通识教育选修课《世界史通论》为例

叶紫丁*

摘　要:本文从辅导员参与课程思政的必要性开始论述,分析了辅导员参与课程思政的理论依据,可以有效弥补辅导员日常思政的不足。从课程设计、教学方法、教学内容等层面分析辅导员参与《世界史通论》课程思政的优势。并以《世界史通论》实施课程思政角度,为辅导员参与课程思政实施的具体路径与方法提出了思考与建议。

关键词:辅导员;课程思政;世界史通论

习近平总书记在全国高校思想政治工作会议上强调:"做好高校思想政治工作,要用好课堂教学这个主渠道,思想政治理论课要坚持在改进中加强,提升思想政治教育亲和力和针对性,满足学生成长发展需求和期待,其他各门课都要守好一段渠、种好责任田,使各类课程与思想政治理论课同向同行,形成协同效应。"[1]各高校为深入贯彻落实全国高校思想政治工作会议精神,积极促进专业课程与思想政治理论课协同育人,不断进行全员、全课程大思政教育体系探索与构建的工作。

一、目前国内课程思政研究现状简述

全国高校思想政治工作会议召开后,国内关于课程思政的研究开展较

＊ 叶紫丁,1981 年出生,黑龙江省哈尔滨市人,哈尔滨工程大学学生工作处学生事务管理办公室主任、助理研究员,硕士,研究方向思想政治教育和学生事务管理。

为频繁。现有研究多从专业教师以某个专业或某门课程为切入点探讨。例如,基于课程思政新理念的大学语文教学分析与研究(张莹,2018)、在高分子化学专业教学中实施课程思政的探索与实践(贾翠,2018)、论"课程思政"理念下的《基础日语》教学设计(陈蓓,2018)。这些研究仍存在一些缺憾,如多集中于任课教师开展课程思政,辅导员如何开展课程思政较为少见;缺乏历史学科,尤其是缺乏世界史课程如何实现课程思政的相关研究。

二、辅导员参与课程思政的必要性

1. 辅导员参与课程思政具有理论依据

思想政治教育"全员、全过程、全方位"育人的理念为辅导员参与课程思政提供了直接理论依据。辅导员要了解、参与课程思政,最好的方式是通过授课直接开展课程思政。辅导员不能是课程思政的旁观者,必须是课程思政的直接参与者。辅导员在课程教学中可以将思政教育融入其中,辅导员的榜样示范、人格魅力和联系实际的生动教学也会对学生的世界观、价值观和人生观产生深刻影响。

2. 有效弥补辅导员日常思政的不足

辅导员核心工作是思想政治教育。但目前辅导员大多面临着事务性工作繁重、琐碎的困境,因此在开展有效的日常思想政治教育工作时面临以下问题:一是辅导员没有充裕的时间及精力去为学生开展思想政治教育,相关工作开展不够充分。"现实中,辅导员的日常思想政治教育工作多以行政管理的形式出现,以处理各类事务性工作为主,虽然可以帮助学生解决不少学习和生活上的困难和问题,但是否能够帮助学生解决思想上和认识上的一些误区和疑惑,构建'意义世界',恐怕还值得怀疑"。[2]二是日常思想政治教育工作有效载体不足。辅导员在开展相关工作时,如直接对学生宣讲、灌输思想政治教育内容,太过刚性,学生接受度不高。如果辅导员将课程教育内容和思政教育内容相互融合,既可以督促辅导员用专门的时间开展思政教育,又可以有效提高学生接受度,从而落实党的理论、路线、方针、政策进课堂,达到学生思政教育入耳、入脑、入心的目标。

三、辅导员参与《世界史通论》课程思政的优势

1. 在课程设计上，辅导员全程发挥自身优势

辅导员是党员队伍的一支重要力量，具有鲜明的政治素养优势和组织优势，同时基本为硕士及以上学历，具备开展课程思政的理论基础优势。《世界史通论》是哈尔滨工程大学面向全体本科生开设的一门通识教育选修课程。该课程于 2015 年开设。该课在设立之初，课程负责人就组织了一支由辅导员骨干组成的教学团队，辅导员从无到有全程深度介入课程设计，发挥自身优势。在教学团队的设计下，《世界史通论》以介绍世界史的发展为脉络，探讨世界各文明间的关系，使学生了解文明的本质，培养学生历史意识，使学生能够从宽广的历史角度看待过去和现在，促使学生深刻理解中华民族所处的关键性历史阶段，深入思考中华文化的现代化道路。"世界史通论"课程的开设，让学生可以"思接千载，视通万里"，填补了哈尔滨工程大学在世界通史类课程方面的空白。《世界史通论》教学团队通过几年的教学实践，总结规律，发现辅导员在世界史课程教学过程中融入思想政治教育不仅可行，而且具有独特的优势。

2. 在教学方法上，辅导员充分利用贴近学生优势

辅导员工作是"做人"的工作，辅导员的工作内容包含了学生思想引领、学习指导、生活帮助等各方面，具备开展课程思政的贴近学生优势。一是辅导员具备亲和力和信息优势。长期的亲密接触使得辅导员与学生建立了深厚的情感联系，往往学生毕业后提到大学印象最深的老师就是辅导员。二是辅导员作为学生日常管理者，能有效调动学生的积极性，提升课堂教学的组织性和纪律性，充分改进教学方法。三是辅导员的工作内容，使他能更好地了解学生需求、动态、心理和性格特点。这使得辅导员能够拉近课堂中教师与学生的心理距离，提升思想政治教育的亲和力和针对性，便于将思政教育与课程教育相结合。辅导员根据学生具体情况，有的放矢地采取各种教学方法，寻找课程思政的切入点。

教师团队经过几年的授课，辅导员充分利用贴近学生优势，取得了较大成效。从 2015 年开始，每年教学团队都以选修《世界史通论》的学生为研究

对象,进行课程效果调研。调研发现,连续三年均有93%以上的学生认为开设《世界史通论》课程很有必要性。很多学生认为该课程帮助他们"了解了世界历史进程,丰富了历史知识";"学习一些历史知识,学会客观公正评价历史";"学会从多元开放的角度看待一个文明";"逐渐发展了一种思维方式,能够客观看待历史事件,以及借鉴历史反思现代问题"。80%以上的学生认为通过学习《世界史通论》,能够得到很大的收获。

3. 在教学内容上,辅导员深入挖掘思政资源优势

在教学内容上,教学团队充分发挥辅导员了解学生成长发展需求和期待的优势,"把思想政治教育目标从规范教育转向价值关切,把思想政治教育从作为外在的行为规范变成内在的主体需要",将系统知识理论灌输与回应学生思想需求、解决现实问题结合起来,提升课程的吸引力[3]。通过调研可以发现,学生对于学习世界史课程的需求在逐年提高。2015年有53.1%的学生对世界史感兴趣,2016年有86.7%的学生对世界史感兴趣,2017年则增长到95.4%。

教学团队深入挖掘《世界史通论》蕴含丰富的显性思想政治教育资源优势。世界史课程其显性的历史知识、历史人物教育,可以让学生了解世界上主要文明的历史文化,开阔学生的视野,增长学生的见识,为大学生的成长提供了良好的历史人文素质基础,也是对主流思政课教学的有力补充。

教学团队深入挖掘《世界史通论》蕴含丰富的隐性思想政治教育资源优势。世界史课程其隐含的历史规律和历史因果教育,在融入思政教育后偏柔和,更易于为学生接受。习近平总书记在全国高校思想政治工作会议上强调,高校思想政治工作要教育引导大学生树立"四个正确认识"。《世界史通论》在授课过程中,以教育引导学生正确认识世界和中国发展大势为切入,建立纵向和横向两个坐标:其一,是从人类历史之初到当代世界的时间纵向坐标,从中体现中华文明发展的历史逻辑;其二,是中华文明同世界其他文明关系的空间横向坐标。而这两个坐标的确立以及交叉,正需要引入第二个"正确认识",即"中国特色和国际比较"。有了这两个"正确认识",才能引导大学生把承担"时代责任和历史使命"转化为内在的自觉意识,并

把远大抱负落实到实际行动中。

《世界史通论》教学团队发现，深入学习世界历史有利于提升大学生的爱国主义认知，强化民族认同感，增强世界眼光，尤为重要的是培养人文关怀精神。而学生对于世界史课程的需求，也是本课程开设和融入思政教育元素的必要性所在。

四、辅导员在《世界史通论》中实施课程思政的具体路径

《世界史通论》是在辅导员参与课程思政的基础上，把思政教育融入教育教学全过程，加强课程设计，创新教育方法，丰富教学内容，深入发掘蕴含丰富思政教育资源的融入点，最终目的是将实现思想政治教育、世界史知识培养、提高学生综合能力有机整合。

1.加强课程设计，充分发挥世界史课程思政方面的优势作用

辅导员组成的教学团队正确认识到世界史教学在践行课程思政方面的优势作用。为充分发挥世界史教学的思政育人功能，坚持把学习贯彻习近平新时代中国特色社会主义思想、坚定"四个自信"等思政内容巧妙融入课程教学目标中。通过"听、说、读、写"四个方面，学生能够了解世界史发展规律，培养历史意识，使学生能够从宽广的历史角度看待人类发展的过去和现在。引导学生树立"四个正确认识"，促使学生深刻理解本民族所处的关键性历史阶段，深入思考本民族的现代化道路。课程培养有以下四个目标。

（1）通过授课，使学生具备世界史的基本知识，掌握世界历史发展大致脉络。学生听取授课，教师讲授最新的世界史理论和考古发现，引导学生正确认识世界和中国发展大势。

（2）通过阅读，使学生初步了解人类历史在不同时期与不同地区的基本事实与现象，提高学生历史人文素养和对世界史的兴趣。学生阅读经典，教师指导学生阅读世界史方面的中外经典著作，读书后撰写读书报告，以此方式引导学生能够正确认识中国特色和国际比较。

（3）通过讲述，使学生初步具备讲授世界史知识的能力，达到对历史进程的更深刻理解。学生讲述历史知识，并在课堂上分享自己对历史知识、历

史问题和历史人物的观点,在这个过程中教师引导学生正确认识时代责任和历史使命。

(4)通过撰写历史论文,引导学生正确认识远大抱负和脚踏实地,培养学生初步具有独立思考并提出问题和解决问题的能力。教师授课过程中指导学生结合在课程中所学到的知识和方法,在结课时撰写2000字历史学小论文,在这个过程中教师选择合适的题目以标准论文格式布置结课论文。

2. 创新教育方法,积极构建课程思政教育体验情境

辅导员组成的教学团队积极探索在世界史课程教育过程中有效融入思政教育的新方式、新方法。坚持将知识传授与思想引领、能力教育与素质教育、价值引领与培育学术精神"三统一"。从根本上改变你教我学以及居高临下的灌输式、填鸭式教学模式,倡导以学生为主、以教师为辅,以引导为主、以讲授为辅的现代教育方式,将思政教育有机地渗透到教育教学全过程中。主要采取以下教学方法。

(1)授课说明。课前教师下发《世界史通论授课说明》纸质版,向学生说明课程安排、必读书目和有关要求。向学生说明为什么要学习世界史,以及怎么学习世界史。

(2)模块化授课。教师授课内容分为"延伸思考""知识拓展""细节观察"等模块。教师通过讲授世界史知识点,为学生建立世界历史的纵贯线。通过"细节观察"为学生展示历史细节的横剖面。通过"知识拓展",讲授最新的史学理论和考古发现,拓展学生历史知识的广度。通过"延伸思考",提出历史重大问题,以课堂提问、讨论等师生互动等方式,拔高学生历史思维高度。

(3)经典阅读。教师指导学生阅读世界史方面的中外经典著作,引导学生正确认识中国特色和国际比较。学生撰写读书报告作为平时作业,并将读书收获内化于心。

(4)多媒体授课。教师不断丰富教学内容、改进课程体系。精心制作多媒体课件,通过"古代文明""中古文明""现代文明的诞生""现代世界"等八个篇章,帮助学生掌握世界史主线脉络;教师通过向学生呈现最新史学理

论、翔实数据图表、原始史料描述和精美的历史文化、考古发现图片来辅助授课。

（5）主题研讨。教师设置课后讨论题目，在授课间隙，引导学生在课堂上分享自己对于历史知识、历史问题和历史人物的观点，在这个过程中，教师引导学生正确认识时代责任和历史使命。

（6）混合式教学。教师主导建立微信群，设置课后讨论题目，师生通过微信群建立线上学习、线下研讨的混合式教学模式。

（7）结课论文撰写指导。教师在授课过程中指导学生结合课程中所学到的知识和方法，学会如何进行论文选题、搭建结构，最终按照标准论文格式撰写结课论文。

（8）课程效果调研。教师下发问卷，了解学生在《世界史通论》这门课中的学习效果。调查为不记名方式。调查内容为学生对于本课授课评价、收获和改进建议等。教师根据问卷结果改进授课方式。

3. 丰富教学内容，深入发掘蕴含思政教育资源的融入点

《世界史通论》课程作为一门通识选修类课程，教学内容上需要突出政治方向和思想引领的功能，辅导员在传授知识的同时，帮助学生牢固树立理想信念，让价值引导功能得到凸显。通过初步梳理，《世界史通论》课程思政的主要融入点如下：

（1）增进学生对中华民族共同体意识的文化认同。课程在讲述人类起源和迁徙、农业的起源时，特别介绍中国人的由来和迁徙。引导学生正确认识中华民族的发展史是文化多元、一体发展的历史。培养学生正确认识多元与一体化的关系，以此增进学生对中华民族共同体意识的文化认同。

（2）增强学生对中华历史的文化自信。课程在讲述世界古埃及、古美索不达米亚等古代文明的起源和发展时，特别介绍中国古代文明的发展，从良渚等新石器文化到二里头的广域王权国家再到大邑商的诞生，引导学生正确认识"什么是中国"。在讲述古代文明衰落时，组织学生师生互动讨论，探讨中国能一直延续至今，中华文明源远流长的原因，增强学生对中华文化的自信。

（3）引导学生正确认识中国与世界其他文明的文化比较。课程在讲述古希腊、古罗马、秦汉中国等古典文明时，通过比较三者之间的自然环境、各自所面临的现实问题，以及因此而采取的不同策略。特别介绍中国自秦汉以来的传统政治结构，以及因此而构成的超大规模国家，这在世界历史上是罕见的政治实践。以此方式引导学生能够正确认识中国特色和国际比较。

（4）引导学生形成走中国道路的文化自觉。在讲述当代世界时，结合十九大报告，与学生一起探讨"人类命运共同体""中国道路""一带一路"等观点的提出对于世界文明发展的重要意义，以及为何西方所提出的"历史的终结""文明的冲突"是错误的。

《世界史通论》课堂和主流思政课程一样，都是育人的主阵地。而辅导员全程参与一门通识选修课的课程设计和授课，可以牢牢把握住思政教育的内涵，将思政元素落实在教学的每个环节。辅导员在教材中寻找思政元素、在教案中补充思政元素、在教室里展现思政元素，使专业课堂成为对大学生进行理想信念教育的重要途径。

参考文献

[1]习近平在全国高校思想政治工作会议上强调：把思想政治工作贯穿教育教学全过程 开创我国高等教育事业发展新局面[EB/OL].人民网，2016 - 12 - 09.

[2]蔡路.思想政治理论课教学中专职教师与学生辅导员的结合[J].中国冶金教育，2013(5):53.

[3]倪娜.思想政治教育"有理讲理"的实践智慧[J].东北师大学报，2018:(2).

思想政治教育视角下的大学生生涯
规划教育体系构建

陈燃 *

摘　要：本文从思想政治工作的视角，着眼于高校人才培养的根本任务，在针对具体高校生涯规划教育工作的调查结果基础上，提出构建具有符合我国高校特色的大学生生涯规划教育体系，从而进一步加强我国高校大学生思想政治教育工作的具体实施以及为习近平总书记在全国高校思想政治工作会议上提出的"高校思想政治工作关系高校培养什么样的人、如何培养人"以及为谁培养人这个根本问题提出解决方案。

关键词：生涯规划；思想政治教育；大学生；立德树人

一、"大学生生涯规划教育"的内涵与特征

"生涯"一词来自罗马文 Viacarraria 及拉丁文 carrus，二者在古代都有"战车"的意思。在希腊，该词的意思是"疯狂竞赛精神"，后被引申为"道路"。对于生涯规划的定义，学术界大多引用舒伯所定义的"生涯是生活中各种事件的演进方向和历程，它统合了人的一生中各种职业和生活角色，由此表现出个人独特的自我发展形态"。其实，"生涯发展就是指一个人在自我发展过程当中，尝试着去统整各种生活、工作、学习的经验，透过工作的认同来实践一个有理想、有目标的人生"。

---

* 陈燃，1982 年出生，内蒙古包头市人，哈尔滨工程大学学生工作处专职技术教师、助理研究员，硕士，研究方向生涯规划和就业指导。

生涯规划不仅仅包含了"职业生涯规划",还囊括了"学习生涯规划""生活规划""家庭规划"等方面,其中"职业生涯规划"是其核心内容。生涯规划教育与职业规划教育不同,职业规划教育侧重对个人职业的认知、自我定位、职业探索和职业选择的指导与教育,它忽略了个体的完整人生的指导。而生涯规划教育则强调通过对学生观念意识的引导,加强其自身对未来人生生涯的选择和规划,它由简单的就业指导延展到对整个人生的指导。

生涯规划教育的内涵主要包括以下几个方面:一是人的生涯发展是一个持续的、终身发展的过程,它从幼儿一直延续到大学乃至一生,持续不断;二是生涯规划教育应该是以职业生涯为核心的全方位生命教育;三是在生涯规划教育的实践中,始终触及的应该是个体心理的感悟与认知,其视角应指向综合性的心理教育;四是生涯规划教育突出"以人为本",它的教学定位在于培养学生的全面协调可持续发展,为高校培养社会主义事业的建设者和接班人。

所以大学阶段的生涯规划教育是以协助大学生进行自我定位、生涯觉察、生涯探索和生涯定向为主要内容的教育,它是涵盖了思想道德教育、职业理想教育、生活教育、人格培养、价值观教育、心理健康教育等内容的综合性教育行为,其中职业生涯教育是生涯规划教育的外显内容,其价值目标是"全面贯彻党的教育方针,落实立德树人根本任务,发展素质教育,推进教育公平,培养德智体美全面发展的社会主义建设者和接班人"。

二、以某高校为例的大学生生涯规划教育现状调查研究

为了解当前大学生的生涯规划教育现状,以《大学生生涯规划教育现状调查问卷》这一形式对黑龙江省某高校进行了调查分析。调查随机选取该校1000名本科生进行问卷调查,回收有效问卷859份。其中调查对象平均覆盖该校各个本科年级以及各个院系专业,男女生所占比例基本与该校学生总体分布情况一致。本次调查内容包括大学生的自我了解、自我接纳、生涯目标、自我规划等生涯规划领域问题。调查显示该校学生生涯规划教育整体状况较好,但与能够满足学生个性化成长需求的目标尚且存在差距,学

生整体对生涯规划教育的具体性需求尚未得到满足。以下是本次调查分析的结论。

1.大多数学生能够清晰地了解和接纳自己

通过调查显示,有53.4%的学生表示能够非常或比较清晰地了解个人特质,有29.5%的学生表示能够理性地分析和看待自身的优势与不足,并不会因外界的赞扬或否定而轻易动摇自己的认知。可以看到,通过该校现有的生涯规划教育,大部分学生能够清晰地了解自己,并接纳自己的特点,不因外界的赞扬而迷失,也不会因外界的否定而失落。

2.大多数学生能够明确自己的大学成长目标

通过调查显示,52.3%的学生能够非常清晰、32.3%的学生能够比较清晰地对个人的大学成长道路(学术型、复合型、科创型、创业型、实践型)有明确的选择方向。可以看到,通过该校连续几年对生涯规划教育系统化的推进,当前大部分学生能够具有比较清晰的大学成长目标,因此对该校实施的本土化生涯规划教育效果可以给予积极正向的肯定。但不可否认,仍有15.4%的学生尚未具有清晰的大学成长目标。

3.生涯规划教育方式尚未满足学生需求

通过对最为有效的生涯规划教育载体的调查显示,有35.8%的学生认可生涯规划课程教学;有22.9%的学生认可生涯个体咨询;有16.0%的学生认可生涯知识讲座;有11.7%的学生认可典型榜样人物分享。这表明多样化的生涯规划教育载体是满足不同学生成长需求的重要保障,为符合学生的全面成长需求,高校需要进一步拓宽教育载体和形式,让学生在更为喜爱的教育活动中获得成长与收获。

三、高校开展大学生生涯规划教育的重要意义

1.生涯规划教育是思想政治教育的有益补充

思想政治教育要想取得实效,需要抓住学生的"关注点",通过解决学生短期内面临的迫切问题,引发他们的真情实感,才能产生学生与教师间的情感共鸣与内心感动,最终实现引领学生精神成长的目的。生涯规划教育可以与思想政治教育在这个契合点上更好地融合,有以下三点意义:第一,让学生真正认识自我,主动寻找不足,不断完善自我,培养健全的人格与科学的人生价值观;第二,根据自我特质与专业特点,发掘社会发展需要,探索自我发展目标,科学规划大学生活;第三,科学进行职业生涯设计,初步建立起职业理想与职业目标,为未来理性科学就业、防止就业的盲目随意性,为实现成功人生奠定坚实基础。因此,开展生涯规划教育既是构建思想政治工作体系的重要组成部分,也是丰富大学生思想政治教育内容、创新思政工作方式方法的重要载体与手段,能够更好地突显思想政治教育的导向作用,使思想政治教育更加符合学生自我成长成才的要求。

2. 生涯规划教育是学生自我能力发展的主要方式

生涯规划教育是以人为本、促进人全面自由和谐发展的教育。科学的生涯规划教育能够帮助大学生理性地看待自身优势与不足,更加深刻地了解职业世界的运行机制与规律,将当前的个人学习成长与未来的职业、生活目标更加紧密地联系在一起,对当下的专业学习、能力培养、品质塑造设计更为全面、合理的实施方案,最终为未来事业的成功做好充足准备。因此,科学的生涯规划教育可以激发大学生拼搏进取的价值追求,给予他们生活的意义、终极的目标,引导学生将个人事业追求与国家建设发展进行更好地连接。

3. 生涯规划教育是实现高校人才培养目标的有效手段

每所高校都在围绕"培养具有国际水平的战略科技人才、科技领军人才、青年科技人才和高水平创新人才"这一目标,发挥着各自的优势特色。在传统的教育过程中,高校凭借传统的专业课程教育、思想政治教育等相互独立的平台,很难将位于事业上层的一流工程师、行业领军人才、科学家等终极人生目标与学生当前的专业课程学习关联在一起,因此学生缺少内化的成长动力,对终极的人生目标缺少迫切性。通过生涯规划教育,将学生个人特质与专业环境相结合,引导学生由内而外探索个人成长路径,唤醒学生的价值认同感和使命感,使学生树立与之相对应的人生目标,最终实现高校培养具有国际水平的战略科技人才、科技领军人才、青年科技人才和高水平创新团队的人才培养目标。

四、我校大学生生涯规划教育体系的本土化构建

生涯规划教育关注"人"作为个体的全面发展，但由于生涯规划理论诞生于西方国家，它过多关注个人的独立、自由、个体意识，忽略社会、集体在个人生涯发展中所发挥的重要作用，因此它不能完全适用于我国特有的文化习惯、政治制度、经济发展、大学生特点等背景下的高校教育。因此，"以人为本"的生涯规划教育在我国有着不同的内涵和应用。国内高校的大学生生涯规划教育体系在借鉴西方生涯规划理论和实证经验后，应该从生涯规划根本目标、课堂教学、教材建设、校园活动、社会实习与实践、团体辅导和个体咨询、人才测评、师资队伍等方面对大学生生涯规划教育体系进行本土化构建。

1. 课堂教学

教育部部长陈宝生在全国高等学校本科教育工作会议上提到"高教大计，本科为本；本科不牢，地动山摇"，本科教育是高校教育的关键任务，课堂教学是本科教育的主要阵地，因此高校生涯规划教育必须把握课堂教学的主要阵地，充分发挥其促进学生获取知识、提高能力、塑造品质的重要作用。早在2007 年，教育部就已经明确发文，要求将大学生职业生涯规划教育纳入高校规范的课堂教学当中。近几年，党的十八大、十九大提出立德树人作为教育的根本任务，高校更是掀起生涯规划教育与思想政治教育融合的热潮。"思政课程"向"课程思政"的研讨与实践，高校生涯规划课程可以将个人特质探索、职业价值观介绍、职业目标决策与确立、自我管理技能等章节内容与大学生思想政治教育中的特色案例有效结合，通过大学生最为直接的求职需求，具体落实到"培养什么样的人、如何培养人以及为谁培养人"这个根本问题。

2. 教材建设

当前市面上关于高校生涯规划教育的教材类书籍种类众多，但是可以紧密结合学生需求，用于课堂教学的教材版本却寥寥无几。通过调查可以发现，大多数教材或是在生涯理论的框架下，对不同生涯概念的阐述和释义，或是针对某一理论衍生出的生涯工具进行论述与说明，缺少结合学生成长需求、将生涯理念贯穿生活实践的具体操作指导，更无法兼顾不同高校办学理念和人才培养特色的实际需求。因此，编写以本科学生成长特点为背

景且符合大多数高校学生成长发展路径的生涯规划教材势在必行。该教材应该具备以下特点：①能够紧随时代步伐，将大学生思想政治教育融入教材内容；②联系现实运用，使学生在生涯理论的学习基础上，掌握解决个人困惑的使用方法；③突显学校特色，将各自学校的办学特色植入每章节的教学内容当中；④配套课程教学，教材与生涯规划课程有效配合，能够促进教学效果的提升。

3. 校园活动

生涯规划教育可以借助校园实践活动的亲和力、渗透力、灵活性和高效性等特点，以校园文化为有效载体，将生涯规划教育融入校园文化活动之中。由于大学生各个年级阶段的发展需求不同，开展生涯规划特色活动的内容和形式也应当不尽相同。高校可以采取不同的教育目标和模块化的活动内容，有计划、有步骤地将生涯规划特色活动贯穿于大学生从入学到毕业的求学全过程中。生涯规划教育是一项多视角、个性化的教育工作，对学生个人而言，没有权威的一家之言，只有真实的个人感受。因此，生涯规划特色活动，可以充分发挥学生之间的朋辈影响作用，通过互助型学生社团、学生间经验分享、主题性团体辅导等形式，促进学生之间的交流，以团队的力量促进个体成员的生涯成长。另外，高校还可以邀请校友或企业人员参加交流会、讲座、论坛等，丰富学生的视野和见识。

4. 社会实践

伴随科技的不断发展，当前职业世界随时都有可能发生变革性的转变，"通信4G元年""网络游戏元年""网络直播元年""无人零售元年"，在未来，伴随人工智能和生物医学的发展，更多新兴职业将会诞生，许多职业也会消亡。因此，高校学生越来越难以根据以往经验设定未来职业目标，只有通过亲身的体验和感受，才能够帮助学生切实地了解职业世界的真实样貌。就如同生涯规划中的社会认知职业理论所强调的：应当鼓励学生对更多未知事物保持好奇，通过探索更多的未知领域，增加个人的实践经历，培养个人更多的兴趣和更广泛的技能。因此，高校需要积极引导大学生主动参加社会实践和专业实践活动，让学生在校期间尽可能认识社会、了解职场、学习不同技能、增加社会经验值,寻求个人发展需求与社会需要的最佳契合点,提高个人的社会适应能力和真实职业认知,最大限度地弥合校园与职场之间的缝隙。

5.线上测评

伴随高校生涯规划教育在我国的本土化进程,已经出现了一些相对成熟的线上测评系统,它可以用于对个人的职业能力、人格类型、职业兴趣、职业倾向等进行测试。线上测评系统的使用,能够真正满足生涯规划教育的个性化指导要求,将课堂理论性、普遍性的教学内容和学生个人志向具体的、针对性强的实际案例相结合,促进学生对自身职业规划的设计和落实。对于高校而言,因为具备对线上测评系统的宏观统计功能,学校可以轻松快捷地获得学生整体测评数据,并进行分析和比对,从而了解学校学生整体的共性特征和动机需求,及时根据学生的趋势及需求做出生涯规划教育的调整和改进,最终促进生涯规划教育对大学生切实有效地引导和帮助。

6.师资队伍

生涯规划教师在指导学生进行生涯规划过程中扮演着重要角色。高校为保证做好生涯规划教育工作,必须具备一支专业知识丰富、基本素质可靠、综合能力过硬的队伍。大多高校的生涯规划教师主要来源于学生工作干部,其中中级职称教师占有较大比重,而教学经验丰富的高级职称教师占比较小。因此,高校可以设立生涯教研室、生涯个体咨询团队、学生发展指导方向辅导员团队等组织,从不同侧重点建立生涯规划教师的团队组织。此外,高校应定期对专兼职教师进行培训,构建高校内部生涯指导教师培训体系和进阶标准,通过建立有效的管理机制,充分发挥生涯指导教师在教学、咨询、测评、辅导、实践等工作中的作用,保障教育效果的优质、高效,打造一支具有相应学历资质以及岗位职责分明的生涯指导教师队伍。

参考文献

[1]白显良,崔建西.新时代立德树人的交织定位、时代内涵与实践要旨[J].思想理论教育,2018(11):4-9.

［2］谢安国. 习近平立德树人思想的科学内涵和重大意义［J］. 国家教育行政学院学报,2018(8):9-14.

［3］黄炳辉. 学生职业生涯设计与思想政治教育的内在关系［J］. 教育评论,2005(2):33-36.

［4］余春玲. 职业生涯规划:大学生思想政治教育的有效切入点［J］. 南京航空航天大学学报:社会科学版,2008(1):84-86.

［5］李洪雄,朱廷岚. 大学生职业生涯规划中的思想政治教育［J］. 黑龙江教育(高教研究与评估),2009(1、2):68-70.

［6］周围,李佳,赵霞. 大学生生涯规划的现状调查与干预研究［J］. 黑龙江高教研究,2004(6):140.

［7］吕世军. 大学生就业与思想政治教育［J］. 边疆经济与文化,2010(9):61-62.

［8］张秋良. 职业生涯规划——大学生就业指导之利器［J］. 宁德师专学报:哲学社会科学版,2005(4):94.

［9］许友根. 大学生生涯教育的设计与实施［J］. 教育与职业,2004(15):25-27.

［10］黄昌建. 大学生职业生涯规划教育的实践与思考［J］. 科学咨询,2008(11):90-91.

［11］何晓丽. 青少年生涯教育初探［J］. 教育科学研究,2006(6):13-15.

［12］姚裕群. 职业生涯规划与发展［M］. 北京:首都经济贸易出版社,2003:89.

［13］蒋建荣,詹启生. 大学生生涯辅导导论［M］. 天津:南开大学出版社,2005(11):29.

基金项目

黑龙江省高等教育教学改革研究项目"大学生涯规划教育促进人才培养的实施研究",(课题编号 SJGY20180115)。

02

第二篇

| 实践育人篇 |

创新学生组织在研究生思想政治教育
中的协同育人作用

王蕾*

摘 要:思想政治教育作为研究生教育的重要组成部分,在研究生的全面培养中占据着极其重要的地位。本文旨在研究探索将思想政治教育工作融入研究生学生组织,通过创新研究生学生组织形式,发挥学生组织在研究生思想政治教育上的协同育人作用,加强对研究生群体的自我教育、自我管理、自我服务和约束,进一步弥补辅导员、研究生导师在研究生思想政治教育中的局限性。

关键词:学生组织;思想政治教育;研究生;协同育人

教育部颁布了《关于进一步加强和改进研究生思想政治教育的若干意见》,明确指出:加强和改进研究生思想政治教育,是当前全面推进大学生思想政治教育工作中一项十分紧迫的任务。[1]

思想政治教育作为研究生教育的重要组成部分,在研究生的全面培养中占据着极其重要的地位。随着研究生招生规模的日趋扩大,研究生主体意识的不断增强,以及研究生个体差异性的逐渐显露,研究生的思想政治教育工作面临的形势更加复杂多变,给研究生思想政治教育工作带来了新的问题和挑战。

---

* 王蕾,1983 年出生,河北省赞皇县人,哈尔滨工程大学计算机科学与技术学院辅导员、讲师,博士,研究方向思想政治教育和心理健康教育。

　　研究生是高等教育中人才培养的最高层次,这一群体更加注重个体之间的平等,思想活动的独立性、选择性和差异性日益增强。在这种现状下,传统的灌输式、正面说教式为主导的显性思想政治教育方式显现出一定的弊端。辅导员是开展研究生思想政治教育的骨干力量,然而传统的、完全由辅导员从事研究生思想政治教育工作的模式已经不能适应新形势下的工作要求。近年来,也有一些高校在引入研究室参与研究生思想政治教育工作的基础上,进一步引入导师管理机制,但并没有发挥出较好的效果。

　　研究生学生组织是研究生自我管理和教育的重要载体,也是研究生学生活动组织的中坚力量,具有四大功能:管理功能、教育功能、心理功能和活动功能。同时,研究生学生组织是创建优良校园文化的重要组成部分,是研究生隐性教育的重要载体。因此,充分发挥研究生学生组织在研究生思想政治教育中的作用,是对目前研究生思想政治教育的重要补充。

一、研究生思想政治教育现状及问题

　　加强研究生思想政治教育的有效性和针对性,促进和保障研究生成长成才,需要客观剖析研究生群体的特点、研究生教育面临的环境和形势以及目前研究生思想政治教育育人机制存在的问题,进而针对性地改进研究生思想政治教育工作。

　　1.研究生群体多元化给研究生思想政治教育带来挑战

　　当前,随着研究生招生规模的日趋扩大,研究生的生源也越来越复杂,涵盖了在职研究生与全日制研究生、专业研究生与学术研究生,年龄跨度较大。人生价值观基本定型,意识层面、经济基础、所处人生阶段均不同。读研目的趋于多元化,一些研究生功利思想比较严重,学术研究心理浮躁,集体观念严重弱化。同时由于研究生生源结构不同,每个人所处的社会地位和环境不同,又会产生诸如学习、恋爱婚姻、人际交往、择业就业等一系列问题,对自己未来发展的定位和期望也高低不同,这些情况容易导致研究生出现心理问题。[2]

2. 研究生教育国际化给研究生思想政治教育带来冲击

随着经济全球化步伐的加快和知识经济的快速发展,研究生教育国际化的趋势日趋明显,中外合作项目日益增多,国际化学术交流与合作不断增加,许多具有国际创新思维和多元化视角的研究型人才倍出。与此同时,不同的文化理念、价值观念不可避免地相互碰撞、相互渗透,众彩纷呈地展现在研究生面前。特别是发达国家凭借经济科技优势,向我国推行新的文化殖民主义,丑化历史英雄人物,动摇民族之本,影响着研究生的价值选择,也严重冲击着研究生社会主义核心价值观的培育和践行。因此,在研究生教育国际化进程中,把握研究生思想政治教育的主旋律,是我们必须重视的问题。

3. 育人机制单一化给研究生思想政治教育带来局限性

在传统的研究生思想政治教育中,存在两方面问题。一方面,辅导员是开展研究生思想政治教育的骨干力量,然而辅导员数量有限,且需要完成大量的研究生日常管理、服务性工作,难以实现思想政治教育的针对性和实效性;另一方面,研究生主要在实验室进行学术研究,辅导员不参与教学科研工作,与学生互动机会较少。同时,研究生导师因自身科研事务繁忙、所带研究生人数较多、自身精力不足等原因,相较于学生的科研方面的指导,在其他方面给予的指导较少。近年来也有一些高校引入研究室参与研究生思想政治教育工作的模式,但并没有发挥出较好的效果。[3]因此,传统的、完全由辅导员从事研究生思想政治教育工作的模式已经不能适应新形势下的工作要求。

二、学生组织在研究生思想政治教育中的重要性

研究生组织与学生紧密相连,具有群众性、自发性等特点,既承担着一定的管理职能,服从学校的管理政策,实现一定的教育功能;也是一个实现研究生自我服务、自我管理和自我教育的自治性机构。需要更广泛的研究生参与其中,才能真正发挥其应有的作用。

1. 研究生学生组织是高校思想政治教育工作的中坚力量

学生组织具有自我教育、自我管理、自我服务与约束的职能。[4]在提升研究生的思想政治素质和文化素质等方面起着重要作用,同时,研究生学生组织源于学生,服务学生,更贴近学生,学生组织成员的言行举止和思想状况能够反映广大研究生同学的普遍状态,是研究生思想表现的集中体现。

2. 研究生学生组织是高校思想政治教育工作的重要阵地和桥梁

研究生组织是高校学生管理机构的一个有机组成部分,是高校开展研究生思想政治教育的重要阵地,它在疏通学校和研究生联系沟通方面具有桥梁作用。研究生学生组织既能从广大研究生的切身利益出发,了解研究生成长成才的多元化需求,及时向学校反映研究生的意见和建议,又能采取适当方式将学校的政策和意见传达给广大研究生,耐心做好细致的说明工作,协同做好研究生的日常思想政治教育工作。

3. 研究生学生组织是高校思想政治教育工作的重要载体

高校思想政治教育的主要目的是以人为核心,塑造完整人格,而载体是实现上述目标不可或缺的因素。学生组织在高校思想政治教育中的载体作用体现在:一方面通过学生组织开展的积极健康的学生活动,通过学生组织活动来表达社会主义核心价值观,营造良好的校园文化氛围,对广大学生的思想政治教育具有隐性的教育效果;另一方面直接对学生组织内部成员进行正确的思想引导、树立的正确的价值理念,达到显性的教育效果。[5]

三、创新学生组织在研究生思想政治教育中的协同育人作用的重要举措

基于当前研究生思想政治教育工作面临的复杂形势和问题,探索研究生学生组织在研究生日常思想政治教育中的协同育人作用,加强研究生群体的自我教育、自我管理、自我服务、自我提升,进一步弥补辅导员、研究生导师在研究生思想政治教育中的局限性,提升研究生思想政治教育工作的实效性。

1. 构建"发展型"学生组织,加强研究生日常思想政治教育

"发展型"学生组织的工作模式为"教育—管理—服务—发展"的链式

结构。以教育为载体,结合研究生成长成才的多元化需求,如学业需求、心理需求、职业生涯规划需求、生活需求、校园文化需求等,开展针对性的主题教育活动;管理为辅助,通过学生组织的制度建设和职能部门建设,加强研究生的自我管理;服务为主体,实时根据研究生群体各个阶段的特点和需求,提供最优质的服务。教育、管理和服务三者有机统一,最终促进整个学生组织及研究生群体的发展。发展型学生组织是一种具有开放性、不断学习成长、发展创新的学生组织,其开放性特征就是具备不断进行自我学习和创新的内在驱动力,同时与高校的育人机制进行有效的结合形成。积极完善学生组织的体系制度,发展现有学生组织的意识形态,使学生组织在实践中发展,在工作中创新,实现学生组织的发展性。

2. 引入实验室青年教师,建立学生组织协同育人反馈机制

引入实验室优秀青年教师参加学生组织的管理工作,作为"辅导员—研究生—导师"三者之间的桥梁。一方面,青年教师有更多的时间和精力参与学生组织的管理,能从教师的立场考虑研究生日常思想政治教育工作的实施力度和效果;另一方面,青年教师在实验室和研究生一起参与学术研究和项目研发,相处时间更长,更能从研究生群体的立场考虑他们对日常思想政治教育工作的需求内容和接受程度。从而有效弥补传统工作体制的不足,增强研究生思想政治教育的针对性和时效性,使思想政治工作渗透到研究生学习、生活、科研工作等各个方面,从而使研究生思想政治教育工作运行顺畅、科学高效,为研究生成长成才提供保障和强大动力。

3. 搭建校企合作平台,开展创新创业实践教育

高等教育的主要任务是要培养既能适应经济社会发展,又能引领经济社会发展的高素质人才,创新创业就是"引领"作用的主要表现。创新创业实践教育不仅仅要培养出大学生的创新精神和创业能力,更重要的是要在创新创业过程中培养大学生坚定的社会主义理想信念、成为社会主义合格建设者和可靠接班人。传统的研究生创新创业教育由在校导师主导,注重学术研究能力,从理论及创新实践方面对学生进行教育,对于创业的实战性

知识经验的培养相对不足。因此,研究生学生组织牵头搭建校企合作平台,引入优秀企业建立合作关系,让研究生能够有机会真正地参与到企业的管理与运营中,积累与时俱进的创业实战经验,同时聘请成功创业人士将第一线的创业经验传授给学生,借鉴优秀企业的实际项目,通过企业平台培养研究生的创新创业实践能力。

4.利用新媒体新技术,增强研究生思想政治教育的时效性

新媒体以其数字化、多媒体、实时性和交互性的独特优势而成为信息资源最丰富和相互交流最便捷的媒介,满足了高校师生的沟通、信息和个性需求。一方面,学生组织可以利用电子杂志、微信公众平台等对广大研究生群体进行爱国主义教育、学术道德教育、心理健康教育、职业生涯规划教育、创新创业教育等主题教育,并开展生活性的服务窗口,满足研究生成长成才的多元化需求;另一方面,新媒体平台能够扩大学生组织在研究生群体中的影响力,积极发挥学生组织的榜样引领作用,更好地引导广大研究生进行自我教育、管理和服务。最终将较为松散的研究生群体紧紧地联系在一起,将研究生思想政治教育融入研究生的日常生活中,为高校思想政治教育提供良好的平台和有力的保障。

研究生思想政治教育是一项长期而又系统的工程,对培养适应国家和社会高层次需求的研究生具有至关重要的作用和意义。通过探讨学生组织在研究生思想政治教育中的定位和作用,来创新学生组织在研究生思想政治教育中的协同育人作用,为解决当前研究生思想政治教育工作的局限性提供了新的思路和模式。

参考文献

[1]中华人民共和国教育部.教育部关于进一步加强和改进研究生思想政治教育的若干意见[Z].教思政,[2010]11号文件.

[2]盖逸馨.和谐校园视域下高校研究生思想政治教育工作创新[J].思想教育研究,2014(2):81-83.

[3]门志国,王蕾,王兴梅.研究生思想政治教育协同管理模式研究高校

学生事务管理模式研究[J].黑龙江高教研究,2016(10):145 – 147.

　　[4]张红霞.新形势下高校思想政治教育中的大学生自我教育[J].学校党建与思想教育,2010,11:64 – 67.

　　[5]王哲,郭强.我国高校学生组织发展变革研究[J].学校党建与思想教育,2015(4):78 – 79.

大学生暑期社会实践育人功能的实证研究

——以哈尔滨工程大学信息与通信工程学院
2016 年暑期"三下乡"为例

王琦 *

摘　要:高校社会实践教育是提高大学生学以致用能力的重要方法,也是高校育人的重要环节之一,对推进思想政治工作改革创新,推进思想价值引领起着至关重要的作用。大学生暑期社会实践是大学生社会实践最基本、影响最深的形式,为增强大学生创新能力、引导其更加坚定地跟党走中国特色社会主义道路提供了有效载体。现以哈尔滨工程大学信息与通信工程学院 2016 年暑期"三下乡"为例,分析高校暑期社会实践育人功能现状及改进探索。

关键词:暑期社会实践;大学生;思想政治教育;实践育人

2017 年 2 月,中共中央国务院印发了《关于加强和改进新形势下高校思想政治工作的意见》(以下简称《意见》)。《意见》指出,要大力推进高校思想政治工作改革创新,主要包括:强化高校大学生社会实践育人,提高实践教学比重,有序组织师生参加社会实践活动,完善科教融合、校企联合等协同育人模式。从《意见》可见,探索和完善有效的实践育人模式已成为思政课实践教学改革的重要使命之一。[1] 作为大学生思想政治教育工作的切入点,"四个正确认识"即教育引导学生正确认识世界和中国发展大势、中国特

---

* 王琦,1988 年出生,黑龙江省齐齐哈尔市人,哈尔滨工程大学信息与通信工程学院辅导员,讲师,硕士,研究方向思想政治教育。

色和国际比较、时代责任和历史使命,以及远大抱负和脚踏实地,对于实践育人起着巨大的指导作用。同时,在组织大学生参与社会实践活动时应该以此为核心。高校的暑期社会实践,是大学生全面发展的第二课堂,是师生协作、高校与企业联合、高校和地方政府部门联合的重要形式,是教育引导大学生实现"四个正确认识"的重要方法。通过走访调查,了解国情民情;密切与地方政府和社会企业合作,增强大学生解决问题的创新能力;理论与实践相结合,在受教育、长才干和做奉献中提高社会责任感。

"三下乡"即文化下乡、科技下乡、卫生下乡,促进农村文化、科技、卫生的发展。加大力度开展文化、科技、卫生的"三下乡"活动,是党全心全意为人民服务宗旨的具体体现,也是大学生暑期社会实践的最重要内容。哈尔滨工程大学信通学院2016年暑期"三下乡"的目的地选择在黑龙江省青冈县和兰西县。青冈县隶属于黑龙江省中南部,位于松嫩平原腹地,具有中国北方县城的基本特点,更是农产业大县,为实践队员们的调研提供了先天优势。

一、暑期社会实践的实践育人功能

1. 走访调查,了解国情民情

毛主席曾经说:"没有调查就没有发言权。"与其他形式的社会实践活动相比,大学生暑期社会调查形式更讲究、育人功能更强、更贴近实践主题,为大学生深入了解国情民情、社情民意提供了更广阔的平台。大学生社会调查的主要形式是问卷调查和访谈调查。信通学院2016年暑期"三下乡"的主要调查内容包括:农业调查和环保调查。

第一,农业调查主要内容有青冈县"十三五"以来农业的发展情况、农民对相关政策的了解情况。此次调查范围较广,广大群众也都积极配合,在两天的实际走访过程中共投出问卷180份,回收问卷169份,回收率为93.89%。通过举办"十三五"系列农业调查活动,我院学生基本了解了当地的农业、环保、文化的水平。作为当代大学生,作为哈尔滨市的先进集体,信通学院学生无论在认识上还是切身体会上都有了很深刻的认识及对于"十三五"规划有了进一步的了解,也深入地知晓了黑龙江省农业发展的现状并希望对农民们的生产生活有所帮助。

第二,环保调查主要针对青冈县利用生态湿地公园解决水流域综合性问题的可行性。问卷共发放231份,回收218份,回收率为94.37%。此次环保调查提高了校际和地区性群众的环保意识。增强了当地百姓的环保理念,为区域内居民的环保意识实践提供了支持。

由此可见,社会调查的直观性、客观性,和其过程中大学生亲身的所见所闻所感,更能提高学生内心的"四个自信",实现了很多在课堂中无法达到的教学效果,更能体现暑期社会实践的育人功能。

2. 地企合作,增强大学生解决问题的创新能力

2016年信通学院暑期"三下乡"注重和地方政府部门和当地企业的合作,拓宽了学生的实践范围。实践队员前往青冈县祯祥镇黑龙江大董黑土地农业有限公司进行参观,包括中日合资新型无菌大棚、速冻黏玉米加工厂、油豆角加工车间等。此行学生了解了当地企业的前列水平,即黑龙江省不断地调整农业发展方案、方针和政策,农业产业结构调整速度不断加快。此外,实践队参观青冈县祯祥镇马玉祥纪念馆、靖河国家湿地公园、青冈县第四纪古生物化石博物馆,以及走访农户进行问卷调查,这些活动都少不了相关政府部门的支持。同时,实践队进行小学支教,为当地的教育事业尽一份微薄之力。

加强地企合作,有助于增强大学生解决问题的创新能力。在拓宽实践范围解决问题的过程中,不仅要求学生知道"是什么""为什么",还要知道"如何办";不仅要与行业、政府部门、城乡社区、企业打交道,还要深入基层,与普通的老百姓沟通交流。[2]

3. 理论与实践相结合,提高社会责任感

"实践是检验真理的唯一标准。"大学生暑期社会实践活动让一批又一批大学生充分利用假期时间,从手中的书本走向真实的社会,从狭小的教室走向广阔的天地,认识世界,认识自己。提高社会责任感,增强对党的认同感和民族自豪感,同时也能丰富学生自我内心世界,帮助他们更好地了解世

界,建立起更完备的人生观和价值观。

2016 年我院暑期"三下乡"实践队正是以扶老、救孤、助学等为重点开展一系列实践活动,包括支教、探访孤寡老人等,这些都大大激发了学生们的责任感和对人民群众的感情。纸上读来终觉浅。只有在实践中人们才能认识事物的本质和规律,一切正确的认识都来自实践。由此,理论教学与实践教学互为补充并形成有机结合体,使思想政治理论课能够真正地走出课堂、贴近生活、贴近学生,焕发出强大的生命力。[3]

二、当前暑期社会实践育人存在的局限

1.学生被动,参与度不高或参与目的功利

当前大学生普遍学业压力大、就业竞争大,很少人会将暑假时间用于参加暑期社会实践活动,更愿意投入到生效更快的科研比赛。因此,往往大多数实践活动的队员为团委或者学生会的学生干部,普通同学的参与度不高,此种情况可能会使得暑期社会实践育人的受众单一且效果仅仅体现在较少一部分学生中,还会给学生干部带来一些压力与负担。另外,部分学生动机较功利化,目的是得到学分或实践证明,用以升学或者之后丰富简历,甚至有些同学不参加学院组织的社会实践活动,而是付费参加社会非官方组织的旅行志愿项目。

2.暑期社会实践活动中存在造假或者挂名现象

据了解,现在存在不少同学,在假期中并未真正参与社会实践,为得到学分或者实践证明,在其他同学的队伍中挂名。这种行为属于欺骗,应当进行严肃核实,采取较为严格的学分和实践证明办法机制。还有些同学直接借鉴他人成果,夸大自身实践成果,存在学术不端行为。这部分同学的行为,不仅没有达到实践育人的目的,还有可能作为反例,对其他认真投入社会实践工作或者有意向参加活动的同学产生消极的影响。

3.学生社会调查的能力以及师资队伍的整体业务水平有待提高

2016 年我院暑期"三下乡"获奖调查报告仅有一篇。我院为工科学院,学生们并非社会学相关专业,因此大多数队员的设计社会调查问卷和撰写调研报告的水平有待提高。而且队员大多数集中在大二、大三阶段,知识量有限,即使有指导教师的帮助,高质量的文章还是不太多。另外,在学生社会实践前期或者报名准备阶段,缺乏适当的技能培训,导致在实践过程中容易出现进入状态慢、手足无措甚至无所事事的情况。

此外,大多数实践队伍的指导教师学术背景不同、思想政治教育水平不同,暑期社会实践的专业性参差不齐。而且,我院暑期社会实践缺乏长期有效的监督和指导。这些都大大限制了暑期社会实践活动的范围和成果。

三、充分发挥暑期社会实践育人功能的方案

1. 提高宣传力度,建立完善、详细的奖励制度

为了改变暑期社会实践活动学生参与度不高的局面,在选拔实践队员和选择实践地点时,应大力发动全学院的学生,充分听取学生们的意见和建议,广泛地采取线上线下的多种途径宣传,比如,开办宣讲会、微信公众号推送等,并且树立先进学生代表的典型事迹,论证暑期社会实践工作的意义,这样有助于提高学生的积极性,并达到宣传的目的。

另外,保障实践教学模式良好运行和实践教学可持续发展的一个重要环节,就是建立完善的激励保障机制,调动学生参与积极性。对于参与的学生,严格审核其工作量和活动真实性,并据此对其进行一定的奖励。具体实施细则应该按照学院专业、学生人数的不同而定,符合学生的总体情况。不能全无奖励机制,这样会打消学生的积极性;又不能设置太高奖励机制,以避免功利性地参加暑期社会实践的产生,应当视各院系具体情况而定。例如,信通学院对于社会实践活动加分奖励由学院团委实践部进行核定,不同类型和不同时长的活动对应分数也不同。

2. 建立完善的领导机制和长效机制

健全的制度保障机制是提高暑期社会实践活动质量和规范化的有效保障。暑期社会实践时间长、活动范围广、课题内容杂、参与人员层级多,既要考虑交通食宿、人员安全问题,又要开展座谈、走访等具体工作,另外还要考虑预算安排,事情多且杂。因此校级、院级领导部门必须共同建立一个决策

运行及组织管理制度,安排并统筹社会实践的组织实施、经费筹措、计划制定、最终测评等事宜。做到严把控、细指导,使社会实践活动真实、顺利地开展。只有这样才能使暑期社会实践机制运转平稳高效,为育人提供良好的环境。

另外,我校大学生的暑期社会实践活动越来越受到社会各界的关注,但是在大学生走向社会时仍然遇到来自外界的困难,主要包括:大学生很少走出校门活动,社会经验不足,处理突发事件能力较差,外出进行实践活动具有很大风险。以上提到的都会间接导致大学生参与度低、活动掺水等问题。因此各级团组织和学校都应该给予大力支持,形成政府、校际、学生三者间长期有效的联合。

学生参与暑期社会实践活动应该在报名之前进行一定的培训普及,正式人员确认之后对参与学生进行一定的社会实践经验与技能的培训,涉及范围可以包括待人处事、社会问题发觉、社会实践的意义与目的,这样可以更高效、更专业、更有的放矢地进行相关暑期社会实践工作。从而完成有实际意义的实践报告分析,更强烈的社会反响和更卓著的教学育人效果。

3.提升指导教师的学术水平和综合素质

学生的实践能力和学术水平参差不齐,因此提高教师的综合素质和组织水平是实践教学真正落到实处的关键所在。只有思想政治理论教师队伍建设完善,学生的实践水平才能提升。打铁还需自身硬,只有指导教师的业务能力跟上,学生做社会调查、撰写报告的水平才能提升。此外加强指导教师的辅导力度,对撰写报告文章的最终成果进行一定的筛选辅导并且进行相应的修改。

第一,思想政治理论教师应有对当下社会热点、难点问题的深刻理解和把握能力,对时事政治有较为深刻的认识,才能充分指导学生敏锐观察生活热点,分析眼前所见的本质,有深度地进行社会实践;第二,指导教师要具备较强的组织协调能力与社会实践能力,才能保证暑期社会实践活动顺利开展,因为学生社会经验还较为单薄,很多突发事件的处理经验不足,需要较为优秀的教师进行相应的辅导,并起到良好的带头作用,另外,足够的组织协调能力和社会实践能力也是后期完整地总结、分析的保障,从而达到实践育人的功能;第三,学校应动用校内外的一切人力资源,聘请专业的社会实践指导老师对校内的教师队伍进行培训,对于实践教学给予详细的指导,有助于提升指导教师的学术水平和综合素质[4]。更加多元化的师资配备也意味着更加完善的课外社会实践教学体系,可以促进更多维度思想的碰撞,产生更加丰富卓著的理论与实践成果。

参考文献

[1]刘素芳,陈玉书.暑期社会调查在实践育人中的作用及实现路径探讨——基于海口经济学院思政课实践教学改革的实证探索[J].安徽文学:下半月.2017(12):98-101.

[2]潘晓侃,钱超.高校暑期社会实践育人功能现状研究与改进对策——以嘉兴学院2016年暑期社会实践为例[J].湖北函授大学学报,2018(3):36-37.

[3]汪馨兰.高校思想政治理论课实践教学研究[D].成都:电子科技大学,2013.

[4]宋成鑫.高校思想政治理论课实践教学模式创新研究[D].哈尔滨:东北林业大学,2012.

大学生思想政治教育网络话语权构建探析

张学超*

摘　要:随着网络的普及和应用,意识形态工作怎样有效应对、有力解决来自网络的新挑战,怎样牢牢掌握网络意识形态工作的领导权成为现实而又紧迫的问题。大学生的网络使用率和深入程度较社会各阶层都要高,怎样有效深化大学生网络思想政治教育,引导学生树立"四个正确认识",既是高校立德树人的一项重要切入点,也是落实党对高校思想政治工作的一项重要政治任务。但是目前存在的问题是开展大学生网络思想政治教育的效果和作用亟待改善,进一步巩固网络意识形态领导权的方法和手段有待强化,甚至出现了教育主体失位,网络教育话语权的逐步丧失等情况。如果这些情况不及时解决,就不可能有效地开展大学生网络思想政治教育、取得网络话语权的最大化、取得在网络思想阵地的争夺战中的胜利。

关键词:大学生;网络思想政治教育;意识形态工作;教育话语权

十九大报告指出"意识形态领域斗争依然复杂",要"不断增强意识形态领域主导权和话语权"[1]。高校是进行思想政治教育的主战场,需要牢牢把握主流意识形态话语权。在网络环境下,高校意识形态工作面临了一些新情况,遇到了一些新挑战。网络上充斥的信息潜移默化地在影响着学生的

---

* 张学超,1988 年出生,黑龙江省庆安县人,哈尔滨工程大学马克思主义学院学工办主任、讲师,硕士,研究方向思想政治教育和党建研究。

思想状况,也直接反映着学生的思想状况。因此,需要正确认识大学生网络话语及构建的必要性,把建立合理有效的网络话语体系作为新时期高校意识形态工作的首要任务。

一、思想政治教育网络话语权概念

1.思想政治教育网络话语权的含义

狭义的话语权,指的是说话和发言的资格和权力。广义的话语权指其延伸含义,即主体所说的话或者发言的现实影响力和指引作用。[2] 显然,思想政治教育话语权采取的是广义的解释。具体来说,思想政治教育网络话语权指的是在开展大学生网络思想政治教育过程中教育主体所发出的信息的影响力和对大学生行为的支配效果。

2.思想政治教育网络话语权的特点

思想政治教育网络话语权有其自身的特点。由于网络环境信息的便捷性和使用主体权限的扁平化,导致网络思想政治教育的教育过程呈现了不同于传统教育的特点。一是教育主导行为的弱化。在教育过程中没有绝对的主导者,没有绝对的支配行为,而是靠教育的内容、形式和载体获得被教育者的认同,从而对其行为和思想产生影响,形成实际意义的网络话语权。二是思想、行为相互影响的逻辑颠倒。网络中话语信息先影响网络使用者的思想,后影响其行为,而传统教育方式往往是通过指导被教育者的行为,对其产生思想上的引领。

二、网络思想政治教育话语运行存在的问题

1.网络思想政治教育主体缺失

大学生网络思想政治教育的首要问题是教育主体的失位。教育主体队伍是确保思想政治教育工作顺利有效开展的组织前提。在传统的大学生思想政治教育中,各高校建立的完备师资队伍和制度体系,为大学生的思想政治教育工作的开展提供了坚实的保障。但是在大学网络思想政治教育的过程中,教育工作主体队伍的建设与实际需要脱节。造成这些问题的原因主

要有两个：一个是教育主体主观上不重视。很多高校和思想政治教育工作人员没有把大学网络思想政治教育提高到重中之重的程度，没有意识到网络给大学生思想政治教育工作带来的冲击；另一个是教育主体客观上对网络的利用存在技术上的困难。很多思想政治教育工作人员自身对网络运用不熟练，不能同大学生进行网络上的沟通教育，出现技术"代沟"，不能有效地利用网络资源和手段开展大学生思想政治教育。[3]

2. 网络思想政治教育话语权弱化

当前大学生网络思想政治教育效果不佳最主要的原因是话语权的弱化，即不能引起学生认同和引领学生思想。造成话语权弱化的原因主要有三个：第一个是由于教育主体的失位，导致网络思想教育活动开展得相对较少，网络思想政治教育话语权越来越弱化。第二个是"网络暴力"让部分教育主体又把线上网络教育转变成线下传统教育。比如，有教育主体发现学生在网络中出现问题，本身也在与该生进行沟通交流。但是网络自身的限制，特别是某些不明情况的同学被不怀好意的人利用，也跟着附和造势，形成了"网络暴力"[4]，造成了网络交流效果不好，教育主体在网络上处于劣势而又急于解决学生的问题，就设法把线上的网络思想政治教育变成线下问题来解决。第三个是教育主体对角色转变的不适应。网络思想教育区别于传统教育的最大的一点是主体间的平等性、自由性和互动性，传统教育主体是绝对的主导者，对于其开展的活动被教育者必须参加和接受，无论内容和形式是否是被教育者喜爱或者感兴趣的。网络思想教育则不同，如果被教育者不认同，完全可以不接受，而且没必要必须给教育者反馈，教育主体不能很好地适应这样的角色，会导致其不愿意在网络上开展相应的教育活动。

3. 传统线下方式不适应网络新媒体环境

传统思想政治教育工作的方法主要是依托班会、团队活动等载体形式开展主题活动，从而进行大学生思想政治教育。而当前大学生网络思想政治教育的形式和载体没有根据受众群体的喜好和社会大背景做出及时改变，造成网络思想政治教育开展不起来的尴尬局面。以往线下的长篇大论的文字稿，苦口婆心的批评教育，长时间的红色的爱国主义电影和音乐的传统教育方式,在自媒体时代追求短、平、快的碎片化信息接收方式的大环境下,已不再适应网络新媒体环境的传播模式。当前网络思想教育活动的形式和载体较为单一,不被受教育者认同和接受。

4. 网络环境和空间监管有待完善

信息化时代,网络的开放性使海量的网络信息良莠不齐,多元化的价值取向和多流派的意见表达并存于网络空间,虚假信息、涉黄涉暴信息、发泄负面信息等随处可见,这些都使网络环境更加复杂。[5]当前,许多高校网络文化的监管机制还没有形成,部分高校网络思想政治教育资源缺乏统筹规划,没有形成"三全育人"体系,对于校园网络文化建设工作的投入力量不足,监管缺失,不能对校园网络环境进行整体把握和布局。而网络的虚拟性和多样性也增大了网络监管难度,身处网络环境下的大学生由于自制力不强和网络道德规范建设滞后,无法对复杂的网络信息做出合理判断。这对社会主义核心价值观在大学生群体中的传播造成了负面影响,也增加了高校德育工作的难度。

三、构建大学生网络思想政治教育网络话语权的措施

1. 塑造一支具有"民意领袖"性质的网络思想政治教育工作队伍

各高校要改变以往网络思想政治教育被动性的局面,不能"只监不管",不能听之任之,要主动在辅导员、班主任等思想政治教育教师中选拔一批善于与学生交流的人员,主动进入网络思想教育阵地。据调查,当前大学生网络活动场所,主要集中在 QQ 及其附属应用,以及微信、知乎、百度贴吧等具有明显社交性质的软件上。由于网络不受空间和时间的局限,让所有集中在某个网络场域,甚至集中在某个焦点事件中的人形成了一个临时的"网络社区"。教育主体要主动进入这些"网络社区",去了解和接近自己的"网络社区邻居",让他们接纳自己、认同自己,最后要主动制造话题,设计具有正确意识形态引导内涵的话题,方便大家讨论,在讨论中逐渐确立教育主体的地位,使其逐步成为"网络社区"的"民意领袖"。

同时注重发挥党员和学生骨干作用,选拔政治立场坚定且在学生群体

中威望较高、在某些方面取得突出成绩的同学,让这部分学生通过使用从学生中掌握的准确的信息和资料,在网络空间中协助开展大学生网络思想政治教育,打造一批具有主流意识形态觉悟的学生"民意领袖"[6]。

2. 着力创新一批易于被当代大学生接受的教育形式和载体

当前,各高校网络思想教育还停留在传统线下思想政治教育模式阶段,发一下时政要闻,转载一下中央精神决议,收看一下会议直播或者视频等,这些形式和载体是发挥着重要作用的,但是如果线下已经搞了一次,再在线上搞一次,学生们还会愿意参与吗? 教育的效果还会好吗? 为什么漫画"习大大和彭妈妈"能被广大网民接受并迅速传播,为什么"国家领导人是怎样炼成的"吸粉无数,因为它们都迎合了当代大学生的认知特点与价值需求,用更加贴近生活的形式展现出来。现在的大学生都已经接近"00 后",有着属于自己年代的特质。高校基于对校园内网络后台的控制优势,可以利用大数据手段分析,形成各地区、高校的学生网络现状调研报告,发现易于被学生接受和喜爱的教育形式和载体。针对这些准确真实的数据分析,设计出一批具有隐含着主流意识形态引导的多元化网络文化产品。

学会利用网络语言开展网络思想政治教育,建立有效的良性互动机制,营造良好交流互动氛围,引导和教育学生。每一种流行的网络语言体系都有着复杂的思想文化背景作为支撑,主动了解和分析该种语言体系和风格能够流行的原因,对于我们正确利用网络流行语言开展大学生思想政治教育工作有着十分重要的意义。[7]但是也不能盲目照抄照搬,要对网络语言流行背景下大学生群体的变化趋势进行监测、分析与研究,做好信息甄别工作。

3. 积极开展与大学生群体的话题互动与引导

网络的话语权是在一次又一次的思想碰撞中逐步建立起来的,所以大学网络话语权构建是一个长期而复杂的过程。大学生易于接受新的事物,但是由于世界观还没有完全确立,易受不良思想影响,所以网络话语权的构建绝不能被动地等,要主动谋划,根据学生们关注的热点问题和事件精心设计话题,并充分发挥学生党员和骨干的作用,引导更多的同学参与其中,展开互动讨论,在讨论中引导学生。特别是在遇到带有明显政治敌对倾向的观点时,必然伴随着"网络暴力"的出现,这种情况下必须旗帜鲜明地强调正确的政治立场,积极回应偏离主流意识形态思想的挑战。这样才能在网络思想政治教育战场上产生影响力,构建起属于我们的话语权体系,打赢网络思想政治教育保卫战。

4. 加强网络空间和舆论的监管

依法管理网络空间,优化网络环境。据统计,当前网络上出现的大量谣言和不实报道均出自反华势力之手,他们利用手中掌握的网络技术优势,通过各种手段进入中国互联网领域,攻击中国的政治制度、经济制度等,制造事端,寻找反华势力的代理人,试图影响中国大学生的意识形态教育工作。这也是我们开展大学生思想政治教育的最大威胁。国家网信办曾公布了一批所谓的"公知"、大 V 们的真实身份,都是打着"自由""民主""忧国忧民"的幌子,抹黑中国取得的举世瞩目的成绩,干着误国误民的勾当的代理人,国家坚决予以打击和整治。[8]这就为我们大学网络思想政治教育提供了思路,一是针对不同的情况采取不同措施,该引导的积极引导、帮助改正,对于已确认为故意制造事端、影响正常教育的人员依法追究,净化网络环境;二是互联网的准入机制,学校内部网络资源和载体采取实名身份方式,打消某些敌对分子的浑水摸鱼的心态和做法。这对大学生思想政治教育网络话语权的建构具有极其重要的战略意义。

总之,在新时代,高校思想政治工作者们要不断探索、不断创新,遵循学生思想规律,把握学生思考轨迹,因事而化、因时而进、因势而新,牢牢掌握思想政治教育网络话语权,引导学生扣好人生第一粒扣子,坚定理想信念,志存高远,脚踏实地,在实现中国梦的生动实践中放飞青春梦想。

参考文献

[1]习近平.决胜全面建成小康社会夺取新时代中国特色社会主义伟大胜利——在中国共产党第十九次全国代表大会上的报告[N].人民日报,2017-10-28.

[2]赵颖,张明.网络公共话语空间中的文化公民身份与认同建构[J].求实,2014(10):37-41.

[3]吴璇.大学生网络思想政治教育话语权的现状分析[J].党史文苑,2014(4):67-68.

[4]安丽梅.从网络暴力谈网民道德培育[J].思想教育研究,2016(2):92-95.

[5]李德福.高校开展网络思想政治教育的困难及对策研究[J].思想教育研究,2014(1):61-63.

[6]王艳.民意表达与公共参与:微博意见领袖研究[D].北京:中国社会科学院研究生院,2014.

[7]谢守成,高尚.网络语言的流行与大学生思想政治工作创新[J].思想理论教育导刊,2014(11):128-131.

[8]国家互联网信息办部署打击网络谣言[N].新华每日电讯,2013-05-03(2).

网络微教育的正能量生态系统培育机制研究

许钟元*

摘 要:如何有效地对学生进行社会主义核心价值观教育是传递中华民族正能量的关键。利用网络对大学生进行微教育是开展社会主义核心价值观教育和传播社会正能量的重要切入点。研究网络微教育,探讨引入生态系统的概念,借助生态学理论体系来描述和构建培育机制,深入分析了由大学生网络素养培育机制形成的有机主体和四模块相互支撑的协同服务机制形成的无机客体与双螺旋互学互长的师生共生机制形成的有效介质构成的培育机制架构,并讨论其运行模式,从而为思想政治教育工作者有效地开展正能量的社会主义核心价值观教育提供理论与实践指导。

关键词:微教育;生态系统;正能量;培育机制

2015 年中央《关于进一步加强和改进新形势下高校宣传思想工作的意见》中要求"要根据教育环境和教育对象的变化情况,充分运用网络新手段拓展思想政治教育的视野,积极培育和践行社会主义核心价值观",体现了国家对青年学生形成社会主义核心价值观的殷切希望。网络生活从基础的娱乐沟通、信息查询,扩展到商务交易、网络金融、教育、医疗、交通等公共服务。随着智能化手机的普及,微博、微信、微网站等手机终端"微介质"兴起,

---

* 许钟元,1986 年出生,黑龙江省齐齐哈尔市人,哈尔滨工程大学机电工程学院学工办主任,副教授、博士,研究方向思想政治教育。

微语录、微视频、微小说等"微内容"盛行,微表达、微阅读深受人们喜爱。这类"微型"社交媒体的出现使这个"微时代"具有了传播内容碎片化、风格个性化、形式即时化、普及平民化的特点,[1]也使"微教育"成为这个"微时代"不可逆的教育趋势。

一、网络微教育"正能量"生态系统的内涵

本文引入"生态系统"进行网络微教育"正能量"培育机制的建立,生态学是研究生物与其环境之间的相互关系及其作用机制的科学,是把生物与其所处的环境视为一个复杂的生态系统,以系统的观点观察生命有机体与其周边环境的相互影响、相互制约、相互依赖的关系。[2]系统被普遍认为是若干个相互作用着的组成部分按照一定的次序或者规则结合到一起,形成的具有特定功能的整体,而它同时又从属于更大的系统。微教育的网络环境处于整个社会大系统中,其自身是由诸多要素按特定关系组成相应的结构,其内在的系统性与生态学系统观点具有天然的耦合性。在系统的观点中,为了达到生态平衡,系统中有机主体、无机客体、连接介体构成的整体在与周围的环境不断地进行物质循环、能量流动和信息传递,任何环节出现问题,原有生态平衡就会被打破,生态系统健康是一个生态系统所具有的稳定性与可持续性,即在时间上具有维持其组织结构、自我调节与对威胁的恢复能力。[3]相类似地,网络微教育环境的内部结构是有机教育主体、无机教育客体和教育介体等要素相互结合构成的一个整体,有机教育主体是系统中的生命有机体,它主要是指网络微教育环境中接受教育的主体,接受教育的主体自然是大学生群体,但是在本文中立足于网络微教育这个视角,大学生在网络上展现出的虚拟的自我就是接受教育的主体,具体体现为大学生的网络素养;无机教育客体是系统中的与有机体发生作用的无生命物质,它主要是指网络微教育环境中提供教育服务的软硬件设施,即相互支撑、相互协调的服务机制;教育介体是系统中引发有机体与无机体相互作用的媒介物质,该媒介能够促进有机主体从无机客体中汲取能量物质且能够自发引导该生态系统良性自净,帮助教育者根据教育的目的和要求调整和控制教育

的介体,发挥教育介体的正向牵引作用,从而实现社会主义核心价值观"正能量"的教育功能,达到社会主义核心价值观教育"内化于心、外化于行"的目的。

二、网络微教育"正能量"生态系统培育机制模型构建

1."正能量"生态系统的有机构成体系——多维度大学生网络素养培育机制

1994年,美国学者麦克库劳首次提出"网络素养"概念,[4]即了解网络资源的价值,并能利用检索工具在网络上获取特定的信息并加以处理,以协助个人解决相关问题的能力。大学生网络素养是指大学生利用网络促进自我发展并创造价值的能力和意识,是一个集意识水平、知识积淀和创造能力于一体,并在此基础上能够吸收、融合、创新与完善的能力,它作为大学生网络微教育的主体内容,是生态系统中的有机构成部分。本文从大学生网络道德教育基本框架、网络信息辨别能力提升、微媒体网络舆论价值引导三个维度探索大学生网络素养培育机制。

网络道德教育基本框架是培养大学生具备网络道德观念的基础内容,要求大学生在网络环境中的行为符合基本的网络伦理意识,是有机主体接受教育的根本。以网络道德契约作用、网络自律精神培养、网络道德行为养成三个方面构建网络道德教育基本框架,探索提高网络道德教育水平的基本方法,促进网络微教育中网络基本意识的提升,使社会主义核心价值观教育内化于心。

提升网络信息辨别能力是培养大学生甄选、辨别网络信息真实性的重要保障,帮助大学生在网络环境中筛选、整合或者分辨大量真伪信息,是有机主体接受教育的关键。以理论实践协同作用、网络信息处理能力、微媒体网络技能培训三个方面提升网络信息辨别能力,探索提升网络道德教育效果的具体措施,促进网络微教育中网络应对能力的提高,使社会主义核心价值观教育外化于行。

微媒体网络舆论价值引导是提升大学生网络综合素养的关键环节,指引大学生正确认识网络舆论并进一步弘扬正能量,是有机主体接受教育的成果展现。[5]以强化官媒的权威效应、完善舆论的引导策略、运用微文化感染三个方面引导微媒体网络舆论,梳理网络微教育中的价值指引脉络,帮助大学生在动态变化的新形势下巩固社会主义核心价值观教育成果,加深思想上的认识、强化行动上的坚持。

2."正能量"生态系统的无机运行体系——四模块相互支撑的协同服务机制

以理论教学模块为依托,运用创新的理论教学模式辅助大学生对于社会主义核心价值观的认识。理论教学模块并没有绕开传统的课堂式理论教学内容,而是作为传统理论教学内容的"微补充",即用较少的时间、较便捷的方式、较有趣的内容为学生补充一个较小的知识点。

以实践养成模块为载体,运用贴切的活动平台搭建辅助大学生对于社会主义核心价值观的理解。实践养成模块从对学生综合素质的培养着手,助力大学生将理论教学中的知识转化为实际的运用能力。

以质量评价模块为观测点,运用微评论的大数据来分析大学生对于社会主义核心价值观的掌握程度。从理论教学模块角度考察大学生对"微课"教学内容的喜爱度、教学方式的接受度、教学效果的认同度,即对"微课"教学的点击率、评论率、点赞率、转发率进行观测,分析大学生"内化于心"的程度,以便对理论教学模块进行修正、完善。

以效果展示模块为引导,运用典型事迹和榜样力量来修正大学生对于社会主义核心价值观的认知偏差。以典型案例、榜样导航等的"微故事"进行有倡导的效果展示,分别围绕理论教学、实践培养各次级模块建构起"微故事"库,突破原有核心价值宣传的既定模式,将注意力重心转移至新媒体领域,用大学生真正"喜闻乐见"的方式展示属于他们自己的昂扬青春,树立他们自己心中的"微榜样"。

3."正能量"生态系统的良性调整体系——双螺旋互学互长的师生共生机制

搭建师生互动微平台,将"正能量"的社会主义核心价值观进行渗透式生活化教育。在网络微教育环境中,教育者通过梳理网络微教育中的微媒体运用情况,构建信息畅通的微平台网络,探索出有主次、有交错、覆盖广的信息来往渠道。在提高教育者的教育传播效率的同时,实现了接受者的即时效果反馈,从而使生活化教育"体贴入微"。

挖掘师生教学微渠道,将"正能量"的社会主义核心价值观进行多样性碎片化教育。在网络微教育环境中,教育者通过掌握网络微教育中的微行为产生情况,构建多元化的微课程体系,探索出有特色、有受众、有效果的行为转化路径。在拓宽教育者的教育培育渠道的同时,丰富接受者的认知结构体系,从而使碎片化教育"细致入微"。

合理运用、有效提升教师的微权威,提高教师在网络微教育环境的公信力、说服力、吸引力,经过言传身教,帮助学生提升网络综合素养。在网络微教育环境中,教育者通过观测网络微教育中的微评论表现效果,了解动态的微语言变化情况,探索出贴近学生心理转变、符合学生发展趋势的交流方式。在促进教育者提升自身微权威的同时,提高了接受者的是非辨别能力,从而保持"正能量"生态系统的自净化功能。

三、网络微教育"正能量"生态系统培育机制运行模式

大学生网络微教育"正能量"生态系统的有机主体与无机客体通过有促进作用的介质相互影响,多维度相互协调的网络素养培育机制作为有机主体,是生态系统"正能量"传播的核心;四模块相互支撑的协同服务机制作为无机客体,是生态系统"正能量"培育的载体;双螺旋互学互长的师生共生机制作为中间介质,是生态系统"正能量"提升的保障。本文构建大学生网络微教育"正能量"生态系统培育机制运行模型,研究三个机制之间的契合点和关联度,以实现整个"正能量"生态系统的物质循环、能量流动和信息交流。

首先,是立足于网络教育环境的开放性,挖掘网络微教育的知识切入点,实现对多样化平台的整合分享。大学生网络微教育环境作为一个系统本身具有开放性,它既受到诸如教育环境中教育理念等因素的引导,同时也受到类似网络环境的大量热点信息和评论的冲击。在理论知识的传播中，利用"微教育"的内容短、时间少等特点，教育者应当挖掘出传统知识点之中的精髓内容或者主要知识点之间的相关点，将这些知识进行重新整合、编排，以符合"微教育"的形式向受教育者进行推送；另外，还要了解学生在平时学习、生活中经常利用到的网络微平台，以及微平台的利用程度和效用，以便将多种微平台进行整合，通过较为一致的"微路径"进行输出。例如，教师利用"微课"将短小的知识点向学生群体进行推广，以学生喜爱的形式充实他们的课余时间；利用"微信"利用率广、交流方便的特点，将其他微平台的热点内容进行整合，在微信的相关应用中统一进行点击、阅读、分享、评论、交流，维持师生共长的系统稳定性。

其次，是立足于网络微教育平台的交互性，探索网络微教育的技能训练点，实现对师生网络素养的共促共长。大学生网络微教育环境中，网络使用者在线下可能是教师、学生、家长、各行各业的从业者，他们在线上进行各种互动，思想上也进行着各种碰撞。如何在复杂的信息交流过程中提炼出"微实践"项目，帮助学生在实践中将传统理论知识进行转化、将理想信念理论教育成果进行升华，是教育工作者进行社会主义核心价值观养成的着力点。教师需要在了解大学生的心理特点和调研大学生的兴趣特征的基础上，设计出能够强化学生理论认识的"微项目"，"微项目"可以是实践活动、公益活动、调研活动，也可以是观点分享的互动。通过这些"微项目"能够得到大学生对于理论学习的效果反馈，形成线上的认识升华，助力线下的行为转化。比如，教师借助某个重要历史日期进行"微情怀"的收集，提醒学生铭记历史、感恩前行；通过对某热点事件进行"微评论"的调研，了解学生思考的全面性、系统性、公正性，以便帮助他们修正思考方向、完善思考架构，同时也促进教师自身思维向广度和深度延伸。

再次，是立足于网络微教育生态系统的主体性，找寻网络微教育的能力培养点，实现对舆论负效应的理性批判。在网络微教育环境中，时刻涌入纷杂的资讯，内容亦真亦假，评论观点各异，这是由网络微教育环境的开放性和网络微教育信息的复杂性导致的，接受这些资讯信息的网络使用者由于知识水平、个性特点、道德修养、目的意图等的差异，对于信息点的理解、引申和修饰千差万别，形成了网络微教育的负效应。大学生网络微教育环境中存在着各种参与主体，环境的完全开放性决定了参与主体的门槛准入低、参与成本低，因此知识结构、个性特征、网络素养都有较大的区别，这种主体的异质性为大学生提供强大的信息源，也为网络微教育提供了大量的素材。如何帮助大学生客观认识、理性分析这些不可逃避的信息，是教育工作者实现社会主义核心价值观教育的提升点。教师在面对大量信息和评论充斥微教育环境和舆论负效应冲击时，要临危不乱，首先调试自己的心理状态、坚守自己的道德信念，其次要对这些信息进行筛选和分析，最终利用这些信息开展入脑、入心的教学活动。例如，教师搜集"微案例"进行归类、比对、编排，帮助学生梳理、分析、认识这些案例的背景来源和主旨意图，从而促进学生提高主动思考、客观分析和理性辨别的能力。

最后，是立足于网络微教育生态系统介体成长的渐进性，掌握网络微教育的品德形成点，实现对核心价值观的正向强化。无论是教师还是学生，成长都不是一蹴而就的，在网络微教育这个视域下，教育工作者要对学生进行持续的理想信念教育，不仅要优化理论教学环节、搭建实践教学项目、进行网络教学效果评估，也应当注重网络文化氛围的营造，从而在充斥了大学生目前学习、生活方方面面的网络领域中，时刻感染大学生进行道德修养的自省和道德行为的修正，这是教育工作者引领社会主义核心价值观践行的持续点。教师要挖掘学生当中涌现出的优秀典型和身边榜样，以学生认可的方式将之转化为"微典型""微榜样"进行宣传，以学生喜爱的方式、推崇的风格将身边的典型榜样成长的"微故事"进行介绍。这样一方面以贴近学生内心的方式为学生指引了努力的方向，另一方面有助于学生践行社会主义核心价值观良好氛围的营造。

本文的结论是，通过以双螺旋互生互长的师生共生机制作为大学生网络微教育的介体，促进大学生的网络素养这个主体应用协同服务机制的客体得以提升，促使大学生网络微教育正能量生态系统的正向运行，实现介体的自净化功能，既要借助于生态系统特征、主体客体和介体特征，也要深入研究介体中师生之间的互生互长关系。师生互生互长的共生机制通过彼此尊重的"共存"、有效沟通的"共享"、相互激励的"共创"、促进转化的"共乐"而交互运行,最终实现双螺旋上升式的"共长"。互生互长的师生共生机制经历了相互作用、相互影响、相互促进的螺旋式上升过程,它作为一个整体在网络微教育环境中生存、发展,借助网络微教育环境中的四模块协同服务机制这个客体,实现提升大学生网络素养的主体目标,完成教师正向引导思想政治教育工作的任务。

参考文献

[1]温泉.微时代舆论生态下的社会管理创新研究[D].长沙:长沙理工大学,2014.

[2]伍德沃德.生态网络[M].北京:科学出版社,2012.

[3]Rapport,D. J. What Constitutes Ecosystem Health? [J]. Perspectives in Biology and Medicine,1989(2).

[4]C. R. McClure. Network Literacy in an Electronic Society:An Educational Disconnect In The Knowledge economy:The nature of information in the 21st century[M]. Queenstown MD:The Aspen Institute,1994.

[5]王荟,伏竹君.网络舆论生态视域下的网络舆论引导问题探析[J].甘肃社会科学,2015(6):252 – 255.

基金项目

教育部人文社会科学研究专项任务项目(高校思想政治工作),《大学生网络微教育的"正能量"生态系统培育机制研究》,16JDSZ3048;黑龙江省教育科学规划课题,《微媒体视阈下高校教师的话语权研究》,GJD1316023。

"五位一体"理念的高校网络思想政治教育研究

由春桥*

摘　要:随着复杂网络化趋势的扩展和延伸,高校思想政治教育工作亟须跟进网络化进程,提练新理念,对准新问题,采取新策略,利用当前网络资源和技术,开创一种全新的思想政治教育方式。当前高校应充分认识到网络思想政治教育建设在新时期新形势下的重大现实意义,从理念、平台、内容、队伍、制度的"五位一体"出发,深入分析当前网络思想政治教育建设存在的问题,形成有效性思考,以更好地适应新时期高校思想政治教育工作的情势。

关键词:五位一体;高校网络思想政治教育;研究

据中国互联网络信息中心统计,截至 2016 年 12 月,中国网民已达 7.31 亿,其中 18~24 岁网民占 32.8%,而大学生正是这个年龄段的主要群体。随着网络化的普及和深化,远距离外发生的事件越来越对高校大学生的学习、生活和思想观念产生着直接而深刻的影响。网络信息时代的迅猛发展让我们清醒地认识到,创新思想政治教育方式、方法和手段已经势在必行。当前随着互联网信息传播功能的不断加强,高校如何解决好网络思想政治教育的建设问题,已经成为重大课题。

---

* 由春桥,1985 年出生,吉林省榆树市人,哈尔滨工程大学外语系学工办主任,讲师、博士,研究方向传统文化与德育和思想政治教育。

一、当前加强高校网络思想政治教育建设的现实旨趣

1. 加强高校网络思想政治教育建设是贯彻和落实国家对思想政治教育工作要求的集中体现

思想政治教育工作是党和国家的传统工作优势,毛泽东曾指出:"思想政治工作是灵魂,在经济工作和技术工作中发挥统帅作用,不能稍有放松。"[1] 2000 年,教育部发出《关于加强高等学校思想政治教育进网络工作的若干意见》,其中指出:"网络技术发展所引发的信息爆炸,给人们带来了惊喜,同时也带来了挑战,一些真伪难辨的信息容易混淆视听造成思想混乱,影响高校和社会的政治稳定。加强高校思想政治工作已经成为非常重要而又紧迫的课题。"[2] 2004 年,国务院在发出的《关于进一步加强和改进大学生思想政治教育的意见》中要求:"思想政治教育工作体系要加快建设,抢占网络舆论战地,把握网络思想政治教育的主动权。"[3] 国家进一步提出高校网络思想政治教育工作要加强系统性和主动性。当前努力探索和加强高校网络思想政治教育的研究和建设,正是贯彻和落实国家对思想政治教育工作要求的集中体现。

2. 加强高校网络思想政治教育建设是国家网络安全战略的重要组成部分

2014 年,习近平结合当前网络安全新形势提出:"网络安全关系国家安全大局。"近年来,一些西方国家利用电子图书、网络课堂、音频视频、电影电视等多种形式的载体,通过网络渠道传播其所谓的"普世价值",以及在网络中宣扬各种"社会思潮",意图颠覆中国的主流价值观。高校大学生群体具有对网络新鲜事物的探索欲及信息敏锐性,但对信息判断能力弱的特点很容易被西方政治思想渗透、煽动、利用。因此,高校要通过网络思想政治教育提升大学生的网络素质,不断强化大学生的思想观念和价值取向,使大学生在复杂网络化背景下自觉与西方以"个人主义"为核心的价值观做斗争,自觉抵制西方鼓吹的"中国崩溃论""中国威胁论"等各种危害中国主权的"阴谋论",强化和提升高校大学生在网络上自觉维护国家主权和信息安全的意识和能力。因此,加强高校网络思想政治教育建设是国家安全战略实施的重要组成部分。

3. 加强高校网络思想政治教育建设是当前创新性开展高校思想政治教育工作的有效途径

当前,高校大学生已经在网络世界中扮演极其重要的角色,一些敌对势力通过网络传播带有极具隐蔽性和迷惑性的反党反社会信息,严重冲击以马克思主义为主导的社会主流意识形态,这也势必会给高校大学生的价值取向造成深刻影响,例如,西方极力鼓吹的"个人利益"至上论,在影视作品中大肆宣扬"个人英雄主义""享乐主义"。"网络化导致意识形态多元化,网络的虚拟性与隐蔽性增加了思想政治教育工作的难度。"[4]在网络多元文化背景下,高校如何在"泥沙俱下""鱼龙混杂"的"思想市场"和"价值超市"里,用新媒体思维开辟有效途径,占领网络意识形态主战场,不断加强对大学生的思想引领和价值引领,值得深入研究。

二、当前高校网络思想政治教育面临的实际问题

1. 理念建设亟须强化和升级

近十多年来,随着网络化、信息化不断深化发展,网络思想政治教育作为思想政治教育领域的全新事物应运产生,并开始受到各个高校的普遍关注和重视。但多数高校对网络思想政治教育建设的重要性认识还不深刻,尤其在理念层面较为落后,网络思想政治教育建设还没能够在网络意识形态主战场构筑阵地或形成有效机制。因此,高校思想政治教育工作亟须在网络化环境中转型升级。升级发展首先要理念升级,当前高校一是要分析网络思想政治教育政治性不强的问题,要思考如何在网络思想政治教育建设中传承传统思想政治教育工作优势,"不忘初心,继续前行";二是要分析网络思想政治教育从工作载体、内容方法、队伍建设、制度创新等方面落后于信息化及网络应用技术发展的原因,如何总结网络思想政治教育的新特点和新规律,如何结合自身实际突破传统思想政治教育思维模式的束缚,进而全力扭转网络思想政治教育被动落后的局面。

2. 平台建设较为滞后

在互联网进程的大趋势下,各个高校纷纷建立了思想政治教育工作平台,但在平台建设过程中还存在诸多问题,例如,高校网络思想政治教育工作平台的范畴如何界定? 如何建设? 如何利用平台发挥隐性思想政治教育的引领作用? 等等。目前学术界对高校网络思想政治教育工作平台范畴的界定还没有形成统一认识,有的学者认为网络技术是高校网络思想政治教育工作平台建设的关键,起到润滑剂、播种机的作用,如果网络技术处于低端运行,会直接影响高校网络思想政治教育整体建设效果和育人水平,尤其在网页的设计方面,最能吸引高校大学生的眼球,也最能体现高校网络思想政治教育工作平台建设的中心宗旨和核心功能。有的学者认为,过去重视网络技术容易忽视高校网络思想政治教育工作的育人根本,过于偏重网页设计只会流于形式,并非高校网络思想政治教育的实质性体现。高校网络思想政治教育工作平台的范畴界定不清,会导致平台建设的盲目性、滞后性,直接影响思想政治教育功能的发挥。

3. 内容建设缺乏科学性

高校网络思想政治教育内容建设质量直接影响大学生接受思想政治教育的实际效果。当前,高校网络思想政治教育内容建设普遍缺乏科学性,例如,有的高校网络思想政治教育内容干瘪,缺乏"深加工"的环节,吸引力和感染力不够,很难吸引大学生的兴趣和注意力。具体来说,一是"立德"的目的性不强,在实际建设的过程中,高校网络思想政治教育内容建设松散,内容的目的性不强,还没有形成足够吸引高校大学生兴趣和注意力的态势,在价值观交锋日趋激烈的网络化世界中,高校网络思想政治教育内容没有充分发挥思想引领的作用。二是高校网络思想政治教育的内容与大学生身心发展特点和心理需求相偏离。当前高校网络思想政治教育内容普遍较为生硬,生搬硬套的较多,问题疏导的较少;空泛无力的较多,旨趣深切的较少。这与大学生身心发展和心理需求不相契合。在网络化信息漩涡中,大学生很容易迷失自我,陷入"是非"困境。

4.队伍建设有待加强

高校网络思想政治教育队伍是高校网络思想政治教育建设的中坚力量,必须具备较高的素质和能力。但大多数高校还没有建立起一支专门的网络思想政治教育队伍,即使有也是刚刚建立,管理还不规范,一般都是辅导员或者有些学工干部在主抓,高校网络思想政治教育处于低水平的运行状态,网络思想政治教育队伍缺乏系统管理和制度环境,素质和能力得不到提升。另外,高校网络思想政治教育工作者的思想政治理论水平较低,普遍"囿于功利的驱动,工作流于表面和敷衍,缺乏深入的理论分析与提升"[5],教育观念较为落后,知识结构较为单一,网络信息素质和网络应用技术有待提高。

5.制度建设还不完善

制度化是高校网络思想政治教育建设的关键环节,制度具有贯彻理念、固化平台、创新内容、优化队伍、营造环境等重要功能,从根本上保证高校网络思想政治教育建设的顺利运行,同时制度又能推进高校网络思想政治教育建设不断到达新的高度。当前,高校网络思想政治教育建设的制度化水平还比较低,体制机制不健全,缺乏必要的制度保障。具体来说主要缺乏"五性",一是导向性、二是法制性、三是安全性、四是创新性、五是规范性。制度化缺失直接影响了高校网络思想政治教育建设的水平和进程。

三、"五位一体"理念的高校网络思想政治教育

1.加强理念建设

当前,大学生作为弘扬和践行社会主义核心价值观的关键群体,高校网络思想政治教育要坚持正确的思想政治教育方向,发挥思想引领的导向作用,不能偏离"立德树人"的正确轨道。具体来说,一是坚持正确的育人方向。高校网络思想政治教育要始终坚持用马克思主义基本原理、共产主义理想信念、社会主义核心价值观、集体主义观念和爱国主义精神来培养和教育高校大学生。二是站在战略性的认识高度。高校必须把网络思想政治教育建设放在时代的高度来探索和研究,将高校网络思想政治教育作为战略

体系建设来谋划和推动,变被动为主动,牢牢掌握新形势下高校网络思想政治教育的总体局面。三是创新工作方法。当前高校网络思想政治教育建设要转变传统思想政治教育重视理论灌输、忽视学生主体地位、以言传身教为主、忽视隐性课程建设的育人理念,要大力加强以贴近学生实际生活、加强隐性渗透、利用现代传媒、融入心理教育等网络方法元素为主的工作方法。

2. 加强平台建设

界定高校网络思想政治教育平台建设的范畴是加强高校网络思想政治教育平台建设的前提。网络平台主要通过技术手段搭建,以理念作导向,由管理者设置内容和运行管理,以制度作保障。理念、平台、内容、队伍、制度都是高校网络思想政治教育平台建设的重要影响因素。他们之间各成体系,但又不能被完全割裂,各个体系之间相互作用,相互促进,共同作用于高校网络思想政治教育的整体。因此,高校网络思想政治教育平台的核心元素是网络技术,由网络技术作支持并不断完善。当前面对网络化发展的大趋势,高校亟待完成网络思想政治教育平台的建设,并要把握好以下五个方面的要求。一是平台要能抵制色情、暴力、诈骗等不安全因素的渗透;二是平台的设计要以大学生的学习和生活实际为切实依据;三是通过平台能够快捷、准确地了解大学生的思想状况、心理状态以及关注的热点问题;四是能够利用平台的交互性特点,开展形式多样、生动有趣的思想政治教育活动;五是平台要能够便于高校网络思想政治教育队伍的操作。

3. 加强内容建设

高校网络思想政治教育内容建设,一是坚持育德行。高校网络思想政治教育的目的是培养具有坚定的共产主义理想信念,致力于推动社会主义现代化建设和实现中华民族伟大复兴的中国梦的高素质人才。因此,高校网络思想政治教育内容建设要紧紧围绕育德行的特点,把“德”的培育作为培养大学生健全人格的核心元素来抓。二是坚持主体性。高校大学生是高校网络思想政治教育建设的主体,因此高校网络思想政治教育内容要以高校大学生的身心发展特点和心理需求为切实依据,积极调动和发挥大学生作为高校网络思想政治教育主体的积极性、主动性和创造性,培养大学生能动的主体人格。三是坚持专业性。高校网络思想政治教育要走专业化道路,其内容要体现专业性特征。例如,高校网络思想政治教育可将教育内容设置多个单元,包括爱国主义教育、集体主义教育、党团知识教育、传统文化教育、专业知识教育、创新创业教育、社会实践教育、法律法规教育、人际伦理教育、心理健康教育等。通过加强高校网络思想政治教育内容建设,使高校网络思想政治教育变被动为主动,变松散为系统,变抽象为具体。

4. 加强队伍建设

具体来说,一是强化队伍的网络意识。高校网络思想政治教育队伍要转变传统的思想政治教育观念,积极转移教学阵地,确立现代管理理念,努力提高思想政治理论水平,学习网络新技术。在新的教育环境下运用新的教育内容和教育方法积极应对教育对象,将思想政治教育与网络技术相结合,将有形的教育与无形的教育相结合,切实提高对虚拟社会的意识形态的治理能力。二是提升队伍的专业化水平。高校要通过网络思想政治教育队伍建设,提高队伍的政治素质,丰富队伍的知识结构,进而使队伍拥有专家意识。使高校网络思想政治教育队伍不仅能够利用网络开展日常的思想政治教育工作,而且能进行开发教育软件、建立教育网站、网络心理咨询等更深层的网络思想政治教育工作。例如,在网络思想政治教育平台开设"心理咨询热线"专栏,也可以自主开发网络 BBS 论坛、微信、微博等交流渠道,及时了解学生的思想状况,正确把握网上舆论导向,并以专业化的素质和能力引导大学生成长成才。

5. 加强制度建设

在具有隐蔽性和匿名性的网络虚拟世界中,制度化建设则显得尤为重要。具体来说主要包括以下四个方面。一是导向性。高校网络思想政治教育制度建设要以习近平新时代中国特色社会主义思想为指导,以推动社会主义现代化建设和实现中华民族伟大复兴的中国梦为目标,正确引导大学生。二是法制性。高校网络思想政治教育制度建设要具有法理依据,坚持合法化与合理性,确保高校网络思想政治教育运行顺畅。三是安全性。高校网络思想政治教育制度建设要建立行之有效的预警机制,保障教育者和受教育者的安全、管理者和网络资源的安全、网络空间和网络信息的安全，进而从根本上保障高校网络思想政治教育的顺利运行。四是规范性。高校网络思想政治教育制度建设要体现规范性特点，尤其体现在高校网络思想政治教育队伍的规范化建设方面，队伍建设是高校网络思想政治教育建设当中的关键环节，在队伍的任免、培训、薪资、职位晋升、考核等方面都应有明确的规范性制度，确保高校网络思想政治教育良性运行。

总之，高校网络思想政治教育是高校思想政治教育发展的新方向和新领域，极具创新性和时代特色，有其建设的必要性和现实意义。但中国高校网络思想政治教育建设正处在刚刚起步阶段，还需要不断实践和探索。当前，在推动社会主义现代化建设和实现中华民族伟大复兴的中国梦的过程中，高校网络思想政治教育建设要坚持"五位一体"，扎根现实，始终坚持"立德树人"的根本任务，努力探索新途径，着力将高校大学生培养成为"德才兼备""又红又专"的新世纪人才。

参考文献

[1]毛泽东.毛泽东文集:第七卷[M].北京:人民出版社,1999:351.

[2]中华人民共和国教育部.教育部关于加强高等学校思想政治教育进网络工作的若干意见[R].教社政[2000]10号文件.

[3]中共中央国务院关于进一步加强和改进大学生思想政治教育工作的意见[R].中发[2004]16号文件.

[4]方国才.挑战与对策:信息网络时代的思想政治教育[J].南京师大学报(社会科学版),2005(6).

[5]谢玉进,胡树祥.网络思想政治教育研究的现状与新走向[J].思想理论教育导刊,2010(1).

高校新媒体网络舆论场
传播演化模型构建与引导体系研究

邵光辉*

摘　要：采用舆论场的理论对新媒体时代大学生网络行为进行总体性的描述，并以高校网络舆论场的社会环境、心理环境及行为环境的三场融合特性作为研究切入点，通过传染病传播理论对大学生网络舆论场的传播演化规律进行特征要素总体描述，并采用基于信息传播动力学的 ISKS－ISK 二阶传播演进模型进行量化建模分析，精准辅助网络德育引导对策的制定，并提出网络道德教育"正向引导"体系的系统化实施路径，拓展了新媒体时代高校德育理论研究的视阈。

关键词：新媒体；舆论；传播演化模型；网络德育

随着智能手机端直播软件、微信、微博的大面积普及，基于移动数字网络技术的新媒体平台开启了信息传播的新时代，传统媒体已不再居于垄断地位。网络使每个人都可以借助新媒体生产信息、传播信息，传递方式也更加方便和快捷。大学生群体一直是各种新鲜事物的"敏感人群"，大部分大学生日均使用手机时间超过数小时，大到社会观点、舆论热点的讨论交流，再到社会新闻、校园信息的普遍获取，小到日常购物、情感抒发的个人行为，都与移动网络新媒体紧密相连，新媒体已成为大学生思想表达主要发酵平

---

* 邵光辉，1982 年出生，山东省海阳市人，哈尔滨工程大学理学院辅导员、讲师、硕士，研究方向思想政治教育。

台,"指尖发声"成为新常态。新媒体时代大学生群体呈现出的这些网络使用习惯,正符合清华大学刘建明教授所提出的舆论场形成三要素[1]:同一空间人们的相邻密度与交往频率较高、空间的开放度较大、空间的感染力或诱惑程度较强。在新媒体时代,舆论场环境具有其独特的复杂性,不单指时空环境,而是由"新媒体场""心理场"和"社会场"三场融合而成的复杂环境系统。人的道德理性是在一定客观环境(行为、社会环境)中养成的,人的主观因素(心理因素)在道德理性塑造过程中起到关键性作用,而在网络世界的道德养成,主客观因素迥异于现实生活,尤其是新媒体舆论场所承载的大量信息良莠不齐,大学生受其自身生活阅历的限制,价值观尚处于塑造期,往往容易受到舆论场负向价值的影响,引发网络欺诈、网络传谣、色情暴力信息传播、网络高利贷等道德失范行为。[2] 所以,研究大学生网络舆论场的各种影响因素及其传播演化的规律,对于新媒体时代大学生网络道德教育显得尤为重要。

道德理性是伦理学的研究领域,科技伦理学是研究科学技术与伦理道德的关系,而网络道德问题的产生源于现代信息技术飞速发展带来的负面影响,所以当下网络道德教育的实践研究须从科技伦理学的视角来构建新媒体时代的网络德育引导体系。[3] 由于网络舆论场的演化与传播过程大多无法在现实世界中进行实证,将计算机建模分析法引入网络舆情演化机理的探索已成为当前网络舆论场研究的热点。因此对大学生新媒体网络舆论场的核心要素进行建模分析,有助于把握大学生网络行为研究的精准施力点,进而依据分析结果建立基于科技伦理学的网络道德教育"正向引导"体系,旨在提高大学生的道德鉴别能力和对不良信息的抵抗力,帮助其在纷繁复杂的信息时代树立正确的世界观、人生观、价值观,进而引导大学生树立实现中华民族伟大复兴的共同理想与坚定信念,坚决抵制消极意识形态的入侵,确保和谐稳定、风清气正的高校新媒体文化。

一、国内外研究现状

1.网络舆论场及网络舆情传播演化模型的研究现状

社会学中迪尔凯姆首先提出"场"论概念,他将社会场等同于有形的人和事物构成的社会环境。在传媒领域,德国传播学者马莱茨克提出了"大众传播场"理论。中国学者刘建明首先提出了"舆论场"的概念,而后中国人民大学舆论研究所所长喻国明对舆论场做出了明确的界定,他定义为包括若干相互刺激因素,从而使许多人形成共同意见的时空环境[1]"。近年来随着移动网络的飞速发展,新媒体平台正在使网络世界的各个领域发生着深刻甚至颠覆性的变化,网络舆情传播的影响因素也日益复杂。为了拓宽网络舆论问题研究的视野,"网络舆论场"日渐成为学术热点并多次出现在一些学位论文中,如上海大学聂德民的博士论文《网络舆论与社会引导》,就探讨了网络舆论场与社会引导之间的关系问题。近年来,随着新媒体普及性的提高,作为网络舆论场的具体表征形式——网络舆情的传播演化影响因素也更加多元化,网络舆情动态错综复杂。国内网络舆情特征要素研究的论著较多,比较典型的有刘毅的《网络舆情研究概论》、毕宏音的《网民的网络舆情主体特征研究》等。在高校网络舆情传播规律分析与引导方面,许方园在《高校网络舆情引导研究》一文中阐述了高校网络舆情对大学生思想行为的影响及目前高校网络舆情引导中存在的问题。兰月新在《突发事件网络舆情谣言传播规律模型及对策研究》中,通过情景分析法,改变微分方程模型变量的方式对各阶段采取引导应对策略。曾润喜等人针对高校网络舆情工作的紧迫性和舆情特点,构建了快速响应机制的高校舆情工作体系。

2.科技伦理学及网络道德教育的研究现状

科技伦理学是伴随着科学技术的发展而兴起的一门学科,主要在科学技术与传统伦理道德的关系中研究科技道德的特点与本质以及科技道德规范体系。随着网络技术发展对人类生活颠覆性的影响,网络虚拟世界必然产生对网络道德的需求,希望得到道德的制约和促进。[4]国外网络伦理道德研究代表性著作有曼纽尔·卡斯特所著的《网络社会的崛起》,斯皮内洛所著的《信息技术的伦理方面》等。国内主要有严耕等人编写的《网络伦理》、段伟文编著的《网络空间的伦理反思》。[5]在国家层面,早在 2001 年 10 月,中共中央下发的《公民道德建设实施纲要》对网络道德建设提出了具体要求:"要加大网上正面宣传和管理工作的力度,鼓励发布进步、健康、有益的信息,引导网络机构和广大网民增强网络道德意识,共同建设网络文明。"2015 年下发的《关于进一步加强和改进新形势下高校宣传思想工作的意见》中要求:"加强道德教育和实践,提升师生思想道德素质……壮大主流思想舆论,切实加强高校意识形态引导管理,做大做强正面宣传。"以上文件精神体现了国家对高校网络德育工作的具体要求。据中国互联网络信息中心数据显示,截至 2017 年 12 月,中国手机网民达到 7.53 亿,微信、微博等新媒体 App 用户基本覆盖全部中青年网民,网络已成为大学生学习生活的"第一环境",新媒体时代已经不可逆转地到来,这也给高校思想政治教育工作带来"最大的变量"。近年来国家不断强调加强对网络舆论主阵地正面引导的重要性,各个高校也在不断探索大学生网络道德教育"正向引导体系"的实施路径。

二、高校网络舆论场特征分析与传播演化模型构建

网络舆论场是包含行为环境、心理环境、社会环境的一个复杂环境,应以多重联系的角度深入分析"场"中实践主体,即大学生群体的行为规律和情绪反应,准确把握新媒体时代大学生网络行为的特点和本质。首先以笔者所在高校大学生为样本,采用问卷调查的方式,对大学生网络舆论场中的"网络新媒体使用基本情况""网络失范行为自我评判""网络使用环境评价"和"网络道德教育现状评价"等进行调查分析,并为新媒体舆论场的模型构建提供一定的数据支撑。

1.高校新媒体网络舆论场的特征要素

在网络道德教育的范畴内,高校网络舆论场的特征要素即舆论场实践主体——大学生群体的客观行为描述,即大学生群体舆情表达的各项数据化统计及传播演化趋势性表征。在高校热点事件网络舆情扩散的过程中有传播真实信息者、传播谣言者和接受者。[6]在传播过程中往往真实与谣言交叉,并没有绝对的真实与虚假,该过程类似于传染性疾病的扩散模式——潜伏期、症状期、恢复期。因此本文借鉴疾病传播模式对高校网络舆论场进行分析。依据现有的文献查阅与高校舆论场的成分特点,总结出高校新媒体舆论场的特征要素(如图1所示)。

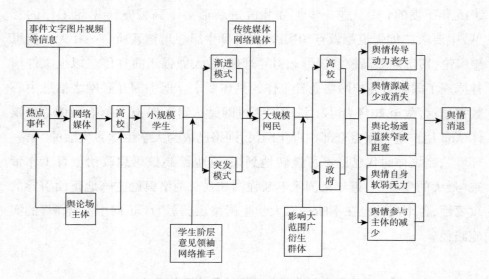

图1 高校热点事件网络舆论场特征要素分析

2.高校新媒体网络舆论场的传播演化模型构建

依据高校舆情传播特征要素,运用信息传播动力学场微分方程,可构建出高校舆论场传播演进阶段模型。模型中各参数设定如下:网络用户数为N,没有人数的激增或减弱,在新媒体舆论场静态空间中网民总数是成稳定趋势的。谣言信息传播者、真实信息传播者、中立者或免疫者三者的网民数量在 t 时刻占全体网民的比例分别记为 $y(1)$、$y(2)$、$y(3)$,$y(1) + y(2) + y(3) = 1$,$y(1)$、$y(2)$、$y(3)$ 是关于时间 t 变化的、可微的函数[7],p 代表真实信息传播普及率,q 代表谣言信息传播感染率。舆情传播中,真实信息传播者以 p 的概率将信息传递给中立者和谣言传播者,而谣言传播者以 q 的概率将信息传递给中立者和真实信息传播者。两者是同时传播相关信息的,并且中立者不会被两者同时感染。对于常态事件与非常态事件网络舆情进行分别考虑,其真实信息的传播转化率 p 与谣言信息的传播转化率 q,在不同时段参数 p 和 q 的数值也是不同的。因此,需要研究高校舆论场传播过程中各阶段性的特征要素,调整设置合适的转化率参数与仿真建模的传播规则,以匹配高校舆论场的不同演进过程。[8]

由网络信息传播的动力学场微分方程及高校舆论场传播特征,可得出 ISKS – ISK 二阶段信息传播模型动力学方程:

$$\frac{dy(3)}{dt} = - py(1)y(3) - qy(2)y3$$

$$\frac{dy(1)}{dt} = py(1)y(3) + (q - p)y(1)y(2)$$

$$\frac{dy(2)}{dt} = py(2)y(3) + (p - q)y(1)y(2)$$

本文通过设置各个参数的取值,代入上述推导出来的微分方程中去,运用 MATLAB 2013 进行数值模拟运算,绘制出三个阶段的 I – S – K – S 传播模拟图(如图 2 所示)。

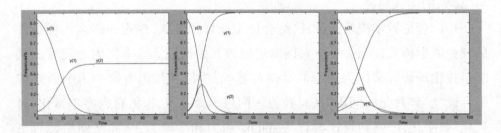

图 2　网络舆论场第 1 – 3 阶段模型仿真示意图

通过 I – S – K – S 传播模型的数据仿真验证,得出影响高校网络舆论场信息传播的因素,主要包括两个方面,分别是真实信息转化率 p、谣言信息转化率 q。首先,当谣言信息转化率 q 增大时,中立者和真实信息传播者受到的影响就会越大,对未来舆情走势会产生一定负面影响,这时对舆情控制和引导的难度也会逐渐加大。其次,在舆情场传播中后期,由于真实信息转化率 p 的不断增大,谣言信息传播者和中立者就能更快地被转化为了解事情真相的人,而且速度会大于传播阶段谣言者的传播速度,从而更快结束谣言,其影响更为明显,尤其是对于引导舆情的走势。[9]若真实信息发布较早,高校学生对谣言信息就会有更强的耐受力和判断力,对舆情走势也起到间接正向引导作用。热点事件发生前期,谣言者的数量从无到有;事件发生中期,谣言传播者的数量渐进或突发增加;事件发生后期,由于真实信息的发布,或者事件发展时间过长使得高校网民的关注度下降,这些因素引起了负面谣言传播者数量的逐步降低,甚至消失。

三、新媒体时代科技伦理视角下的网络道德教育"正向引导"体系——四模块交互支撑的协同服务机制

科技伦理学主要研究科技领域中的种种道德问题。科技伦理既体现道德的共性,又突出了科技道德的特殊规定性。"正向引导"体系需从用科技伦理的新视角重新定义新媒体时代高校网络道德教育的基本规范和原则,并依据建模分析得出大学生网络舆论场的传播规律,制订网络道德"正向引导"体系的实施路径。

1. 以理论教学模块为依托,结合传统德育的方式,探索如何运用创新性的理论教学模式加强大学生对网络道德教育的认同。选取国内外优秀的网络科技伦理研究著作为理论教学内容基础,尝试在校内有影响力的新媒体平台设立"碎片化时间段"的科技伦理网络德育慕课,将教育内容丰富化、时代化、数字化,增强新媒体教育平台的吸引力和凝聚力,从而使网络德育更加体贴入微、深入人心。

2. 以自律养成模块为载体,借鉴国外网络伦理道德规范建设的经验,结合我国的《公民道德建设实施纲要》《全国青少年网络文明公约》及互联网相关法律法规的精神,制定匹配新媒体时代特点的更具科学性、可操作性的网络伦理道德规范要求,如《大学生网络道德规范》《校园网络文明公约》《大学生网络违纪处理条例》等,研究建立大学生网络文明优秀践行者的激励机制。

3. 以舆情引领模块为牵引,选拔富有人格魅力、学识广博的专家型思政教师和一批品学兼优、思想政治素质过硬的学生骨干,组建一支校园网络舆情引导团队,力争打造一支校园"舆论意见领袖"明星队伍,在新媒体平台开设栏目并定期与学生互动,根据建模仿真得出的传播规律数据描述,把握网络不良信息"堵"与"疏"的尺度,策略性介入时事热点问题讨论与引导,同时举办"校园网络大V见面会""时事热点脱口秀专场"等新时代大学生喜爱的线上线下活动,最大程度使这支队伍的正向引导言论强化主流意识形态和传统美德的输入效果,[10]在新媒体平台对大学生进行全方面的宣传和引导,提高网络道德教育的精准度和亲和力。

4.以内部约束模块为保障,强化校园学生组织新媒体制度管理。依据数据模型分析得出的高校舆论场演化规律数据描述,探索建立校园新媒体安全管理的等级和管理范围条例,制定新媒体系统的维护制度和应急措施等,[11]保证网上信息有源可查,安全可靠,传播蔓延关键期及时删除有害信息,适时发布官方权威信息。在日常管理中,用户管理、密码管理、权限管理、信息发布等有章可循,使之真正成为学校及时了解大学生思想动态并解决大学生实际问题的重要途径。

参考文献

[1]余秀才.网络舆论场的构成及其研究方法探析——试述西方学者的"场"论对中国网络舆论场研究带来的启示[J].现代传播(中国传媒大学学报),2010(5).

[2]潘清泉,都圆圆.高校网络舆情管理预警机制建设刍议[J].学校党建与思想教育,2014(16).

[3]张耀灿,郑永廷,等.现代思想政治教育学[M].北京:人民出版社,2006.

[4]郑永廷.思想政治教育方法论[M].北京:高等教育出版社,2006.

[5]曾长秋,薄明华.网络德育学[M].长沙:湖南科学技术出版社,2005.

[6]袁国平,许晓兵.基于系统动力学的关于突发事件后网络舆情热度

研究[J].情报科学,2015(10).

　　[7]方薇,何留进,宋良图.因特网上舆情传播的预测建模和仿真研究[J].计算机科学,2012(2).

　　[8]刘小波.基于 NetLogo 平台的舆情演化模型实现[J].情报资料工作,2012(1).

　　[9]余永阳,张明智,刘常昱,等.基于 Agent 的战争舆情演化模型研究[J].计算机仿真,2008(9).

　　[10]刘毅.网络舆情与政府治理范式的转变[J].前沿,2006(10).

　　[11]姜胜洪.网络舆情热点的形成与发展、现状及舆论引导[J].学术论坛,2008(4).

新形势下加强网络思政文化教育的模式探究

王 辉*

摘 要:随着互联网技术的普及,大学生中网民的比例日益提高,作为网络的建设者和使用者,他们的言行反映了未来国人的思想道德水平,也决定了我国网络未来的发展状况。本文通过对于目前网络思政文化的背景探究,现状分析,提出主要问题,并提出相应的模式对策。

关键词:网络;文化;思想政治教育

随着互联网事业的蓬勃发展,互联网已然对中国的政治、经济、文化、教育及其他领域产生深远影响。互联网以其传播速度快、覆盖范围广、信息容量大的显著优势,以其开放性、平等性、自由性、互动性的鲜明特点,与传统的校园文化相结合,形成了新时代背景下的高校网络文化。网络对于高校广大师生获取知识、进行交流乃至学习、生活、思想观念都产生着深刻的影响。因此我们有必要引导大学生树立正确的网络观念,对其在虚拟世界的言行进行规范。为响应中央文明办的号召,加强互联网文明建设,建立健康、有序、和谐的网络文明,净化网络环境,弘扬社会主旋律,建设好网上思想文化,做好学生的思想、政治、文化教育并传输给学生正确的价值观、世界观、人生观,已成为高校文化建设的重要内容。

---

* 王辉,1987 年出生,山东省肥城市人,哈尔滨工程大学航天与建筑工程学院辅导员、讲师,博士,研究方向思想政治教育。

一、网络思政文化的研究意义

2016 年习近平总书记在全国高校思想政治工作会议上的讲话中指出："做好高校思想政治工作,要因事而化、因时而进、因势而新。要遵循思想政治工作规律,遵循教书育人规律,遵循学生成长规律,不断提高工作能力和水平。……要更加注重以文化人、以文育人,广泛开展文明校园创建,开展形式多样、健康向上、格调高雅的校园文化活动,广泛开展各类社会实践。要运用新媒体新技术使工作"活"起来,推动思想政治工作传统优势同信息技术高度融合,增强时代感和吸引力。"2016 年 4 月 19 日,习近平总书记在网络安全和信息化工作座谈会上指出:"我们要本着对社会负责、对人民负责的态度,依法加强网络空间治理,加强网络内容建设,做强网上正面宣传,培育积极健康、向上向善的网络文化,用社会主义核心价值观和人类优秀文明成果滋养人心、滋养社会,做到正能量充沛、主旋律高昂,为广大网民特别是青少年营造一个风清气正的网络空间。"这为我们加强网络文化建设提供了方向。当前,我们要从网络技术、网络文化产业、网民素养等方面进一步推动网络文化建设,提升网络文化的竞争力和影响力,使其有利于促进人的发展、社会的进步和国家软实力的提升。[1]

二、网络思政文化研究现状

1. 网络思政文化的工作优势

互联网没有地域、空间和其他人为因素的约束,跳出阶层以及文化程度限制,以虚拟性、隐蔽性、随意性、开放性等特征,吸引学生在网络文化阵地聚集。他们在网络文化平台中表达个人意愿和利益诉求,自由表达意见立场。这一平台所带来的便利,给予思想政治工作一个全新的空间,信息沟通渠道和意见反馈机制被迅速打通,高校各级部门能够第一时间掌握学生队伍中的思想动态变化和真实想法,有利于高校思想政治教育工作及时且有针对性地开展。

2. 网络思政文化工作的潜在威胁

在这个"自媒体"自由成长的时代背景下,人人都是网络信息的传播者和接受者,各种思潮和价值观念存在于网络上,网络语言如杂草般疯狂占据各个板块,以另类的口味挑战着传统文化。加之网络的分散性和隐蔽性,使小部分"激进者"在网络上散布主观性较强、不符实的言论,甚至有损集体和国家利益的假新闻、假消息,处处都可能成为是与非的舆论场。[2]

3. 网络思政文化工作开展的必要性

网络文化以一种全新的模式潜移默化地影响着人的意识形态和行为习惯,且深入学生生活学习的每一个细节,高校的管理者在巨大的网络圈里,要找到某一问题的症结犹如海底捞针。目前高校对网络文化的监管多数处于缺位状态,引导大学生判断、分析网络信息的价值方面出现"盲区"。这些问题加大了思想政治教育工作的难度,使思想政治工作环境更加复杂无序。[3]

三、加强网络思政文化建设主要路径

1. 典型榜样形象引领,树立模范带头作用

榜样能起到指引方向的作用,他们能激励人们追随和效仿,进而筑起一座道德高地。因此,可以将工作阵地开展至各门户网站、高校论坛、Myouth平台、微博、微信朋友圈等网络媒体中,寻找语言积极向上、弘扬社会主旋律、对网络文明建设起到思想引领的团队和个人,进行重点宣传报道,提高其在大学生中的知名度,树立典型榜样形象,借助榜样的影响力形成正面效应,从而在学生团体中形成良好的网络风气。

2. 全方位开展网络道德教育,提高大学生思想道德水平

网络社会的到来不断催生和完善与之相适应的道德规范。通过以"互联网+"为载体,线上线下联动,整合各方面资源,积极组织开展网络文明学术交流,不定期地举办以推进网络文明建设为主题的研讨会,邀请嘉宾做客学校重要的讲坛以及论坛,为在校学生普及网络文明建设相关知识。同时通过官方微信公众号、微博等新媒体工具开设专题栏目倡导网络道德、文明

上网的相关内容,并进行网络文明相关教育,不断提升大学生网络道德修养水平,帮助他们形成正确的网络观,扭转其对网络社会的种种不正确的认识,使其遵守网上道德规范,自觉做有德的网民。

3. 建立网络文明队伍,规范网络大学生网络行为

网络文明宣传队伍由学院党委副书记、学院团委书记、辅导员以及学生组织的主要学生干部组成,并根据实际情况挑选优秀学生进入网络文明监察队伍。同时将建立科学的绩效评估和激励机制按照工作业绩对宣传员进行星级评定。通过建立一支业务娴熟、能打硬仗的网络文明宣传队伍,不断提高网络文明宣传队伍的影响力和知名度。这支队伍承担的主要工作任务是监控学校论坛以及学校各级团组织新媒体平台,发现网络不文明行为及时进行教育,并做相应记录,将屡教不改者反映给相关负责人进行处理。对于特殊、重大不文明情况,临时组织专人成立若干小组,24 小时对可能出现舆情的网络平台进行监控,及时纠正不文明行为,对不真实信息进行引导和辟谣,公布权威信息,传递正能量。

4. 提升大学生网民自身素质,有效开展网络思政文化教育

从大学生自身来说,广大大学生(网民)要注重提升个人道德修养,有高度的安全意识、有文明的网络素养、有守法的行为习惯、有必备的防护技能,不断提升正确认知和应用互联网的能力与水平,切实形成崇德向善的网络行为规范,筑牢网络空间行为规范底线。要继承和发展中华优秀传统文化、革命文化和社会主义先进文化,以先进文化提升个人的思想境界,从而有效鉴别并抵御各种不良网络文化的侵蚀。[4]

四、加强网络思政文化建设模式构建主要做法

1. 强化自身理论素养,加强高校网络队伍建设

所谓"打铁必须自身硬",为加强网络文明建设,首先需要提高网络文明监察队伍的道德素养和理论水平,能够做到与网络不文明行为的发起者摆事实,讲道理,据理力争,从思想上纠正其错误观念。通过开展专题讲座、座谈会以及经验分享会等形式,分享网络文明建设中的经验与成果,提高网络

文明建设队伍的专业技能水平,建立一支善于发声、能打硬仗的网络文明监察队伍。高校要着力推动增强校园网站的思想性、教育性、服务性、互动性,加强综合性门户网站、主题性教育网站、专业性学术网站和移动性"两微一端"建设,扩大网络阵地的育人覆盖面和社会服务面。当前高等教育领域重点建设的"易班"和"大学生在线"平台,在许多方面可以相互借鉴学习,取长补短,也可以适当地吸取同类商业网络平台的管理建设经验,以更好地提升完善自己的平台功能。

2. 借鉴前人网络文明建设经验,不断完善高校网络评价机制

借鉴前人网络文明建设中总结的经验,可以使我们在探索中少走许多弯路,提高网络文明建设的效率与效果,从而使网络文明建设工程能更好地服务于团中央"清朗网络"的号召。通过实地走访调研及网络沟通交流,与其他组织及媒体进行沟通学习,同时充分利用网络文明建设的相关文献资源不断丰富建设经验,借此探索一条行之有效的建设道路。对在网络上产生较强影响力的优秀文章进行第三方评估认证,切实突破将优秀网络文章纳入科研成果统计,列为职务职称评审条件的制度瓶颈,以激发调动广大教师在网络上发文、发声的内生动力,构建网上正面舆论场。

3. 探索大学生网络文明的现状,加强网络舆论引导工作

大学生是最有创造力,最爱追新求异的群体,他们有很多新思想、新点子,高校要善于发现,善于引导。要用马克思主义理论武装头脑,切实提高分析问题和解决问题的能力,在纷繁芜杂的信息面前,能够以敏锐的思维和敏捷的行动,有的放矢地开展工作。要加强网络知识和技术的学习,深入研究网络文化传播规律,通过制定并发放《大学生网络文明现状调查问卷》以及随机寻找学生交流等方式了解大学生对于网络恶搞、网络犯罪以及规范网络语言等重点问题的看法。掌握网络新技术应用技能,对接网民心理需求,"因事而化,因时而进,因势而新",从而在众说纷纭中凝聚共识,在众声喧哗中唱响主旋律。借此总结整理大学生网络不文明行为出现的原因,进一步研究如何规范网络行为,提出建设大学生网络文明的对策。通过了解

大学生网络文明的现状,可以更好地了解大学生上网的基本情况,从而为网络文明建设提供详细信息与数据支持。

五、加强网络思政文化的后模式探究

1. 将网络平台建设成学生各项工作的阵地

同时摒弃"1+1=2"模式的简单叠加方式,采用各种学生自主参与、自主选择、自主评断的方式,提高学生积极性。我们要在实践中创新,在实践中反思,在实践中进步,做好网络阵地建设,发挥现有网络平台的积极作用,在思想、政治、文化领域引导当代大学生,传输给学生正确的价值观、世界观、人生观,引导学生思想行为作风、开展各项思政文化工作,丰富高校学生的学习生活,提高学生的思政文化水平。

2. 寻找切合大学生心理的立足点,用大学生易接受的"网言网语"做好思想政治工作

通过这种方式阐述各类问题,开展各项工作。同时在形式上创新,发挥学生自身优势和特色,将各项工作开展得富有趣味。例如,建立"微文化群":让有特长、有兴趣、有能力的学生建立如诗歌、国学、乐器、民族舞蹈等不同群组。让高年级学子带动低年级学子,有兴趣学子变成有能力学子,有想法学子变成有实践学子。在整个过程中,学生自主讨论,自主学习,这样取得的效果远远大于老师的"拉"与"灌"。

3. 打造多项特色品牌,丰富思想政治文化领域阵地建设

打造校园文化品牌中的"工程印象""工程故事",传统文化品牌中的各项专栏和"微文化群",思想政治工作中的"红色旗帜"。

(1)工程印象。通过微信、QQ等自媒体,向往届学生、在校学生、教师职工、校外人员征集"工程印象",以文字、图片、视频等形式分时间、类别汇总,并建立网上文库。整理后,发布在微信等平台上,让学生以不同视角观看和感受校园文化。

(2)工程故事。讲好一个故事,带动一群青年,做好一届工作,提高一院成绩。创建"工程故事"论坛,组织院系优秀教师,围绕文化环境和教育教

学,定点"发生在工程的故事",以匿名的形式发布文章,同时让学生留言互动。每隔一段时间,选出最受学生欢迎的工程故事发布在官网上。

(3)构建专栏,分门别类,精华荟萃。以"名著点阅""名片点映""名曲点播"为基础专栏,同时根据调查学生需要,继续构建其他优质栏目。邀请名师(校内外)进文化课堂,采用录播或直播皆可的形式,同时涵盖历史、地域、艺术、哲学、品德等多个领域。

(4)建立"微文化群"。选择一批有特长、有兴趣、有责任的学生,让他们建立如诗歌、乐器、民族舞蹈等不同群组,让有兴趣爱好的学生在网上找到志同道合的朋友,让有心学习的学生有一个学习环境。同时学生与学生之间自发的互动,更能将效果扩大化、最佳化。同时由院系老师加以引导,形成活泼的文化氛围和学习环境。

(5)红色旗帜。在开展党政工作时,做好思政教育,阐述各类问题,开展各项工作。

①微信公众号建立专栏,首先要让学生有一个较为完善的知识库。同时将党政工作与新媒体结合,利用现有公众号、微博等新媒体工具,鼓励和引导学生利用网络完成相关思政工作。

②红色旗帜专栏上线。首期专栏为"十九大"精神。将好的文章、好的视频整理后分门别类地发布。

③网络征文工作。体裁不限,听听学生们与党的十九大的故事。

参考文献

[1]蒋建国.推动新时代网络文化建设[J].中国社会科学报,2018(4).

[2]冯瑞.网络社群环境下思想政治教育的有效性[J].林区教学,2017(12).

[3]吴帆,徐位良,等.网络文化对高校思想政治教育影响的思考[J].宁波教育学院学报,2018(2).

[4]仝泽民.新形势下加强和改进高校网络文化建设的路径[J].中国石油大学学报:社会科学版,2017(5).

"微时代"研究生思想政治教育实效性研究

董春辉 李瑶*

摘 要:"微时代"背景下,信息传播速度快且内容混杂,对研究生思想政治教育的实效性造成很大影响。对于研究生而言,获取和处理信息的路径依赖及由此所引发的一系列信息风险和意识形态脱嵌问题值得重视。基于此,我们应当从研究生的思想价值体系、微时代思政工作队伍和管理体制三方面入手,寻求适当的解决方案以提升研究生思想政治教育工作的实效性。

关键词:微时代;研究生;实效性

一、研究背景

党的十九大召开后,教育部印发《高校思想政治工作质量提升工程实施纲要》,强调"推动思想政治工作传统优势同信息技术高度融合"[1]。研究生群体主流思想观念趋于开放、向上,比其他群体更自发、主动地去融入微时代大潮,据 2018 年 1 月中国互联网络信息中心发布的第 41 次《中国互联网络发展状况统计报告》显示,截至 2017 年 12 月,中国网民的学历结构本科

* 董春辉,1982 年出生,黑龙江省龙江县人,哈尔滨工程大学人文社会科学学院学工办主任、讲师,硕士,研究方向思想政治教育。
李瑶,1989 年出生,黑龙江省同江市人,哈尔滨工程大学人文社会科学学院辅导员、讲师,硕士,研究方向心理健康教育。

及以上的占比为 11.2%。[2]不可否认,微时代与高校的融合帮助研究生思想政治教育取得了前所未有的成效,但当前研究生思想政治教育肩负着比以往更加艰巨的历史使命。

二、研究意义

2017 年 2 月,中共中央在《关于加强和改进新形势下高校思想政治工作的意见》中强调:"高校肩负着人才培养、科学研究、社会服务、文化传承创新、国际交流合作的重要使命,加强和改进高校思想政治工作,事关办什么样的大学、怎样办大学的根本问题,事关党对高校的领导,事关中国特色社会主义事业后继有人,是一项重大的政治任务和战略过程。"[3]本文有针对性地去探寻"微时代"研究生思想政治教育面临的实效性问题,围绕思想政治教育塑人育人的本质功能来提出解决措施,对促进研究生群体全面健康发展,推动高校思想政治教育工作队伍建设等方面都有着重要意义。

三、微时代研究生思想政治教育面临的问题

1. 微时代对研究生群体的影响

(1)依赖性。数据显示,学历越高的网民对互联网的依赖程度越深,大学本科及以上学历的网民对互联网依赖最高。基于研究生培养标准、课程设置和科研实践的特殊性,对互联网过高的依赖会对日常学习造成阻碍,毫无节制地利用"微媒体"给研究生群体带来众多负面作用。

另外,各种微平台的搭建促成资源共享,资源获取便捷导致研究生科研动手能力下降。信息获得门槛大大降低并极大地损害了研究生的自主创新意识,不利于科研素质的培养。

(2)信息迷惑。微时代是信息爆炸的时代,参与分享信息的用户无处不在。各类信息在微平台上以匿名形式发布,传播客体与传播主体之间自由切换,让信息的准确度逐渐下降。太多的信息扑面而来,其中绝大部分是没有用的,研究生在进行识别获取的过程中,难免消耗自己的精力、体力、时

间,独立思考能力也会随着信息的不断轰炸而退减,在这样的信息质量下谈思想政治教育更加遥不可及。

(3)价值判断。据陈珣然《网络政治参与实证研究——基于对406名研究生的调查》一书中的数据显示,76.6%的研究生对网络信息的信任程度超过一半。微时代的信息传播缺少社会规范管理,信息来源缺乏真实性、可靠性,各种价值观念、思想舆论不受约束地进入微时代这条高速通道,也让享乐主义、拜金主义、功力主义得以滋长,严重影响研究生的价值判断。

2.微时代对高校思想政治教育工作者造成的影响

(1)从思想政治教育授课老师的角度。高校传统思想政治教育采用的是师生面对面进行理论传播的形式,这种模式下授课老师拥有绝对的话语权,不仅可以对教学资源进行严格审核和把关,还能对教学效果进行阶段性把控,便于授课老师获取反馈并有计划地开展教学,不存在师生之间的矛盾冲突。

但随着"微时代"的到来,通过新兴载体,研究生获取思想政治教育信息更加高效,伴随信息接触面增大的是研究生自主意识,他们单纯认为微时代下便捷信息获取便可代替高校思政课,也逐渐失去对传统"上大课""听讲座"等思想政治教育方式的认同感,产生抵触和厌恶情绪。另外,部分授课教师对微时代背景下各种信息传播形式和传播工具认识存在偏差,对新载体的研究不够透彻,主动利用新载体开展工作的意识不够,轻易摒弃了在教学过程中对其的使用。种种情况无形中削弱了授课老师的主体地位,从而间接弱化了传统教育方式的教育效果。

(2)从研究生辅导员的角度。研究生辅导员同样在研究生思想政治教育过程中起到重要作用,负责研究生所在高校、院系思想政治动态传播,负责与研究生进行生活学习的沟通与服务,发挥着桥梁作用,同时也肩负着研究生日常行为规范与思想政治教育态势的引导、监督、管理职责。

研究生培养方式的特殊性使其在日常管理方式上存在一定分散性,而微时代提供的各种新兴载体的确在很大程度上改善了辅导员与研究生的沟通问题。然而,部分辅导员在工作上没有坚持与时俱进,对微时代下各种信息传播形式的认识和关注度不够,不能准确把握研究生思想行为的变化规律,导致网络教育引导力弱化,甚至出现监管盲区。另外,辅导员往往是"一岗双责",既要分担学校和学院的行政工作,又要处理日常的学生工作,同时还面临级别晋升、职称评选甚至课程教学的压力。面对复杂的思想政治教育新形势,在组织目标和个人职责中难分轻重缓急,容易失去工作重心。

(3)从研究生导师的角度。研究生导师的主要职责既在于"教",更在于"导"。除了教授研究生理论知识和方法外,更应该多关注研究生日常学习生活,引导其树立正确的价值观念和培养良好的科研素质,这是其他思想政治教育工作者所不能代替的。

另外,微时代拓展了导师与研究生之间沟通交流的方式和手段。虽然不论科研讨论,还是思想层面的对话,面谈仍旧是导师与研究生沟通交流最常用也最有效的方式,但邮件、微信语音、视频通话等方式的使用率也有较大幅度上升。邓茂鑫在《网络环境下研究生思想政治教育实效性研究》中指出:"研究生导师可以通过网络视频或者邮件收发与研究生进行科研学术交流,但始终不能忽视面对面沟通的重要性。"[4]"远距离"的网络交流远远不能满足研究生全面发展的要求,缺乏足够的面对面交流会影响导师对研究生的指导成效,对网络环境的过度依赖,也会弱化研究生对导师培养的观念跟进。而且,导师对于微时代给学术氛围带来的冲击认识不足,对研究生学术创作过程的指导和监督不够,一定程度上也会使研究生形成和奔赴错误的科研态度和方向。

3. 微时代对高校思想政治教育建设大环境的影响

微时代,信息的爆炸式增长和病毒式传播的特性在高校也尤为显著,良莠不齐的网络信息进入校园后,随之暴露的是高校网络信息监管的不足。不完善的制度管理与机构建设,让垃圾信息有机可乘,加上微时代信息呈碎片化传播的特点,高校监管部门不能够及时处理信息,会让高校内的微平台成为散布谣言或酝酿消极舆论的温床,不仅会对研究生群体带来负面影响,还会破坏高校用心经营的思想政治教育大环境。

四、增强微时代研究生思想政治教育实效性的建议

1. 研究生自身树立良好的价值体系

"思想道德的真正形成需要实现两个转化:一是社会思想、社会道德内化为受教育者的思想观点和道德信念;二是受教育者的思想道德观念和信念外化为行为实践。"[5]研究生首先要强化自律意识,明确微时代下手机和网络是一种工具,应该保持一种超脱的自持,而不是被提供生活便利的工具毫无节制地占有。用马克思辩证唯物主义思想武装头脑,通过加强理论学习,用发展的、联系的眼光,透过现象看本质,认清微时代外部环境的发展规律,把握自身的问题和矛盾,脱离网络迷雾,破除网络依赖。同时在资源利用时要保持自主思考的意识,防止"拿来主义"对研究生科研能力和科研水平的削减。

另外,研究生作为思政教育的接受者,要自觉树立崇高的精神追求和理想信念,把高校思想政治教育的课程要求和研究生培养计划的要求转化为自身发展的内在需求,充分发挥主观能动性,把时间和精力投入学习和科研中,做好未来发展规划。通过更多的知识积累,增强自身微时代应变能力与素质,形成正确的价值观和人生态度,通过内化后提高的思想政治教育素养反过来影响教育者,"自下而上"地推动思想政治教育工作的建设。

2. 打造与时俱进的思政教育工作队伍

(1)关于思想政治教育授课老师。要与时俱进更新教育观念,改变传统教学模式,结合微时代下研究生心理变化特点、思维方式等有针对性地开展教学,在"灌输"的同时更注重"引导"。另外,教育素质在一定程度上决定了授课老师的教学效果,因此授课老师在革新观念的同时要努力提高教育素质,充分利用微时代信息载体传播的多样性编制灵活、创新、有趣等研究生喜闻乐见的课程,积极与研究生展开互动,在沟通中准确发现问题并及时给予心理辅导,建立平等、和谐的师生关系,营造良好的教学环境,重新掌握教育话语权,帮助研究生真正做到知识和理念的"外化于心、内化于行"。

(2)关于研究生辅导员。研究生辅导员通常是一支较为年轻的基层管理队伍,其校园成长经历、价值观念和生活方式等和研究生存在相似性,对研究生的心理变化情况相对容易把握,易在交流中产生共鸣,有助于辅助课堂理论教学。研究生辅导员要结合研究生偏向分散管理的校园生活情况,多利用微博、微信等方式与研究生交流,借助微信强大的即时通信功能和多元分享形式,将研究生感兴趣的社会热点引入讨论,分享与研究生科研相关的学科知识,开展日常谈心谈话等,充分发挥隐性思想政治教育的作用,力争把微信群打造成为研究生思想政治教育的"第二课堂"。除此之外,研究生辅导员队伍要协调好工作重心,利用业余时间增强理论素质,建设学习型队伍,要主动担起责任,站到研究生思想政治教育的前沿阵地,只有这样才能准确把握研究生思想动态,才能在日常接触中及时发现问题并有所应对。

(3)关于研究生导师。"师者,所以传道授业解惑也",研究生导师是高校内与研究生接触最为密切的指导者,而且培养方式一般是"小班培养",因此导师更容易发现研究生在日常学习生活中出现的问题。除了专业学习和科学研究指导之外,导师也要重视研究生的思想政治状况,给予他们科研水平和心理健康的双重引导。另外,研究生导师要加强自身建设,以身作则发挥表率作用,导师的科研素养、思想态度、行为规范、道德品质等都会对研究生产生潜移默化的影响。

3. 巩固高校微时代管理机制建设

(1)搭建内容平台。高校管理者要坚持实事求是的原则,迎合微时代研究生信息接收的特点,以解决研究生思想政治教育中的热点和重点问题为出发点,搭建网络内容平台。例如,建设高校自身的"官方微博""官方微信平台",可以在微博、微信上实时宣传党和国家方针政策,发布高校的重要时间节点和事件新闻,转发社会时政热点,传播社会正能量等。内容上的包容与传播上的便捷,加之"官方微博"和"官方微信平台"对研究生天然的凝聚力,使高校思想政治教育工作开展实效性有了基础保障。同时,内容平台的搭建不只是一个思想政治教育的信息"出口",更是一个信息反馈的"入口",为高校管理者开辟了解研究生思想状况的新途径。通过研究生与平台的互动,有助于进一步了解研究生在思想政治教育方面的需求,发现研究生在生活学习中存在的问题,进而有针对性地调整内容平台的信息传播,引领研究生正确的思想方向。

（2）做好舆情监测管理。舆情监测管理事关学生教育、师生权益、管理决策、学校声誉、校园安全甚至是社会稳定。高效管理者要增强预警意识，培养敏锐的舆情嗅觉。及时发现影响校园思想政治氛围和研究生思想观念的负面信息，防患于未然。同时要做好舆情处理工作，摒弃从前遇事就堵的行为方式，采取公开透明的疏导方式，不要刻意对信息进行封锁否而会引发更大的危机。在处理过程中要做到信息公开，既不过分压制，也不置之不理，综合研判舆论形势，理性开展引导，占据网上舆论的制高点，掌握高校校园舆论的主动权。还要加强对研究生微时代下的"媒介素质"的培养，通过开展法制宣传教育、网络德育教育与行为规范教育，不断增强研究生的网络意识，规范上网行为，养成文明的网络行为，自觉抵制不良信息，不断减轻和消除微时代对思想政治教育的负面影响。

参考文献

[1]中华人民共和国教育部.中共教育部党组关于印发《高校思想政治工作质量提升工程实施纲要》的通知:教党[2017]62号[A/OL].中华人民共和国教育部官网,2017-12-05.

[2]中国互联网络信息中心.第41次《中国互联网络发展状况统计报告》[R/OL].中国网信网,2018-01-31.

[3]中共中央国务院.中共中央关于加强和改进新形势下高校思想政治工作的意见[A/OL].新华网,2017-02-27.

[4]邓茂鑫.网络环境下研究生思想政治教育工作实效性研究[D].广州:广州中医药大学,2015.

[5]王立仁,孟晓光.高校思想政治教育实效性研究综述[J].思想理论教育导刊,2007(5):65-68.

浅析大数据背景下高校学生工作信息化建设

黄栩　刘铁*

摘　要:立德树人是高校的根本任务,提高人才培养质量是当前高校追求的目标,尤其是在大数据背景下,利用网络信息技术建设信息系统对于人才培养的教育、管理、指导与服务至关重要。本文以高校学生工作信息化建设普遍存在的问题为切入点,探索建立有利于管理科学化、教育精细化、工作规范化的信息资源共享的学生成长发展信息系统。

关键词:大数据;高校;学生工作;信息化

人类社会已经进入信息化时代,而大数据正是这一时代的特殊产物,高校作为社会的最高教育机构,如何利用好大数据对于完成立德树人根本任务,提高人才培养质量意义重大。在当前高校的招生范围及数量不断扩大及增长的今天,只有加强高校学生工作的信息化建设,才能够应对千变万化的社会形势,培养出具有综合素质的高质量人才。近年来,国内部分高校自主开发学生成长发展指导与服务系统,也有部分高校使用了教育部开发的"易班""大学生在线"等系统平台,这无不说明学生工作信息化建设已是高校工作必不可少的途径。

---

* 黄栩,1982年出生,四川省荥经县人,哈尔滨工程大学学工处综合办主任、助理研究员,硕士,研究方向思想政治教育和学生事务管理。
刘铁,1983年出生,黑龙江省哈尔滨市人,哈尔滨工程大学水声工程学院辅导员、讲师,硕士,研究方向思想政治教育和党建研究。

一、高校学生信息化建设现状

信息化技术已被广泛应用到各行各业中,高校教育行业也不例外,但由于高校传统的管理模式根深蒂固,[1]部分高校对信息化技术利用得不全面,各部门信息化统筹能力不强,各自为政,没有充分认识到信息化技术,尤其大数据的关键作用,高校的信息化创新管理建设步伐缓慢。

1.系统林立

在学生工作信息化应用的初期,由于没有现成的方法可供借鉴,各高校也缺乏这方面的远见,因此没有进行长远的一体化建设规划,各个部门只是根据本部门的需要进行信息化建设,所开发出的系统多是单项功能的系统。同时,由于部门主导,不少信息系统被重复建设、重复开发,不仅浪费了大量的人力、物力和财力,而且不利于学生管理工作的系统开展,重复性的信息填报甚至成为工作的负担。有的高校虽然已经启动数字化校园项目,但是整合各种应用系统极其费劲,效果也很不理想。

2.共享性差

高校现有的应用系统大多信息共享性差、系统集成度低,不仅功能单一,而且相互交叉、重复。其中有些系统涉及学生基本信息,但每个系统的设计又不统一,导致学生信息数据不能共享,无法综合利用。每个系统开发完成后,都必须重复采集学生数据信息,导致耗费了基层工作人员大量的时间和精力,加大了他们的工作量,也使学生感到厌烦。

3.信息化水平低

当前高校已逐渐形成以行政为主导、管理者为主体的管理格局,使得学生管理系统的规划以及学生管理信息的取舍更多取决于管理层的认知与偏好,实际工作流程和学生真正的需求存在不小差距,因此无法充分满足实际工作的需要。很多信息应用系统只是简单地把人工操作过程移植到计算机上,让计算机来代替手工完成,停留在信息化的初级阶段,没有发挥出信息系统在决策支持等方面的重要作用。有些系统的界面设计比较简陋,人性化不够,流程复杂,不易操作,使用起来不够方便;有些系统对可能存在的安全威胁认识不足,所采取的安全措施不够,导致存在安全隐患;有些系统也会出现执行时间、响应时间较长,可缩放性不强、吞吐量较小等问题。

4.队伍信息化能力低

信息化建设依托的是信息网络技术,但人起着决定性作用。高校学生工作队伍作为信息化建设的推动者和信息化成果的使用者,决定着信息化建设的成败。高校学生工作队伍已经习惯于原有工作模式,对于信息化的工作意识薄弱,不会主动地把信息网络技术应用到日常管理工作中、创新工作开展方式,这种情况不利于高校学生工作信息化建设的推进。

二、高校学生信息化建设的作用

当前技术更新换代越来越快,高校的学生工作和学生成长发展指导服务工作只有顺应时代的发展潮流,推进信息化建设,加快信息化发展步伐,才能抢占发展的先机;只有不断更新以学生发展为本的育人理念,转变教育管理模式,才能提高思想政治教育的针对性和实效性。

1.有利于管理科学化

开发高校学生工作信息化平台,是开展大学生网络思想教育的重要基础之一。广泛利用信息化技术和手段来为高校学生工作服务,可以把大部分事务性工作交由计算机来完成,并依托计算机网络辅助开展思想政治教育工作,从而把广大基层辅导员从烦琐的事务性工作中解放出来,集中精力做好大学生思想政治教育等工作,提高教育水平和管理水平,并提高工作的成效,实现管理的科学化,使高校学生工作走上现代化管理之路。

2.有利于教育精细化

随着改革开放的不断深入,大学生的思想观念和价值取向日益个性化、多样化、复杂化,学习方式、生活方式和思维方式都发生了很大变化,传统的粗放型、经验式教育管理模式已经不适应新形势下的要求。高校辅导员必须开展精细化教育,提倡个性化引导,加强与学生的沟通交流,更多地倾听学生的意见、了解学生的心声,将思想工作做精、做细、做实、做新,才能担负起大学生成长导师的责任,有效促进大学生健康成长全面发展。这就需要高校辅导员付出更多的时间和精力去开展思想教育工作,加快高校学生工作信息化建设步伐,把大学生思想教育精细化落到实处。

3.有利于工作规范化

随着信息化建设的不断推进和学生管理工作统一平台的开发运用,各种学生教育和管理运行工作机制不断得到完善,具体体现在平台的各个子系统或功能模块的处理流程中。通过运用信息技术手段重构学生工作的传统流程和教育引导方式,建立基于网络平台的学生工作运行新机制,优化组织结构,规范管理流程。各种信息的申报、审核、处理、统计、分析都有了统一的平台、统一的标准、统一的流程。各项工作都必须通过这个统一平台来完成,使各项工作通过平台的运作得到强化与规范。

4.有利于信息资源共享

建立以学生成长发展为主线的学生管理服务统一平台,把各种信息数据以中央数据库的方式集中存放起来,提高应用系统的集成度,有利于各种学生信息和管理信息资源的共享,并为学生管理工作提供决策辅助和参考。各种类型的用户按照系统赋予的权限调用相关的信息资源,实时查看有关的数据,有利于保证信息的一致性和准确性。

三、学生工作信息化建设目标

高校的根本任务是立德树人,这也是学生工作的责任和使命。学生工作信息化建设的核心就是要开发学生成长发展指导服务工作的统一平台。平台的规划设计是否科学合理,关系到这个平台的开发是否成功,能否有效应用,能否支持高校综合改革,推进人才培养全流程信息化,加强关键环节流程质量管理控制,完善人才培养数据的共享、挖掘功能,提升人才培养工作管理服务水平、质量和效率,为学校发展提供科学准确的基础数据与决策分析,为广大师生提供更加便捷和友好的服务。

1.功能全面

通过对学生需求的分析和全面的系统规划,充分了解和掌握学生工作的每一项工作流程,以学生成长发展时间为轴,围绕满足学生的成长发展需求合理划分平台功能模块。平台能够覆盖当前育人管理工作的主要内容,实现平台功能的最大化。

2.性能高效

通过系统部署、系统架构等方面的优化,全面提升平台的性能。采用先进的平台开发技术和高效可靠的数据库技术来进行平台开发。采用高效的数据访问策略和数据库资源访问方式,提高应用程序的执行效率,缩短执行时间和响应时间,提高平台吞吐量,优化平台整体性能。

3.界面友好

细致分析平台用户交互需求,科学进行人机任务划分,选择合理的交互方式,充分发挥人和计算机系统的优势,设计美观、友好的界面,有利于实现用户控制、界面统一、反馈良好等目标,使人机交互更加人性化,提高用户与平台、用户与用户之间的交互效果。

4.扩展灵活

平台必须设计横向功能和未来功能扩展的接口。将平台的功能模块封装成为类,通过平台提供的调用接口来连接每一个类,从而组装成完整的系统。当横向部门平台或未来平台需要扩充功能时,将做好的功能模块类放入到平台中,修改调用接口,就实现了功能的扩展。

5.安全可靠

平台的安全设计要立足于平台内部的完善,根据信息系统安全模型,针对平台可能面临的各种威胁以及遭受攻击的主要手段采取积极的防范措施,以确保平台能够安全运行。同时,合理划分平台用户使用级别,分配必要的使用权限,并采用一定的安全措施,确保数据库的安全性和保密性。

6.决策支持

学生成长发展指导服务平台的开发应充分依托校园网络,面向实际工作,整合现有资源,重构管理流程,实现学生信息的集中管理与分散操作,达到真正意义上的信息共享、数据分析,并提供必要的决策支持,为实现完善的一体化数字化校园平台打下扎实的基础。

四、学生工作信息系统应具有的效果

学生成长发展信息系统将被打造成为学生思政教育、管理、成长、服务

等一体化的工作平台。系统的开发将管理层、职能部门、教师、学生集中纳入统一平台,保证基础数据库的共享,确保全校学生数据的出口唯一性,客观评价学生水平,准确掌握全校学生在各领域、各层面的准确唯一数据。同时,全国高校思想政治工作会议的召开,对学校育人工作提出了新的要求,网络思想政治教育等内容更加凸显重要性。学生工作系统的开发将打造学生的学习生活自助式服务平台,通过功能的丰富和简化,吸引学生自主性地使用平台,打造校园网络思想政治工作阵地。

1. 提供智能的管理系统,提升管理工作效率

学生工作的日常管理具备复杂性,各项工作的内容及相关要求统一性较低。因此,系统必须设计智能性较强的管理系统,能够满足各职能部门对学生管理的需求,要简化学生在系统端操作的复杂性以及重复性的申报填表工作,提升学生端在申报各类奖项、材料时的体验性。同时,也要记录学生在校期间的学习经历、获奖情况、社会实践等内容,改变以往相关记录分散和缺失的局面。这一改变将逐步引导学生积极投身到学校的各项活动中,为学生成长与发展提供强大的技术保障。

2. 提供丰富的服务项目,提升自助式学习生活体验

学生信息系统要具备内容丰富的服务功能。首先,系统的开发将鼓励学生自主性地开展各类活动,建立学生自主的社区模块或班级模块。其次,鼓励学生在系统中进行相关知识的学习和下载,增强师生间、学生间的密切互动交流。再次,系统要具备多渠道的通知发布等手段,确保每条信息能够及时准确地发送至教师、学生、学生家长端,保证信息传递的准确性及流畅性。最后,系统开发还应注重对学生的个体的重视程度,能够通过一系列的设置确保学生在系统内进行信息处理的针对性,从而一定程度上减轻无用信息的处理。

3. 提供科学的数据采集技术,提升决策管理的准确性

学生成长发展信息系统的建设,可以实现为校领导、各部门及教职工提供一站式决策支持管理信息平台。系统能够智能提取所需数据,具有包含各类条件要求下的数据采集、整合统计、计算、分析等多项功能,可以自动生

成各类相关报表,用以监控、研究学生成长发展各项进程。同时,系统能够监测学生发展的异常,及时发现情况,为学校领导和各部门提供决策支持。此外,系统还具备发布各类问卷调查功能,能够减少以往调查成本,确保调查对象的准确性,为各类学生工作和科学研究工作提供重要支撑。

4. 提供准确的学生基本信息数据,提升信息共享程度

学生成长发展信息系统的建设,可以理顺、整合与学生工作相关的各类数据信息,实现学生培养各部门相关业务之间数据的衔接和流转,同时优化与学生成长发展相关的信息资源,将各部门的数据流进行对接。此外,有利于按照学校数据标准实现数据的规范化分类管理,确保数据的完整性、一致性、时效性、权威性,保障数据资源共享,从而为师生、家长及管理部门提供准确、翔实的数据信息,为学校宏观规划和决策提供重要依据。

5. 大数据的应用,提升学生管理的预判能力

大数据时代对于高等教育的管理有重要的影响。大数据的运用,能够在高校的学生事务管理、资助管理、成长发展指导、就业等工作上都起到重要的作用。大数据的有效运用,可以使学校告别传统管理工作上的任务量大、操作复杂和容易出错的弊端,能够高效、快速地针对工作任务进行数据化处理,从而使高校的教育管理得到有力的支撑,也为高等教育管理提供更多的空间。大数据突破了传统管理思维模式的限制,在梳理复杂的关系上能够实现简化,并且大大减少了错误的发生率,使高等教育学校在未来的教育管理中能够更加得心应手。同时,对于大数据的分析还可提升教师对学生学习、生活规律的研判,便于教师更好地引导、教育学生成长成才。

参考文献

[1]梁家峰,元振华.适应与创新:大数据时代的高校思想政治教育工作[J].思想教育研究,2013(6):63-67.

[2]刘成峰.信息化背景下高校创新管理的途径探讨[J].环渤海经济瞭望,2018(3).

[3]唐丽萍.大数据时代下高校教育管理信息化创新发展路径[J].文化

创新比较研究,2018(5).

[4]张育琳.大数据时代下高校教育管理信息化创新发展路径[J].焦作大学学报,2017(4).

[5]许晶大.数据对高等教育管理的影响与优化管理[J].中国成人教育,2016(23):42-44.

[6]陈桂香.大数据对我国高校教育管理的影响及对策研究[D].武汉:武汉大学,2017.

[7]杜伟,张欣.大数据对高等教育管理的影响和优化[J].中国管理信息化,2018,21(2):216-217.

[8]杨麒琦.高职院校学生管理创新研究——基于信息化视角[J].当代教育实践与教学研究,2018(4).

新媒体时代高校学生微信公众平台的建设与思考
——以哈尔滨工程大学为例

张彬 *

摘　要:在当今社会思想意识多元、信息传播媒介和传播方式发生深刻变化的背景下,加强高校思想政治工作因事而化、因时而进、因势而新,充分发挥传统思想政治教育优势与信息科学技术互动融合,优化新媒体技术和平台应用,强化高校网络思想政治教育建设,使高校思想政治工作活起来,已成为高校思想政治教育工作亟待解决的重要命题。[1]本文旨在通过对哈尔滨工程大学学生在线微信公众平台建设现状进行研究,梳理有益经验,提出未来发展对策,以为其他高校新媒体宣传工作提供借鉴和参考。

关键词:新媒体平台;微信公众平台;网络思想政治教育

习近平同志在全国高校思想政治工作会议上指出:"要运用新媒体、新技术使工作活起来,推动思想政治工作传统优势同信息技术高度融合,增强时代感和吸引力。"[2]近年来,全国高校纷纷开通"两微一端"(微信、微博、客户端),投入新媒体阵地建设的热潮中。如何运用互联网等新媒体、新技术加强和创新高校思想政治工作,使之富有时代活力、更好立德树人,是高校思想政治工作面临的新课题。[3]哈尔滨工程大学在遵守网络思想政治教育普遍规律的基础上,积极创新工作内容、教育载体和互动机制,努力让学

---

* 张彬,1983 年出生,河北省抚宁区人,哈尔滨工程大学学生工作处研究生思想教育工作办公室主任、助理研究员,硕士,研究方向思想政治教育。

生思想政治工作活起来。

一、哈尔滨工程大学学生在线微信公众平台的建设现状

哈尔滨工程大学学生在线微信公众平台于 2016 年 5 月上线,由学校党委学生工作部负责运营管理,是"知行微思学生网络工作室"历经两年开发的集学习、生活于一体的微信公众平台,属于学校官方认证的二级新媒体平台。成立以来,该平台始终将社会主义核心价值观融入学生学习、管理、资助、就业、心理等各环节中,有效推进了学校校园网络文化建设,对网上舆论引导和学生思想疏导起到了积极作用。经过不断实践与探索,凭借其鲜明独特的定位已吸引上万用户,逐步形成了理论学习网上有指导、热点问题网上有引导、先进典型网上有报道、互动交流网上有渠道、学习生活网上有督导的网络思想政治教育格局。

二、哈尔滨工程大学学生在线微信公众平台的有益经验

哈尔滨工程大学学生在线微信公众平台是学生成长发展的网络信息化平台,是学校开展网络思想政治教育的核心区块,也是推进校园文化建设的重要载体。自建立以来,该微信公众平台以"培育网络思想政治教育的主力军,提高网络思想政治教育的主动性,掌握网络思想政治教育的主动权,占领网络思想政治教育的主战场"为建设目标,积极推送优质先进的教育内容与资源,引导学生在汲取时代养分的同时,培养和提升自身的爱国情怀、奉献精神、明辨是非的能力和改革创新的动力。

1. 整合多平台资源,构建立体化管理

哈尔滨工程大学学生在线微信平台整合了学校以往的"哈工程就业""哈工程筑梦团""哈工程关心委""哈工程学习驿站"和"哈工程七彩毕业季"等微信公众平台,并将它们的功能和栏目融于一体,统一发布和管理相关信息。集学生思想政治教育、学生事务管理、学生助学服务、学业学习指导、学生就业服务、学生心理健康等学生工作信息于一身,定期更新推送内容。该公众平台面向全校师生征集各类主题和题材的文章,原创性文章推

送量占所有文章推送总量的86.3%。

2. 设计特色化模块,助力人才培养

哈尔滨工程大学始终坚持精英教育,坚持"创新推动、打造品牌",坚持"视野宽、基础厚、能力强、素质优、可靠顶用"的人才培养目标,致力于培养信念坚定、人格健全、乐于探索、务实笃行的一流工程师、行业领军人才和科学家。哈尔滨工程大学学生在线微信公众平台结合学校人才培养目标,构建"博学笃志""务实笃行""智问笃学"3个模块,下设11个子栏目。

(1)博学笃志模块。博学笃志模块包含"我要学习""知行微思""阳光助学"和"心灵驿站"4个子栏目,以思想政治教育、学业指导、资助育人和心理健康教育为主要内容。该模块将社会主义核心价值观教育融入各环节中,秉承"让有意义的事情更有意思"指导思想,进一步培养大学生独立思考、理性判断的能力,进而引导学生增强对"四个自信"的价值认同,帮助学生在信息量庞大且良莠不齐的网络环境中始终保持清醒的头脑和做出正确的选择。

(2)务实笃行模块。务实笃行模块包含"招聘汇""国际交流""招聘须知"和"生涯成长"4个子栏目,以就业指导、出国留学、发展指导和生涯指导为主要内容,从知行合一上下功夫,将社会主义核心价值观内化为个人的精神追求,外化为个人的自觉行动。该模块引导大学生把自身的发展规划和成长成才与国家进步、民族振兴紧密结合起来,帮助学生树立良好的世界观、人生观和价值观。

(3)智问笃学模块。智问笃学模块包含"学生党建""辅导员说"和"PLUS"3个子栏目,以学生党建工作、辅导员微课和资料共享为主要内容,启发学生心智,引导学生养成敢于提问、勤于思考、善于学习的良好习惯。该模块与前2个模块相辅相成、互为表里,既增加了实用性和趣味性,又提升了吸引力,形成了良性循环。

3. 发挥新媒体优势,提升网络影响力

哈尔滨工程大学学生在线微信平台结合学校工作实际和学生特点,对不同层面群体的学生采用不同方法,以学生更"乐于接受、助于消化、易于吸收"的方式开展社会主义核心价值观教育和理想信念教育,有效推动了传统思想政治教育工作和新媒体的融合,极大发挥了新媒体的信息技术优势,营造了良好的育人环境,坚定了学生的理想信念,守好了网络思政的前沿阵地。学生在线微信公众平台自成立以来,网络影响力与关注度逐步提高。

(1)校内影响正向,用户覆盖率高。哈尔滨工程大学学生在线微信公众平台自开通以来,在以自愿为原则的前提下,用户关注量已达 1.4 万,基本覆盖全校本科生。截至目前,共推送各类文章 1600 余篇,累计阅读量已突破百万,文章累计分享达到 3.3 万次。学生在线微信公众平台已经成为学校学生学习和生活不可或缺的微信公众平台。该平台推送的《关心委,心理剧复赛成果展示》《十九大时光,年轻的你们》和《以古建筑屋顶为切入点看懂哈尔滨工程大学建筑群》等文章的单篇阅读量达到 5000 人次。每年在学校新媒体平台推送评比中均居于前列。

(2)校外赞誉广泛,品牌栏目涌现。2017 年,哈尔滨工程大学学生在线微信公众平台的"辅导员微课"子栏目已在教育部中国大学生在线网站上进行推广。其中,辅导员张春雨录制的《创业在身边》学生在线点击量位居前列。2018 年所推出的辅导员讲本书系列《真理的味道:听哈工程辅导员李欣讲〈共产党宣言〉》《做新时代的辅导员:培养全面发展的社会主义建设者和接班人》等文章被中国大学生在线等多家国家级媒体平台转载,已然成为学校网络思想政治教育工作的一张张响亮的名片。

(3)强化网络阵地,加强思想引领。哈尔滨工程大学学生在线微信公众平台自建立以来,关注量持续增长,预计今年底将突破 2 万用户,成为学校学生除官微外关注最高的新媒体平台。此外,该平台的信息阅读量、评论量、分享量在学校每月的新媒体平台信息推送评比中均居于前列。日后平台还将继续遵循教书育人规律、学生成长规律、思想政治教育规律,进一步完善用户体验、支持服务和评价保障体系等功能。目前,哈尔滨工程大学学生在线微信公众平台已与"易班"发展中心形成工作关联,将进一步扩大网络影响力。

4.教育手段先进,教育效果显著

社会主义核心价值观作为社会主义意识形态的主体和社会主义制度的内在精神,要在校园文化服务社会主义现代化大局的过程中充分发挥理论指导作用,这既是时代赋予大学这一重要文化载体的神圣使命,又是培养社会主义高素质人才的客观要求。如何将社会主义核心价值观教育润物无声地融入学生的思想政治教育等工作中去,是每位高校思政工作者必须思考的问题。

(1)寓教于乐,思政教育渠道不断拓宽。哈尔滨工程大学学生在线微信公众平台的出现极大地拓展了学校思想政治教育的内涵与外延,丰富了学校思想政治教育的方法与手段。成立以来,该平台摆脱了枯燥单一的教育模式,形成极具时代特色的教育内容,以学生喜闻乐见、易于接受的方式进行教育,将社会主义核心价值观融入其中,育人效果显著。

(2)审查把关,思政教育主动性持续提升。哈尔滨工程大学学生在线微信公众平台推送的所有文章均由工作室人员严格审查、精挑细选,每篇文章不仅把握时代气息,积极主动地传播社会主义核心价值观思想,而且对于社会负能量信息进行过滤,防止不良思潮对学生造成侵染,牢牢把握住思想政治教育的主动权。

(3)主题突出,思政教育时效性明显增强。哈尔滨工程大学学生在线微信公众平台根据实际工作安排,结合时事热点和国内外大事,快速准确地投放信息。主题明确、重点突出,使学生在短时间里了解核心问题,增强了教育的针对性与趣味性。学生在线微信公众平台不仅提高了网络思想政治教育的时效性,也使网络思政教育更具吸引力与感染力。

三、哈尔滨工程大学学生在线微信公众平台的未来发展对策

哈尔滨工程大学学生在线微信公众平台自成立以来,取得了显著的教育效果。但是在运营管理中也存在一定问题,为加强网络思想政治教育工作的针对性和时效性,进一步提升育人效果,落实立德树人根本任务,提出如下未来发展建议。

1. 以用户体验为窗口,提高教育内容质量

《2014 年微信公众号用户行为习惯研究报告》指出:"在阅读体验上,用户最喜欢图文搭配合理与逻辑清晰的文章,其次是篇幅适当和排版整齐的文章。"哈尔滨工程大学学生在线微信公众平台注重以图文并茂的方式设计教育内容,加大图片、漫画、语音、视频等元素的使用力度,提升推送内容的生动性与贴近性,以更直接、更精准的推送内容,为用户带来更好的使用体验。

2. 深挖潜在用户群体,加大教育影响力度

哈尔滨工程大学学生在线微信公众平台目前仍有大部分潜在用户,可以通过进一步调研,制订精准的推广策略。学生在线微信公众平台潜在群体用户除校内师生外,还应包括有意向报考本校的学生、毕业校友、其他学术交流伙伴及学生家长等多层面潜在用户,对于上述用户群体需要注重主动推广,增加宣传力度。

3. 加强用户双向互动,提升教育导向性与时效性

新媒体时代对微信公众平台的要求已经不仅是单向的信息传输,更重要的是运营者与用户间建立良好有效的双向互动互助。哈尔滨工程大学学生在线微信公众平台需要扩展相关功能,如开通回复、评论等功能,了解用户的真实、具体感受,有的放矢地设计教育内容,真正做到围绕学生、关照学生、贴近学生。未来,"知行微思工作室"将制订具有更好时效性和包容性的学生热点关注方案,将大学生社会主义核心价值体系与时事热点相结合,有机地传输给广大学生,着力增强思想政治教育平台的导向作用。

新媒体时代的高速发展,为高校思想政治教育创造了更广阔的舞台,思想政治教育工作者拥有更多展示机会的同时,也将面临更多挑战。[4]因此,高校思想政治教育工作者必须充分认识到新媒体时代背景下思想政治教育工作的重要性,把握、利用网络思想政治教育工作的规律,推动新时期思想政治教育工作的持续稳定发展。

参考文献

[1]董国强,李启超,薛原.基于高校新媒体矩阵平台背景下的大学生网络思想政治教育创新研究——以 N 大学为例[J].教育现代化,2018(9):169-171.

[2]中共中央国务院 31 号文件(中发[2016]31 号)《中共中央国务院关于加强和改进新形势下高校思想政治工作的意见》

[3]刘菲.艺术院校新媒体宣传阵地建设现状、问题与对策研究——以北京舞蹈学院官方微信平台为例[J].新媒体研究,2018(11)44-45.

[4]李晓芬,普婧,马武宏,等.新媒体在高校思想政治教育工作中的作用探究——以云南民族大学化学与环境学院为例[J].信息素养,2018(8):104-105.

第三篇 03

| 管理育人篇 |

探寻高校思想政治教育工作的新思路

李超*

摘　要:思想政治教育是社会主义教育的核心,高校是培养社会主义事业建设者和接班人的重要阵地,思想政治教育工作(以下简称"思政教育工作")为高校发展提供强大的精神动力和思想保证。加强高校思政教育工作具有极端重要性和紧迫性。本文从高校思政教育工作的现状出发,积极探寻新形势下高校思政教育工作的新思路。

关键词:高校;思政教育;现状;新思路

一、高校思政教育工作的现状

思想政治教育是中国精神文明建设的首要内容,也是解决社会矛盾和问题的主要途径之一。思想政治教育不是当代才提出来的,早在古代,教育学家们就已经提出并开始实施。尽管思想教育无论是内容还是方法都在不断完善和进步,但是发展至今,仍存在一些不可避免的问题。在市场经济迅速发展的今天,文化交融,思想开放,我国高校的思想政治教育面临的问题越来越多,工作难度更大,只用传统的工作方法,很难跟上现代社会发展的步伐。[1]造成思想政治教育工作不力的原因很多,笔者将从以下四个方面对

---
*　李超,1982 年出生,黑龙江省绥化市人,哈尔滨工程大学计算机科学与技术学院辅导员、讲师,硕士,研究方向思想政治教育。

高校思政教育工作的现状进行剖析。

1. 对高校思政教育工作认识不统一

在我国高等教育的发展进程中,存在少数高校始终把智育作为首要培养目标的倾向。思想政治教育名义上处于首要地位,但落实过程并不到位。[2]当前,由于社会重视教育的实用功能,大学生的学业成绩成为反映高校教学水平和教师授课水平最主要的衡量标准。应试教育有了广泛的生存空间,而素质教育无法得到有效开展。在思想政治教学过程中,许多学生认为思想政治工作"过时、无用"。这种轻视思想政治教育的思想和实际行动,导致了我国高校思想政治教育工作的实效较低。

2. 高校思政教育工作教学理念落后

一个社会是否和谐,一个国家能否实现长治久安,很大程度上取决于全体社会成员的思想道德素质。而高校肩负着人才培养、科学研究、社会服务、文化传承的重要使命,聚集着众多的大学生,是创造人才和输送人才的地方。高校培养出的学生作为先进知识的掌握者,对整个民族的发展具有很大的带动作用。现阶段部分高校在思政教育中存在教育理念落后于时代的严峻情形,没有与习近平新时代中国特色社会主义思想接轨。所以,其在新时代教育政策下难以适应高等教育人才培养要求,存在教育理念几十年不变的现象,高校思想政治教育发展停滞不前。教育理念的迟滞不前,导致很长一段时间以来,我国大学生思想政治教育理念都未得到更新,教学观念较为落后。

3. 高校思政教育工作方式不当

当前的思想政治教育中存在忽视主体性的倾向,一味强调单向灌输。传统的思想政治教育采用封闭的模式来操作,"重课堂,轻课外""重理论,轻实践""重说教,轻养成""重教化,轻内化",停留在过去的"填鸭式"纯理论灌输,将学生置于理想的环境之中,脱离现实世界,限制了学生思考,对学生思维的养成十分不利,然而,大学生思想体系的形成与发展,其主动性的发挥是决定因素。灌输式教育忽视了大学生的主体性,试图以片面的道德灌输作为促进大学生发展的根本动因,而不考虑大学生的主观需要,所以常会受到大学生排斥。另外,一些思想政治教育课的教师并没有将思想政治教育贯穿到日常的学习教育中去,脱离了实际。这些不当的教育方式都会影响高校思政教育的实际效果。

4.高校思政教育工作队伍能力有待提高

当前,高校的思想政治教育工作队伍的素质水平还达不到预期,专业化、职业化能力还有待提高。思想教育工作者应当具备思想政治教育工作相关学科的宽口径知识储备,具备较强的组织管理能力和语言、文字表达能力及教育引导能力、调查研究能力等。第一,要在实际工作中具备宽广的知识储备,了解马克思主义理论、哲学、政治学、教育学、社会学、心理学、管理学、伦理学、法学等学科的基本原理和基础知识。第二,要努力在思想政治教育、党团和班级建设、学业指导、日常事务管理、心理健康教育与咨询、网络思想政治教育、危机事件应对、职业规划与就业指导、理论与实践研究等方面谋划践行,且行且前进。然而,部分思政教师因为没有受过专业的、系统化的教育学、心理学、思想政治教育理论培训,所以在工作中就很难遵循思想政治教育规律并结合学生的心理特点,有针对性地对学生进行思想政治教育。加上某些思想政治工作人员教育观念陈旧,教育手段落后,工作方法简单,更加重了学生的逆反心理。

二、树立高校思政教育工作新理念

中国经济、社会生活的深刻变革以及由此而发生的学生教育管理在工作环境、内容、对象等方面的变化,对高校思政教育工作提出了紧迫的新任务和新要求。高校思想政治教育工作面临很多新问题、新挑战。因此,我们要积极探索出新时期高校学生思想政治教育工作的新思路和新理念。树立新时期高校思想政治工作"以人为本""立德树人"之价值理念,开拓高校学生思想政治工作"双向互动""情理交融""多元化""开放性"之崭新思路,借以全面提升大学生思想政治素质,推动高校德育教育工作健康持续发展,确保全面建设小康社会及社会主义和谐社会的实现,不仅是现实的,也是可行的。[3]笔者认为应在以下三方面积极努力,在高校思想政治教育工作中,以新的理念与新的工作方式来开展工作,能促进高校学生的健康成才。

1. 以人为本,全面发展

以人为本、实现人的全面发展理论是马克思主义的重要观点,是社会主义本质的内在要求,也是高校思想政治工作的重要理论依据。[4]高校思想政治工作是对大学生进行世界观、人生观、价值观教育的工作,它与学校的智育、体育、美育等有机结合,共同实现大学生的全面发展。人的全面发展,有物质的因素,技术的因素,也有精神的因素。立足以人为本、以实现大学生的全面发展为目标就是要求思想政治教育必须以广大学生为出发点和归宿,树立思想政治教育新理念,使思想政治工作体现时代性、把握规律性、富于创造性,使之贴近大学生学习和生活实际。[5]目前,成长中的大学生迫切需要人文关怀,这种关怀体现为沟通、传递、感染、分享的作用,强化、放大、动力的作用和激励长效的支撑作用。思想政治工作是做人的工作的,只有动之以情,才能晓之以理,以理服人。思想政治要把教育和人的幸福、自由、尊严和终极价值联系起来,[6]并帮助实现这一目标。

2. 立德树人,培养优秀人才

大学是立德树人、培养人才的地方,是青年人学习知识、增长才干、放飞梦想的地方。习近平总书记在全国高校思想政治工作会议上指出,我国高等教育肩负着培养德智体美全面发展的社会主义事业建设者和接班人的重大任务,必须坚持正确政治方向。高校立身之本在于立德树人。只有培养出一流人才的高校,才能够成为世界一流大学。办好我国高校,办出世界一流大学,必须牢牢抓住全面提高人才培养能力这个核心点,并以此来带动高校其他工作。"[7]《礼记·大学》说:"大学之道,在明明德,在亲民,在止于至善。"古今中外,关于教育和办学,思想流派繁多,理论观点各异,但在教育必须培养社会发展所需要的人才这一点上是有共识的。培养社会发展所需要的人才,说具体了,就是培养社会发展、知识积累、文化传承、国家存续、制度运行所要求的人才。所以,古今中外,每个国家都是按照自己的政治要求来培养人才的,世界一流大学都是在服务自己国家发展中成长起来的。中国

社会主义教育就是要培养社会主义建设者和接班人。3. 做好引路人，先做行路人

教师是人类灵魂的工程师，承担着神圣使命。传道者自己首先要明道、信道。高校教师要坚持教育者先受教育，努力成为先进思想文化的传播者、党执政的坚定支持者，更好担起学生健康成长指导者和引路人的责任。要加强师德师风建设，坚持教书和育人相统一，坚持言传和身教相统一，坚持潜心问道和关注社会相统一，坚持学术自由和学术规范相统一，引导广大教师以德立身、以德立学、以德施教。树立"做好引路人，先做行路人"的理念，在注重自我教育的前提下做好引领带动。行好路，重在补好思政工作队伍"精神之钙"，坚定理想信念；引好路，重在发挥党支部书记、思政课教师、辅导员、中青年骨干教师、学生干部"五支队伍"的引领示范作用。

三、努力探寻高校思政教育工作之新思路

中国高等教育事业的发展，以及世界经济政治格局的变化，对高校思想政治工作发生着重要的影响，使高校思想政治工作发生了深刻的变化。加强和改进高校思想政治工作既是一项重要而迫切的战略任务，也是构建社会主义和谐社会的迫切需要。从立足构建和谐社会的高度，重新审视大学生思想政治工作之诸多缺憾。[8]在树立高校思政教育工作新理念的同时，新时期的高校思想政治工作必须有新方法、新思路，才能有效提高大学生的思想政治素质，促进大学生的全面发展，使高校的思想政治工作呈现出崭新面貌。

1. 将思想政治教育和时代发展紧密结合

习近平多次强调，要着力增强思想政治教育的时代性和感召力。当前和今后一个时期，高校思想政治教育的首要使命就是用习近平新时代中国特色社会主义思想武装全体师生，激励广大师生为加快一流大学和一流学科建设，实现高等教育内涵式发展砥砺奋进。要深刻理解习近平新时代中国特色社会主义思想的指导意义、历史地位、丰富内涵、精神实质和实践要求，学习领悟其中蕴含的新理念、新思想、新观点新论断，切实做到学懂弄通

做实,不断提升政治政策水平和思想理论水平。[9]中国高等教育办学规模和年毕业人数已居世界首位,但规模扩张并不意味着质量和效益增长,我们要与时俱进,转变理念,走内涵式发展道路。

2.做到理论与实践相结合,正确处理学生的错误和矛盾

高校思想政治工作要坚持以学生为本。在实际的教育过程中,尊重学生在整个思想政治教育过程中主动性的发挥,给他们以平等自由参与的机会,让他们学会对自我负责、对他人负责、对社会负责,以达到思想政治教育的目的。要在学生的学习、生活中激发学生的自觉性和主体意识,促使受教育者自觉进行自我修养和自我完善,不断促进教育的民主化,避免教育的强制性,搭建师生共同参与、平等交流、双向互动的思想政治教育平台。习近平强调:"要用好课堂教学这个主渠道,思想政治理论课要坚持在改进中加强,提升思想政治教育亲和力和针对性,满足学生成长发展需求和期待,其他各门课都要守好一段渠、种好责任田,使各类课程与思想政治理论课同向同行,形成协同效应。"高校应构建"师生共同体",遵循教书育人规律、遵循学生成长规律、遵循思想政治工作规律,努力实现全程、全员、全方位"三全"育人的工作思路。

3.建立一支高素质思想政治教育工作队伍

建设政治素质过硬、业务能力精湛、育人水平高超的高素质教师队伍是大学建设的基础性工作。加强和改进高校思想政治工作,是一项重大的政治任务和战略工程。[10]大学生思想政治教育工作要想取得成效,就要对习近平治国理政新理念、新思想、新战略高度认同,对中国特色社会主义和中华民族伟大复兴中国梦充满信心,推动社会主义核心价值观建设。这需要传道授业的教师具备较高的政治素养,更需要高校意识形态领域能积极健康向上,更新观念,严格把好选人用人关,建设一支高素质的高校思想政治工作队伍。面对新的形势,高校在思想政治工作干部的选拔任用上应更新观念。思想政治教育工作作为一门科学,有其特有的规律性,需要有一批经过专门培训的具有坚实的马克思主义理论基础,有比较广博的科学文化知识,而且懂得思想政治教育规律和特点的专职人员去研究和掌握,在实践中积

累和总结经验,不断提高工作水平,在思想政治工作中起骨干作用并能协调有关各方面情况以保持这一工作的通达和持续性。从高校长远建设和发展出发,要致力于培养和造就一支高素质的、从事思想政治教育工作的队伍。

参考文献

[1]谭振亚.学风建设是高校思政教育的永恒主题[J].中国高等教育,2008(20).

[2]王良虎.新时期高校思政教育的问题与对策[J].思想教育研究,2002(3).

[3]王希永.如何搞好以人为本的思政教育[J].思想教育研究,2004(10).

[4]刘兵勇.努力探索高校思想政治工作的新思路新载体新途径[J].山东省青年干部管理学院学报,2004(11).

[5]张春荣,田瑞兰.人文关怀:增强高校思政教育实效性的关键[J].中国成人教育,2007(22).

[6]邓伽."以人为本"理念下高校思政教育的创新[J].湖北经济学院学报(人文社会科学版),2007(11).

[7]党的十八届中央委员会向中国共产党第十九次全国代表大会的报告《决胜全面建成小康社会 夺取新时代中国特色社会主义伟大胜利》.

[8]金叶.浅析我国高校思政教育的改革[J].文化创新比较研究,2018(8).

[9]孟翔.现阶段大学生思政教育工作面临的问题及对策分析[J].理论观学,2014(12).

[10]杨瑞森.努力探索增强高校思想政治教育工作实效性的新思路[J].合肥工业大学学报(社会科学版),2005,19(4).

大学体验式思想政治教育方法研究

——以哈尔滨工程大学毕业离校教育为例

吕开东　张彬*

摘　要：体验式思想政治教育是一种新的教育模式，主要是以学生亲自体验的形式进行，从而让大学生养成良好的生活习惯。本文主要对什么是体验式思想政治教育，以及思想政治教育实现的途径有哪些展开论述。同时以哈尔滨工程大学为例，介绍了体验式毕业离校教育工作，对其他高校的体验式思想政治教育工作开展起到借鉴意义。

关键词：大学；体验式；思想政治教育

2016 年 12 月，全国高校思想政治工作会议在京召开。习近平在会上认为，要做好高校思想政治工作，要因事而化、因时而进、因势而新。要遵循思想政治工作规律，遵循教书育人规律，遵循学生成长规律，不断提高工作能力和水平。因此，高校思想政治教育工作要不断创新，探索出学生们喜闻乐见的形式，才能取得良好的效果。近年来高校一直在探索一种新的思想政治教育形式，即体验式思想政治教育。体验式思想政治教育是隐形思想政治教育的延伸，更加注重学生的主动性，突出学生的主体地位，能够有效地增强学生适应新环境的能力，从而增强自信心，实现思想政治教育育人的

* 吕开东，1973 年出生，黑龙江省富裕县人，哈尔滨工程大学学生工作处处长、副研究员，博士，研究方向思想政治教育和学生成长发展规律。

张彬，1983 年出生，河北省抚宁区人，哈尔滨工程大学学生工作处研究生思想教育工作办公室主任、助理研究员，硕士，研究方向思想政治教育。

目的。

一、高校体验式思想政治教育的内涵

体验式思想政治教育作为一种新的教学模式,不同的学者给出了不同的定义。杨云鹏认为,体验式的思想政治教育是学校根据思想政治教育的需要,有计划地组织学生参与相应的、真实的社会实践活动或者模拟真实的社会实践活动,在活动中通过学生亲身体验和感悟,加深对道德的认识和理解,这是一种主动接受教育的方式。王建、王海霞认为,体验式教育是以参与体验的学生为主体,以"体验"为主要行为模式,强调参与者的亲历性和情感性以及体验后进行反思而成为自觉行为的一种教育形式。郝文军从马克思主义认识论和心理学、教育学的理论界定了体验式思想政治教育的内涵:体验式思想政治教育是教育者按照教育目标,根据教育内容,创设一些具有情境性的教育问题和活动,让受教育者亲身经历教育过程,去感知、领悟教育内容,再通过行为外化,达到认识、情感、道德和行为的有机融合的一种模式。

通过以上学者对体验式思想政治教育内涵的界定,我们可以看到,虽然内涵各不相同,但是也存在着共同点。因此可以将体验式思想政治教育从以下三个方面进行界定:一是从教学模式上看,即体验式思想政治教育是一种以学生为主体并且学生主动参与、自身体验的一种新的教育模式,是对传统的灌输式的教育模式的创新与突破;二是从教育方法上看,体验式思想政治教育是通过设定特定的情景环境,吸引受教育者自觉地参与其中,启发受教育者的思考与感悟,受教育者进而自觉行动的教育方法;三是从教学目的上看,体验式思想政治教育是通过崭新的教育方法、教育途径、教育模式来教育大学生,使他们自觉地树立正确的世界观、价值观和人生观。

二、高校体验式思想政治教育国内外研究现状

国外高校体验式思想政治教育的教育模式最早可以追溯到古希腊苏格拉底和柏拉图时期提出的"身心和谐的人"。他们以创设情境的方式教育学

生,这可以说是体验式教育的雏形。之后的哲学家们也相继采取过体验式教学的方式。例如,笛卡尔的"我思故我在"思想是建立在"体验"的基础上,康德的"实践理性"等观点是承认从实践出发可获得人真正的自由。以上的哲学家们只是初步形成了体验式教学的雏形,并未完全将其系统化、理论化成一种新的教学模式。将体验式教学模式真正演变成一个研究领域和学习方法的是美国哲学家约翰·杜威。他认为,不论对于学习者个人或者对于社会来说,教育为实现其目的,必须从经验及始终是个人实际的生活经验出发。他认为学习就是要去"做","做"是体验式教学的途径与方法。而最早采用思想政治教育方法的是美国西点军校。他们通过内化与外化相统一的方式对学生进行思想政治教育。"无论是政府还是学校都非常重视道德践履,把参加社会实践当作是青少年人生历程的重要部分和进行思想政治教育的重要手段。"目前,美国的体验教育具有很大的影响力,被许多国家学习和借鉴;日本则注重培养学生的道德感悟能力,关注道德教育的情感性和内化性;加拿大的道德教育不再是单纯地进行知识灌输,一味地进行知识传播,而是更加注重学生参与活动的态度,通过学生自主参与与体验的过程来提高学生的道德水平,进而达到体验式教育的目的。

中国的体验式教育的思想可追溯到孔子的"不愤不启、不悱不发"的主张。而荀子也有"知之不若行之"的道德教育观念。近代著名教育家蔡元培强调培养学生的个性,强调个性与共性的和谐统一。以上这些观点的共性都在于反对填鸭式的灌输,主张让学生通过亲身体验的方式,来学习和认识新事物,从而达到能力提升、情感升华的目的。在中国,体验式思想政治教育主要体现在德育方面,这是中国高校进行思想政治教育实践的一个重要方面。但是目前,这种体验式的思想政治教育进展缓慢,主要原因有以下三点。

第一,传统的"大班式"的说教模式难以突破。尽管目前部分高校开始实施体验式思想政治教育模式,但是并没有有针对性地、逐一地和学生进行沟通与交流;仍然局限于大班模式的教学,无法达到让每个学生都参与到课堂的每个环节中去,无法实现每一个学生的自由全面的发展。

第二,高校硬件条件和实践场地的限制。体验式思想政治教育是一种给学生设定特定的情景和环境,从而引发学生的思考和感悟的教学模式。但是目前,部分高校硬件设施不全,实践场地不足,学生无法亲身体验社会实践的乐趣。

第三,体验式教学模式形式化。目前,部分高校存在思想政治教育流水式教学的情况,即学校虽然大力提倡进行体验式思想政治教育,也在积极探索新的教学模式,但都只是流于表面,并没有展开深入的调查研究和进行相关的实践探索。对于学校举办的体验式教学实践活动,也只是走个过场而已,没有真正地达到育人的目的。

三、高校体验式思想政治教育的特点

高校体验式思想政治教育作为一种新的教学模式,与传统的灌输式的教学模式有着异曲同工之处,但是其在教学过程中更加凸显了学生的主体性、实践性、启发性与情感性。

主体性。体验式思想政治教育在教学过程中更加注重学生的想法、观点与意见。由传统的说教模式逐渐演变成教育者与受教育者相互学习的过程,在教学过程中,不再是受教育者被动地接受,而是积极主动地去探索,去学习。

实践性。传统的课堂教学模式,虽然在一定程度上让学生获得了知识,但是却忽视了学生实践的能力。理论来源于实践,但还要指导实践,只有将理论运用到实践中去,使学生真正地感受到知识的实际运用,才能更好地促进学生自身的发展。

启发性。体验式思想政治教育为学生设定了特定的情景,可以让学生自由发挥,为学生的成长提供了新的环境。同时,学生可以根据自己的需求设定场景,与老师和同学沟通,从而以多种不同的方式获得知识的提升。

情感性。体验式思想政治教育是学生亲自感受与体验的过程,把自己的情感带到课堂中去。这种情感认识会在体验教学的过程中不断地内化、升华,最后形成新的情感认知,实现思想道德水平的提升。

四、哈尔滨工程大学体验式毕业离校教育情况

近年来,哈尔滨工程大学不断探索,开展一系列的体验式思想政治教育,审时度势开拓思想政治教育新领域,与时俱进推出校园文化新内容,发挥思想政治教育文化育人的重要功能,使之成为弘扬社会主义核心价值观教育、理想信念教育的生动载体。学校开展的人生分阶体验教育、毕业游园体验教育、红色宣讲员体验教育和做好小老师体验教育活动,让学生充分体验到教育内涵,从而进一步加强各方面的素质和能力,取得了显著的效果。

1. 人生分阶体验教育

"人生分阶体验教育"是哈尔滨工程大学针对特殊学生群体开展的体验式思想政治教育模式,这一活动主要是针对大学生活迷茫和学习动力不足的学生群体开展的活动。在活动中,学生参与者历经指导教师精心设计的"初次相识、快乐童年、青春无悔、我的大学、恋爱 ing、毕业典礼、结婚典礼、成为父母、事业巅峰、临终时刻"等人生中十个重要环节的情景模拟。每一个环节里面都会有角色扮演的小活动,通过角色扮演让学生体验一下未来自己将要成为的那个人。在人生的每一个阶段当中,体验这个阶段应该完成的心理成长任务,达到回顾过去、展望未来、合理规划当下的目的。"人生分阶体验教育"活动不仅使得学生心情愉悦,同时也让参与的学生切身体会到人生的成长,感受不同时期不同角色带来的不同感想,从而获得清晰的人生目标,更好地规划未来和珍惜当下。

2. 毕业游园体验教育

每年的五一假期,哈尔滨工程大学组织毕业生开展毕业游园活动。游园活动的模式是参照世博会游园观光的形式,向每位参观的同学发放游园卡,同学们可以拿着游园卡,按照上面的各个景点去到相应的地方盖上学校的纪念印章。通过这种游园活动,同学们不再是以学生的身份体验这种活动,而是以一名"校友"的身份参与到活动中去,以不同的角色感受不同的环境。这种体验式的思想政治教育,一方面可以调动学生的积极性,使学生主动地参与到活动中去,感受学校的校园文化,提高自己看待事物的水平。另一方面,通过角色转化的方式,可以让学生以另外一种视角来体验校园建

筑、景色带来的感受,提高学生辨别新鲜事物的能力。游园活动是体验思想政治教育的一部分,也是哈尔滨工程大学为青年大学生身心发展制订的一项有趣又有意义的体验式活动。

3. 红色宣讲体验

为贯彻落实党的十九大精神,哈尔滨工程大学成立学生骨干宣讲团,在广大青年学子中积极宣讲习近平新时代中国特色社会主义思想,让学生骨干在备课准备的过程中切身体验新时代中国的发展和变化,并将这一感受传递给身边的同学,渲染出良好的社会氛围。学生骨干小班思政课"润物无声"地将"爱国、励志、求真、力行"融入课堂教育中。爱国是指忠于祖国,忠于人民。引导学生了解中华民族历史,秉承中华文化优秀基因,增强民族自豪感和文化自信心。励志是指立鸿鹄志,做奋斗者。引导学生要理想坚定,信念执着,不怕困难,勇于开拓。求真是指求真学问,练真本领。引导学生在学习过程中,掌握事物发展规律,通晓道理,丰富学识,增长见识。力行是指知行合一,做实干家。引导学生要面向实际、深入实践,严谨务实,苦干实干。小班思政课的重点在于学生骨干的选拔和培训,首选选拔的学生骨干在选拔和培训的过程中已经是一个很好的体验式教育过程。这一过程可以很好地调动起其思政学习的积极性,充分地发挥学生的主观能动性,也可以有效地带动身边的同学真正地学习和宣传党的精神。

4. 做好小老师体验教育

小老师体验教育即学习助教活动,这是哈尔滨工程大学针对学风开展的特色工作。学生助教的活动一方面帮助了大部门学习困难的学生解决了学习上的问题,另一方面选拔和培养了大批的优秀"小老师"。学习助教的选择是择优录取,选拔各院系成绩优秀并有奉献精神的学生担任此项工作。选出来的这些学生会以"小老师"的身份进行培训和备课,在帮助别人的同时也要提高自身的水平。很多"小老师"在备课的过程中纷纷表示:"原来老师备课的时候是这么的辛苦和不容易。"这项活动不仅可以有效地解决学生学习上的难题,而且可以让这些"小老师"锻炼自己,提升自己的语言表达能力、与人沟通的能力,以及熟练掌握知识的能力。这也是体验式教学的另外一种方式,为学生设定特定的角色,使其提早地进入将来有可能从事的角色中去,体验将来有可能出现的情境。

参考文献

[1]杨云鹏.试论高校体验式思想政治教育[J].德育研究,2013(23).

[2]王健,王海霞.体验式教育在"90 后"大学生思想政治教育中的应用[J].齐齐哈尔师范高等专科学校学报,2014(2).

[3]郝文军.大学生体验式思想政治教育实践模式探究[J].教育评论,2014(2).

[4]美约翰·杜威.经验与自然[A]//赵祥麟,承绪,译.杜威教育论著选[C].上海:华东师大出版社,1981:374.

[5]李玲芬.美国思想政治教育模式探微[J].学校党建与思想教育,2005(11):73.

[6]胡中肖.大学生体验式思想政治教育发展途径[J].教育探索,2015:24.

[7]孟慧敏,郝镳,楚鲁.大学生体验式思想政治教育探析[J].内蒙古工业大学学报(社会科学版),2013(3).

[8]范清义.大学生体验式思想政治教育研究[D].长沙:中南大学,2007,11.

[9]曹山娜.加强大学生体验式思想政治教育的策略研究[D].长春:东北师范大学,2013.

[10]易申君.体验式思想政治教育教学策略探析[J].教学与管理,2015(4).

[11]谭丽燕.体验式思想政治教育的途径[J].山西高等学校社会科学学报,2009(4).

[12]陈飞.论体验式思想政治教育[J].教育评论,2010(3).

[13]刘甜甜.高校体验式思想政治教育[J].吉林省教育学院学报,2014(6).

高校社会主义核心价值观教育生态系统运行机制研究

刘旭 许钟元 张金秋*

摘 要:现阶段,社会主义核心价值观教育是中国高校思想政治教育的重要内容与中心环节。为了使高校社会主义核心价值观教育得以有效地实施,本文运用生态学理论,构建高校社会主义核心价值观生态系统,通过对系统内的主体、客体、介体以及外部环境进行研究,探求出实现该系统生态平衡机制的运行模式,开辟了实施高校社会主义核心价值观教育的新路径。

关键词:生态学;高校;社会主义核心价值观;运行机制

自党的十八大以来,中共中央高度重视培育和践行社会主义核心价值观。社会主义核心价值观是当代中国精神的集中体现,凝结着全体人民共同的价值追求。[1]大学生肩负着民族复兴的使命,所以,新时期大学生社会主义核心价值观教育是一项事关国家发展、民族强盛、社会安定和个人价值实现的重大课题,也是高校落实立德树人根本任务的核心要求。[2]如何使社会主义核心价值观生根落地、开花结果是亟待解决的问题。社会主义核心价值观教育既是思想政治教育的重要组成部分,又与思想政治教育具有内

* 刘旭,1985 年出生,黑龙江省哈尔滨市人,哈尔滨工程大学国际合作教育学院学工办主任、讲师、硕士,研究方向思想政治教育。
许钟元,1986 年出生,黑龙江省齐齐哈尔市人,哈尔滨工程大学机电工程学院学工办主任、副教授、硕士,研究方向思想政治教育。
张金秋,1991 年出生,黑龙江省哈尔滨市人,哈尔滨工程大学马克思主义学院在读博士生,研究方向传统文化与德育。

在一致性。20 世纪起,生态学理论便应用于思想政治教育的研究中。建立高校社会主义核心价值观教育生态系统就是基于生态学的理论,研究如何充分利用现有资源,通过有效渠道,运用合理方法,将系统内各要素有机关联并相互作用达到系统的生态平衡,从而实现高校社会主义核心价值观在学生群体中的有效渗透。

一、生态学理论在高校社会主义核心价值观教育中的应用

1866 年德国生物学家恩斯特·海克尔(Ernst Haeckel)提出了生态学的概念。生态学指生物有机体与周边环境及生物之间的相互关系,是关于生态系统中所有事物相互影响、互相作用的理论,即研究生物与其所在环境关系的科学。[3]在一定空间中,生物与生物、生物与环境总是不可分割地相互联系、相互作用,它们通过能量、物质、信息相互联结,构成一个统一的整体,[4]并在一定时期内维持该整体的动态平衡状态,呈现出一定的特点。生态学视域下的高校社会主义核心价值观,从功能角度而言有两个特征:其一,教育者与受教育者以一定的条件共存于思想政治教育场域之中,并且同外部环境不断地进行物质循环、能量流动和信息交换,这与生态系统是动态功能系统的特征相契合。其二,当系统外部环境发生改变,如教育政策变化时,教育者会自主更新教育内容,改变教育渠道,完善教育机制来顺应外部变化,体现出了生态系统自动调节的功能。综上所述,高校社会主义核心价值观教育系统是一个动态的、可自我维持的、可调节的、具有区域特征的系统,并且系统内各要素之间、要素与环境之间不断进行着各种交互,可将其模拟为一个教育生态系统,用生态学的观点来研究系统的运行机制。从特征角度而言,其有两个明显特征:其一,生态系统具有一定的区域特征。不同高校开展的社会主义核心价值观教育也会因其地理位置、历史变革、校园文化的不同而具有不同特色。其二,在受到外部环境影响时,教育者与受教育者会不断对社会主义核心价值产生认识、行为和言论,对系统内其他要素以及外部环境做出反馈,体现了生态系统自我维持的特点。

二、高校社会主义核心价值观教育生态系统的构建

高校社会主义核心价值观教育生态系统的教育主体、教育客体、教育介体以及教育环体相互作用,任意一个要素发生变化,其他要素均要与之相适应,不断进行调整,甚至改变,循环往复,最终达到系统的动态平衡。

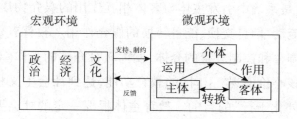

图1　高校社会主义核心价值观生态系统结构图

教育主体是指实施社会主义核心价值观的教育者与受教育者,即高校辅导员、班主任、任课教师、管理人员与学生。该系统的教育者相当于自然生态系统中的生产者,但不等同于他们在教育过程中相当于权威的领导者,在该系统中,其与受教育者具有平等的人格,在思想政治教育过程中发挥主导性作用。受教育者是施教对象,但在接受教育的过程中,他们不是完全被动的。虽然具有受动性的特点,但这种受动性不是消极被动的,而是显现出受教育者的主观能动性的。这种主观能动性是受教育者对教育者对其施加的教育作用与影响的主观接受、主观选择、接受程度和自我教育的主动性,也就是说,受教育者在思想政治教育过程中具有一定的主体性。[5]

教育客体指实施教育时所利用的各种资源,包括物质资源、人力资源、信息资源、生源资源等。人力资源主要指高校的教师、辅导员、班主任等,生源资源指学生,这两类资源分别与教育主体中的两类人群有重叠的部分,在系统运作过程中因发挥的作用不同而导致其所扮演角色发生变化。例如,当教师以传授知识的方式对学生进行社会主义核心价值观教育时,身为教育主体的学生此时作为生源资源成为教育客体;学生学习社会主义核心价值观后向系统内部产生积极或消极的反馈,系统根据反馈做出反应,此时学

生又成了系统的教育主体。这种主客体之间的转变体现了生态系统的竞争关系。师生既是竞争的主体,也是竞争的客体。二者是处于辩证统一关系之中的,如果只有教育者的竞争能动性,或者只有受教育者的能动性,都是难以真正开展高校思想政治教育生态竞争的,二者缺一不可。

教育介体指社会主义核心价值观教育实施中搭建的渠道以及运用的内容、方法、载体,是系统中引发主体与客体相互作用的媒介物质,它承担了主客体之间物质流动、信息交换、能量转换的媒介作用。教育者可以根据教育的目的和要求调整和控制教育的介体,发挥教育介体的正向牵引作用,从而实现社会主义核心价值观"正向"的教育功能,达到社会主义核心价值观教育"内化于心、外化于行"的目的。教育主体根据一定的社会要求和教育客体的思想实际,运用合理的思想政治教育方法,有目的、有层次地通过教育载体输送给教育客体社会主义核心价值观教育内容。

外部环境分为微观环境与宏观环境。宏观环境指政治环境、经济环境、文化环境等受国家政策、地域分布等影响的广义环境;微观环境指学校、家庭等与师生密不可分的相对范围较小的狭义环境。首先,宏观视阈下,任何形式的思想政治教育活动都需要物质保障,即经济投入,因而经济环境势必与高校社会主义核心价值观教育系统发生了信息、物质和能量的交换。政治环境则决定了高校思想政治教育的总体方向。中华优秀文化涵养并孕育了社会主义核心价值观,因而为中华民族提供了一脉相承的文化根基。其次,微观视阈下,家庭环境决定了系统主体——受教育者的成长轨迹,同时深深地影响着受教育者价值观的形成。学校和社会则为教育主体营造氛围,主体的行为又直接作用于学校和社会环境,给学校和社会造成积极或消极的影响。这一过程恰恰体现了社会主义核心价值观教育生态系统内要素与外部环境之间的能量交换过程。

三、高校社会主义核心价值观教育生态系统机制运行

探讨高校社会主义核心价值观教育生态系统问题的核心即为探讨如何使系统内的主体运用合理的渠道、方法以及内容作用于客体,并与外部环境

进行交互,达到系统的平衡。而如何将渠道、方法以及内容有机融合,达到教育目的,就需要对高校社会主义核心价值观教育生态系统的运行机制进行研究。按照系统的构成要素,本文将高校社会主义核心价值观生态系统的运行机制构建如图 2 所示。

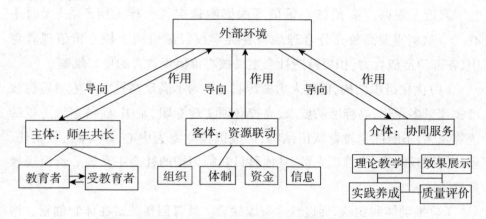

图2　高校社会主义核心价值观生态系统机制运行图

1.高校社会主义核心价值观教育主体的师生共长机制运行

习近平指出:"广大教师要把社会主义核心价值观的基本内容和要求渗透到学校教育教学之中,用自己的学识、阅历、经验点燃学生对真善美的向往,使社会主义核心价值观的种子在祖国下一代心中生根发芽、真正培育起来。"[6]作为传道者,教育者自己要明道、信道。高校教师要坚持教育者先受教育,努力成为先进思想文化的传播者、党执政的坚定支持者,更好担起学生健康成长指导者和引路人的责任。[7]首先,教育者以课程形式帮助学生完成从感性认识到理性理解的转变,课后通过实践平台将理性认知向感性升华转化。在这一过程中,学生会向教师进行信息反馈,教师答疑解惑,评估教学效果。同时,学生以交流的形式感悟教师的道德修为,会提高辨别信息真伪的能力。其次,教育者还要注意挖掘与学生沟通的各种有效渠道,将社会主义核心价值观教育融入生活中,研究并利用学生常用的交流渠道,找寻与学生的共同语言,用学生乐于接受的方式将教育内容进行传播。在这个过程中,教育者向学生学习语言特色和交流方法,学生从教师处感悟师德师风,形成基本的理论素养。综上所述,系统内的教育者与学生相互作用、相互交流、相互学习,形成了师生共长机制。

2. 高校社会主义核心价值观教育客体的资源联动机制运行

习近平强调:"要使核心价值观的影响像空气一样无所不在、无时不有。"[8]这就需要高校充分合理地将各类学校资源应用于核心价值观教育中,各部门形成合力,积极营造社会主义核心价值观教育的良好氛围。

(1)优化组织结构,促进人力资源联动。为了满足高校大学生对思想政治教育呈多元化、高标准的要求,高校必须实现专职、兼职、后备多维力量的统筹兼顾,不断优化教育队伍结构,形成以校党委为中心,辅导员、班主任、思政任课教师为主,管理人员、其他科目教师为辅的社会主义核心价值观教育梯队。

(2)推动体制创新,促进教育资源融合。教育创新关键在体制创新。构建高校党委、教师队伍、管理队伍、专家队伍多位一体的建设体制,提高高校社会主义核心价值观教育队伍的整体优化及科学发展。确立高校党委在社会主义核心价值观教育的领导核心地位,保证社会主义核心价值观教育队伍的正确方向、科学实施以及教育目标全面实现。实现教师队伍与管理队伍紧密配合,聘请思想政治教育专家,不断提升教育教学及管理水平。

(3)建设宣传阵地,促进信息资源传播。高校的宣传媒体是大学生了解外面世界的窗口之一。宣传渠道是否畅通、宣传方式是否有效、宣传内容是否得当都决定了高校社会主义核心价值观教育是否占据主动地位。信息资源的获取、整合、利用、传播需要专业团队进行把控,健全的信息管理组织机构才能保证高校社会主义核心价值观教育站在时代的前沿,才能占据引领学生价值观的主阵地。

3. 高校社会主义核心价值观教育介体的协同服务机制运行

习近平在中央政治局第十三次集体学习时强调:"要通过教育引导、舆论宣传、文化熏陶、实践养成、制度保障等,使社会主义核心价值观内化为人们的精神追求,外化为人们的自觉行动。"[9]习近平的讲话为高校开展社会主义核心价值观教育明确了方式和方法。基于此,高校教育者可通过理论教学、实践养成、质量评价、效果展示等为抓手,全面深化社会主义核心价值观教育。

首先,理论教学模块即运用创新的理论教学模式辅助大学生认识社会主义核心价值观。该模块是传统理论教学内容的补充,用较少的时间、较便捷的方式、较有趣的内容为学生补充较小的知识点。其次,实践养成模块搭建适应学生精神需求的活动平台,辅助大学生加深对社会主义核心价值观的理解。主要从案例分析入手提高辨别是非的能力,从社会公益入手提升基本伦理意识,从技能培训入手强化理性认知和感性升华,从行为规范入手营造良性文化氛围。再次,质量评价模块通过调查问卷、单独访谈以及网络数据分析对大学生社会主义核心价值观的形成和养成进行实时掌握,以便考察教育的效果和教育的薄弱环节。另外,在实践养成方面,从热点问题讨论、时事焦点分析等舆论导向进行有价值的质量评价,是对社会主义核心价值观教育效果的预判,也是调整教育重点方向的参考。最后,效果展示模块即运用典型事迹和榜样力量来修正大学生对社会主义核心价值观的认知偏差。以典型案例、榜样引领等身边故事进行有倡导的效果展示,分别围绕理论教学、实践培养各次级模块建构起故事库,突破原有核心价值宣传的既定模式,将注意力重心转移至新媒体领域,用大学生真正"喜闻乐见"的方式展示属于他们自己的昂扬青春,在校园内营造学习榜样、积极践行核心价值观的文化氛围。

4.高校社会主义核心价值观教育的外部环境导向机制运行

培育和践行社会主义核心价值观,要与人们日常生活紧密联系起来,使人们在实践中感知它、领悟它,达到"百姓日用而不知"的程度,使之成为人们日常工作生活的基本遵循。[10]这离不开环境的熏陶和感染。从生态学角度,高校社会主义核心价值观教育产生的一切活动受到外部环境的影响,同时也反作用于外部环境。教育主体、教育客体和教育介体都与触发教育的环境相互作用,都在教育环体的外部环境机制下进行相互作用。

外部环境机制中,社会主义核心价值观应以优良传统文化为根源,以多种渠道、多种形式得以广泛传播,教育者则应当致力于帮助学生解读政策导向性文件精神,通过实践活动感知社会环境下的社会主义核心价值观教育氛围,将正向的社会文化与富有特色的校园文化有机结合,最大限度地发挥高校思想政治教育功能。习近平同志在北京大学师生座谈会上曾寄语青年一代:"既要专攻博览,又要关心国家、关心人民、关心世界,学会担当社会责任。"[11]学生更应该通过多种方式加深对社会主义核心价值观的认识和理解,并指导自己的思想与言行,积极践行社会主义核心价值观。作为大学生成长历程中的主要环境,每一个家庭都必须清楚国家的发展需要,跟得上时代前进的步伐,配合好学校教育,使社会主义核心价值观深深扎根于大学生群体。

高校大学生是保证国家持续发展的重要人力资源,是实现"民族复兴"伟大中国梦的希望。国家的前途与命运和他们的思想水平、价值观念密不可分。作为大学生社会主义核心价值观教育的主阵地,高校应积极面对中国社会改革转型期间,大学生出现的理想信念淡化、价值观念混乱、道德水平下降等问题,不断加强大学生社会主义核心价值观教育的理论研究,并探索出一条适合本校学生的社会主义核心价值观教育实践之路,将价值观教育渗透于学生学习、生活的每一个环节,使学生将社会主义核心价值观内化于心,外化于行,在践行社会主义核心价值观的过程中肩负起国家昌盛、民族复兴的伟大历史使命。

参考文献

[1]习近平.决胜全面建设小康社会 夺取新时代中国特色社会主义伟大胜利——在中国共产党第十九次全国代表大会上的报告[N].人民日报,2017 - 10 - 28.

[2]丁莉婷.新时期大学生社会主义核心价值观培育[J].高校辅导员,2017(1).

[3]凌烨丽.思想政治教育生态理论研究述评[J].思想政治教育研究,2011(6).

[4]李洪远.生态学基础[M].北京:化学工业出版社,2006:12.

[5]李晓蕾.高校思想政治教育生态系统建设研究[D].哈尔滨:哈尔滨工程大学,2012.

[6]中共中央宣传部.习近平总书记系列重要讲话读本(2016年版)[M].北京:学习出版社,人民出版社,2016:190.

[7]习近平.把思想政治工作贯穿教育教学全过程,开创我国高等教育事业发展新局面[N].人民日报,2016-12-08.

[8]中共中央宣传部.习近平总书记系列重要讲话读本(2016年版)[M].北京:学习出版社,人民出版社,2016-04:192.

[9]习近平.把培育和弘扬社会主义核心价值观作为凝魂聚气强基固本的基础工程[Z].习近平在中共中央政治局第十三次集体学习上的讲话,2014-02-24.

[10]中共中央宣传部.习近平总书记系列重要讲话读本(2016年版)[M].北京:学习出版社,人民出版社,2016:92.

[11]习近平.习近平谈治国理政[M].北京:外文出版社,2016:172.

基金项目

2016年教育部人文社会科学研究专项任务项目(高校思想政治工作)资助项目《大学生网络微教育的"正能量"生态系统培育机制研究》成果之一,项目编号为:16JDSZ3048。

主体间性思想政治教育在高校学风建设中的应用研究

谭琦[*]

摘　要：学风建设是学生在校学习的整体精神面貌和行为风尚，是评估高校人才培养工作和教育教学工作质量的重要参考。应用主体间性思想政治教育的"主体—客体—主体"模式理论，以高校学生工作干部，学风建设内容、方法和环境，以及学生为着力点，可以有效提升高校学风建设效果。

关键词：学风建设；主体间性思想政治教育；应用

学风是学生在校学习过程中所表现出来的精神面貌，是学生在学校中经过长期的教育和影响逐步形成的行为风尚。学习风气是一种无形的力量，它通过潜移默化的作用方式，对人才培养质量起着重要的作用。高校学风建设是高校育人工作和精神文明建设的一个重要组成部分，也是评估高校教育教学质量的重要参考。优秀的学风对于创建高水平研究型大学有着至关重要的意义和关键性作用。主体间性思想政治教育把教育者和受教育者看作平等的主体，建构起"主体（教育者）—客体（教育资料）—主体（受教育者）"模式，协同发挥主客体之间的相互作用，可为高校学风建设实践提供有效的对策。

---

* 谭琦，1984 年出生，辽宁省开原市人，哈尔滨工程大学水声工程学院学工办主任、副教授，博士，研究方向思想政治教育和党建研究。

一、主体间性与主体间性思想政治教育

思想政治教育过程是教育者根据一定社会的思想政治要求和受教育者思想政治素质形成发展的规律,对受教育者施加有目的、有计划、有组织的教育影响,促使受教育者产生内在的思想矛盾活动,以形成一定社会所期望的思想政治素质的过程。[1]传统的思想政治教育过程构成主要包括教育者(主体)、受教育者(客体)、思想政治教育的内容和方法(介体)、社会环境及其所提供的教育支撑条件(环体)四个因素,[1]四个因素之间相互作用和变化发展。这种主体性思想政治教育主要是指教育者向受教育者施以单向性影响的活动,而单方面的唯教育者主体必然导致思想政治教育过程的单向灌输,缺乏二者之间的双向互动,容易忽视受教育者的自主性、能动性和创造性的发挥。20世纪以来,西方哲学家为了摆脱主体性主客二分、偏激、片面的困境,提出主体间性一词。现象学大师胡塞尔在《笛卡尔式的沉思》中,首次提出主体间性,认为每个人都是一个"自我",这些自我拥有一个共同的世界,自我与他我通过拥有共同世界而形成一个共同体,单一的主体性也因之而过渡到主体间性。海德格尔认为主体间性是主体与主体之间的共在,是我与他人之间生存上的联系,是我与他人对同一客观现象的认同。哈贝马斯认为,主体间性是人与人在语言交往中形成的精神沟通、道德同情、主体的相互"理解"与"共识"。[2]张耀灿认为,主体间性既是一种自我与他人共在、个体与社会共在的关系,又是一种将人与人之间关系置于相互倾诉和倾听内心世界、尊重、同情、设身处地、将心比心的关系。主体间性思想政治教育以马克思主义哲学的主体间交往思想为指导原则,借鉴了中西方对主体间性的研究理论成果。任平在《交往实践与主体际》《交往实践的哲学——全球化语境中的哲学视域》等书中提出"主体—客体—主体"模式,即将教育者与受教育者都作为思想政治教育的主体,二者构成"主体—客体"关系,又将教育者与受教育者都作为思想政治教育的主体,与共同的教育资料客体构成"主体—客体"关系。[3]这样的思想政治教育即为主体间性思想政治教育。

主体间性思想政治教育具有如下三个特征:一是教育者与受教育者是

共同的主体间的存在方式;二是教育者与受教育者之间是主体间的交往活动;三是教育者与受教育者之间能够相互理解、能够换位思考。

二、主体间性思想政治教育与学风建设效果的内在联系

1."教育者"主体

在高校学风建设工作中,学生工作干部担当着教育者、执行者和服务者的角色。要建设优良学风,一支执行力过硬、服务到位的学生工作干部队伍能够起到关键性的作用。专职辅导员、班主任是学生工作干部队伍的中坚力量,这两支队伍直接关系到学风建设各项措施的执行力度和落实程度,直接关系到人才培养的最终效果。要建设优良的学风、培养一流的人才,过硬的学生工作队伍是其中重要的执行力量。而辅导员作为学生干部中的专职思想政治教育教师,又是学风建设工作中最主要的教育主体,因此,高校应着力加强辅导员、班主任两支队伍建设,特别是辅导员队伍建设,把学风建设工作作为学生工作干部队伍的中心工作加以认真贯彻落实,才能有效提升学风建设效果。

2."教育资料"客体

在高校学风建设工作中,教育资料主要包括学风建设的内容、方法和环境,即传统思想政治教育中的介体和环体。对于学生工作干部,引导激励优秀学生,并为他们提供发展平台,帮助学业存在困难学生,防止他们掉队,同时带动中间学生;针对学生容易"跟风"的特点,形成年级、班级、寝室的浓郁学习氛围,这对于打造优良的学风非常重要。因此,学风建设的内容和方法可以分为以下两个方面:一是以优秀学生的目标激励和引导学生,使他们形成自我规划的能力、自主学习的动力;二是以严格执行管理制度体系约束和指引学生,使学生有章可循,知道哪些事情该做、哪些事情不能做、哪些事情可以选择做,防止大量自由时间的虚度。学院学生工作应依据学校相关规定,结合自身实际情况,制定相关规章制度,并不断补充、完善,最终形成比较完善的管理制度体系。目标引导和制度严管,二者相得益彰、互为补充,既能体现人本化、个性化的人文关怀,又有规范化的制度约束,可为良好学

风的形成提供充足的动力和坚强的保障。

除了恰当的内容、方法以外,学风建设的优秀环境能够对学生起到熏陶渐染的作用,并决定了学风建设的层次和高度。讲学习、重学风的大学文化、优秀的师德师风、雄厚的科研实力、强大的师资力量、浓郁的学术氛围、良好学风的传承及同学之间所起的促进作用,可以使学生不由自主地完成"学习角色从高中生到大学生、学习态度从消极到积极、学习目标从模糊到清晰、学习动力从被动到主动"的转变。

3."受教育者"主体

学生是高校学风建设的受教育者,也是"主体—客体—主体"模式中重要的"主体"因素。只有充分发挥学生的主体性,使他们达到对学风建设目的、内容的价值认同,进而能动地自教自律,才算是真正达到了学风建设的目的。因此,高校学风建设工作应致力于帮助学生养成自动自觉的良好学习习惯,时刻都把"以学生为本""一切为了学生全面发展和健康成长"的理念融入每一步工作中,为学生的成长、成才提供条件、创造环境、搭建平台。只有充分关注学生的主体需要,才能使教育主体和教育资料客体有发力的对象,才能不断优化和改进学风建设的内容、方法、环境,及时应对大学生群体不断出现的新情况、新问题,提高高校学风建设的针对性和实效性。

三、"主体—客体—主体"模式下学风建设的路径选择

1.提升学生工作干部队伍的职业道德、业务素养和服务意识

学风建设成果的显现需要一定的周期,因此具有一定的潜隐性。高校要坚持全员育人的理念,将党政主管学生工作校领导、院领导、辅导员、班主任及相关行政人员都纳入学风建设工作队伍之中,而且应特别注意发挥专职辅导员、班主任这两支学生工作干部队伍的作用。专职辅导员是与学生接触最为密切,完成学风建设相关工作最为直接的队伍。学风建设取得成效与否以及取得成效的水平,除了必要的体制机制保证以外,更重要的是辅导员在具体的工作中能否执行、落实到位。辅导员应对学风建设和人才培养有清醒的认识和准确的定位,那就是"好的学风不是天生的,学生入学成

绩高也不代表他一定能顺利成才"。优秀学风要靠真抓实干才能取得成效。因此,对学生工作干部特别是专职辅导员应进行岗前培训,并定期进行工作交流、工作总结与业务培训,帮助其解决实际问题。对学生工作干部的要求大致可包括以下四点:①对学校、学生、家长要有高度的责任感和使命感;②要注重自身素养的提高,以优秀的师德师风为全体学生做出表率;③要把学风建设作为自己工作的主线,把培养高素质人才作为自己工作的目标,时刻不能忘记;④在工作中要有认真、踏实的态度,一丝不苟地落实工作。而辅导员、班主任在工作中由于角色不同,也应密切配合,甚至可以一个柔和、一个严厉,互通有无、相得益彰。

此外,学生工作干部要不断提高自己的服务意识,努力将学校、学院的各种有利条件用于学风建设上、用于培养学生上。假如学生课程学习出现问题,学生工作干部要主动与任课教师沟通,联系答疑、组织学生复习;在学生备考大学英语四、六级的过程中,学生工作干部要联系老师辅导、组织和带领学生进行晨读、模拟考试、制订复习计划;在培养学生创新能力方面,学生工作干部要联系指导教师和实验室,为学生提供便利条件等。

2. 实现学风建设内容、方法、环境的有效整合

一是目标牵引。低年级大学生最容易出现的问题是学习目标不明确导致学习动力不足,从而出现网瘾、长时间逃课甚至心理障碍等问题。学院可以立足于自身的学科特色和专业方向,以培养方案为依托,采用典型引路的方法,由学生工作干部、教务部门和优秀学生代表共同绘制"某学院成长路线图",或制订"综合考评体系"等测评方案,帮助学生找到适合自己的目标和学业发展道路,为学生的学业发展提供方向和动力。哈尔滨工程大学水声工程学院选取年级、班级、个人层面的优秀典型,包括在学习、科创、学生社团组织的表现突出的学生代表,分析指标完成情况,总结提练,逐级建立指标,形成本科生年级、班级、学生个人等不同层次的发展规划和目标,"标准化指标考核体系",形成"年级、班级(寝室)、个人标准化指标考核模式",为学生提供多元化学业发展方向并激发其内在发展动力。学院以辅导员、班主任、班长为引领,形成本科四年规划;以班主任为引领,班委会为载体,

形成班级规划和管理办法；以个人为单位，形成个人成长计划。通过大学生涯规划教育、撰写"个人成长规划书"、文明礼貌教育和组织志愿服务等方式，帮助学生形成"正直文明、志存高远、积极乐观、勇于担当"的做人品格；通过明确班级干部的角色定位和职责、定期召开班长支书例会、召开班级总结会和进行就业指导等班级干部培训方式，帮助学生形成"正直文明、志存高远、积极乐观、勇于担当"的做事品格；通过水声基金奖学金的激励和科创与社团活动引导等方式，帮助学生形成"习惯优秀、基础牢靠、能学善用，成为'精英人才'"的做学问品格。

二是制度管理。制定科学、严谨、有效的管理制度体系。在高校学风建设工作中，除了过硬的学生干部队伍以外，完善的管理制度体系也能够发挥坚实的保障作用。学院应结合自身实际情况，制定学风建设相关规章制度，如自习制度、晨读制度、查课查寝制度、电脑使用制度等，这样既能使学生有章可循，也能防止大量自由时间的虚度。在完善的管理制度体系和认真贯彻落实的作用下，学生容易养成遵规守纪、重视学习的好习惯，最终形成学习兴趣浓、学习主动性强、学习效果好的良好学风。

三是环境熏陶。首先，学校领导要高度重视，整体布局。学校领导应把学风建设作为一项长期的重点工作，作为学生工作的主线，常询问，常指示，不断加强学风建设方面的指导与支持。应定期专门组织学风建设汇报并到学院了解情况，指导下一步工作，使学院的学生工作队伍明确目标、增加干劲，不断提升学风建设工作的动力。其次，学院应系统规划，做好激励。学院领导班子要将学风建设作为学院工作的主题和学生工作的核心，给予高度重视和极大支持。学院要反复强化全员育人、全过程育人的人才培养理念，在学生工作干部队伍建设中，在每一名辅导员和班主任上岗前都制订全面、详细的培训计划并切实开展；定期召集学生工作干部汇报近期工作，找出问题，总结成功经验；并且在学生工作特别是学风建设上给予物质、精神两方面的鼓励和支持，使学风建设工作得到良好保障，最终得以充分开展。最后，要提升科研实力，练好内功。学校、学院的学科建设水平、软硬件设施建设、师资力量、科研经费与项目数量、学术氛围等都是吸引优秀生源的重要指标。如果学生在求学期间可以接受国内外知名教授的传道、授业、解惑;在毕业设计期间可以得到实际工程项目的锻炼;在配备齐全的实验室可以培养自己的创新意识和创新能力,就可以极大地满足学生在学习上的要求,为他们成长、成才提供帮助,为学风建设提供大环境上的支持。学风建设是一项系统工程,关系到学校、学院上下各个方面,不是单凭一个部门或几个人就可以完成的。因此,全校上下都应重学习、重学风,才能够使学风建设工作在各方面合力的促进下顺利进行。

3. 做好大学适应性教育,激发学生学习和发展的内在动力

把握学生需求、激发学生学习动力,应主要以低年级学生为关注点和着力点,做好大学前两年的适应性教育,使其早日消除迷茫感,走上积极自主学习的发展轨道。新生入学教育是大学适应性教育的关键时期,辅导员应会同班主任认真策划并组织学院新生入学教育工作,积极邀请专业领域的专家、大师为新生进行专业入门教育,了解专业发展、应用与前沿问题,上好大学"第一课";通过年级、班级各种单元的就业指导、大学生涯规划团体辅导等各种教育形式,帮助他们尽快适应大学生活,减轻迷茫感,帮他们从一开始就对自己的大学学业发展道路有一个初步规划;使他们了解并认同学习成绩、英语四六级、计算机等级考试、毕业设计、考研对自己今后就业乃至整个人生发展轨迹的重要性,从而树立应当将学习作为自己的重要任务的学业发展信念。每个学期初可以以班级为单位进行学习总结会。例如,哈尔滨工程大学水声学院低年级本科生班级的学习总结会是每个学期初必有的特色活动,已经在十余届的本科生年级中坚持进行至今,并已经推广至全校各本科班级。班级总结会给了班级每个同学畅所欲言的舞台,可以说学习、说生活、说友谊、说希望、说感谢、说意见……辅导员和班主任在会上和同学坐在一起分析大家存在的问题,共同提供或商量解决问题的办法,每次班级总结会都要持续三四个小时,有的同学情到深处热泪盈眶……通过班级总结会,学生工作干部可以深入了解学生的关注点、困惑及状态,很容易就能有的放矢地采取措施做好教育、指导和服务。通过很多类似的活动及日常交流,发挥学生工作干部管理者、教育者、指导者、服务者的角色,为学

生的成长、成才助力。

参考文献

[1] 张耀灿,等. 现代思想政治教育学[M]. 2 版. 北京:人民出版社,2006.

[2] 邱伟光,张耀灿. 思想政治教育学原理[M]. 北京:高等教育出版社,1999.

[3] 张耀灿. 思想政治教育学前沿[M]. 北京:人民出版社,2006.

新形势下高校留降级学生精准帮扶模式研究

孙安斗　曲直*

摘　要:近年来,一些高校留降级学生所占比例逐年上升,教育管理难度不断加大,收效甚微。本文遵循教育的基本规律,结合工作实践,总结了留降级学生产生的原因,指出了留降级学生教育管理工作中的难点,并对如何提高留降级学生教育管理效果提出了自己的见解:建立以因材施教为原则,以学业援助为内容,以个性化分类指导为方法的高校留降级学生精准帮扶新模式。通过解决他们的实际困难,来实现解决思想问题与解决实际问题相结合。

关键词:留降级学生;精准帮扶;学业援助

伴随高等教育从精英化向大众化转变,高校招生规模不断扩大,由于种种原因,在为社会培养了大量高素质人才的同时,部分高校内部也产生了一个特殊群体——留降级学生。留降级是学生的烦恼,也是学校的担忧。针对此情况,各高校都加强了对留降级学生的教育、管理及帮扶,以期培养留降级学生成为社会的有用之才。但目前来看收效甚微,留降级学生群体有扩大的趋势。

---

* 孙安斗,1980 年出生,黑龙江省哈尔滨市人,哈尔滨工程大学信息与通信工程学院学工办主任、讲师、硕士,研究方向思想政治教育。

曲直,1987 年出生,黑龙江省哈尔滨市人,哈尔滨工程大学信息与通信工程学院辅导员、讲师、硕士,研究方向思想政治教育。

习近平同志在全国高校思想政治工作会议上指出:"要做好高校思想政治工作,要因事而化、因时而进、因势而新。要遵循思想政治工作规律,遵循教书育人规律,遵循学生成长规律,不断提高工作能力和水平。"进入新时代,中国人民的美好生活需求日益增长,高校留降级学生的主要需求是顺利完成学业,这也是他们获得美好生活的主要途径之一。中央 31 号文件要求,要把解决思想问题与解决实际问题结合起来,做到既讲道理又办实事,加强学生学业就业指导,帮助大学生顺利完成学业。因此,本文基于因材施教原则,以学业援助为内容,个性化分类指导为方法,探索高校留降级学生精准帮扶模式,以期帮助留降级学生顺利完成学业,助推其实现人生梦想。

一、高校留降级学生教育管理的现状

目前,大多数高校对留降级学生的教育管理模式是制度管理。针对留降级学生制定了一系列规章制度,如建立考勤制度、宿舍管理制度、定期汇报制度、班主任辅助管理制度等[6]。这些规章制度对于加强留降级学生的管理起到不可替代的积极作用。但就现实情况来看,规章制度的作用趋于管理,相关教育作用较小,留降级学生完成学业依然困难重重。

近年来,学术界也对学生留降级后的教育管理问题进行了大量研究,但大都首先从方便学校管理的角度出发,如建立各种制度等。其次才是从对学生的关怀与帮助角度去研究,这不符合以学生发展为本的教育理念。此外,一些研究者在论述留降级学生教育管理问题时,经常使用"转化"一词,这是不贴切的。留降级学生只是自身学业遇到困难需要帮助的群体。目前留降级学生教育管理中存在的主要问题是,对留降级学生的心理特征和个体差异没有给予足够的关注。高校思想政治工作者,应该分析个体的差异,采取因材施教的方式对留降级学生完成学业进行精准帮扶。

研究成果方面,已有的一些研究成果大都以"体系""对策"等宏观的、抽象的理论形式存在,对高校留降级学生教育管理工作有一定指导意义。但这些"体系""对策"中的措施在实际应用中又缺乏实践操作性,针对学生个体难以产生实际效果。

二、高校留降级学生产生的原因

致使高校学生留降级的原因很多,而且较为复杂,有时学生留降级不是单一因素造成的结果。[1]归纳起来可分为以下四个方面。

1. 社会方面的因素

改革开放至今,中国社会在变化和革新中不断发展向前。现在的大学生了解知识或思想的途径有很多,学生再也不像一张白纸,在有些方面甚至比老师懂得还多,他们进课堂前会受到社会或家庭的影响。[2]金钱至上论等不良思想经常冲击着他们的价值观,加上对一些教师的传统教育观念和方法有自己的想法,很容易产生逆反心理。

2. 家庭方面的因素

现在这一代的学生家长,由于自身的教育成长经历和教育背景,对孩子的教育有自己的思考,而有些思考和学校传统教育是背道而驰的,他们对教育"苦"的理解和对孩子的溺爱,使一些学生很难适应传统的学校教育方式。另外,一些家长对孩子"看管"或"主导"式的教育管理方式,使学生失去自我,产生很强的逆反心理,总想做出一些与家长的"希望"相反的行为。

3. 学校方面的因素

目前,中国的中学教育还是以升学率为目标的应试教育为主,学校和教师对学生管理极为严格,学生已适应任课教师的教学方式,在无形中依赖于教师的管理学习,而不是自主学习。另外,高中教师为了勉励学生奋进,把大学描绘得很自由。然而,在大学教育中强调的是学生的自主学习、自我管理,并没有像中学那样多的强制性学习与管理。如果学生缺乏学习的主动性和自主学习的主动意识,就会无法快速适应大学学习的快节奏和新特点,导致在同年级同学中掉队,直至多门学科考试不通过而留降级。[3]另外,一些学校考试制度也存在弊端。[4]

4. 学生自身因素

造成学生留降级的学生自身方面原因较多,主要包括以下方面。首先,角色转换不成功。高中的学习经历使学生已经适应了被动的学习方式,养成了对老师的依赖,这种依赖一旦消失,他们会变得很不适应,缺乏学习的主动性。其次,学习目标缺失。高校学生在读高中时的目标相对明确,大家都有相同的奋斗目标,就是考取满意的大学。而当考取大学这个目标初步达成之后,很多学生不知道在大学要干什么。再次,自制能力差,网络成瘾。学生刚刚离开父母、老师的管辖,进入大学这个相对自由的空间。加之高校对学生网络管理较为松散,部分学生上网成瘾,迷恋网络游戏、网络聊天,保证不了学习状态。最后,心理协调能力差。有的学生曾是高中时期学习上的佼佼者,然而步入大学后却发现很多学生学习很好,学习压力很大,几次努力都没有体现自己的优秀后,便产生自卑心理,从此一蹶不振,成绩快速滑落。还有部分同学在高中时期没有体验过住校的集体生活,无法在短时间内适应大学的生活氛围,将生活中的琐事、烦恼情绪带入学习生活中,无法保证学习状态和学习效率。[5]

三、以因材施教为原则,学业援助为内容,个性化分类指导为方法的高校留降级学生精准帮扶新模式

对留降级学生教育管理收效甚微的原因必然是教育理念、教育方法或

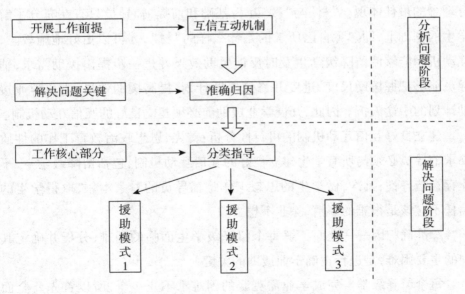

图3　留降级学生个性化学业援助工作流程图

教育措施运用不正确,没有把解决思想问题与解决实际问题结合起来。留降级学生教育管理的难点在于,不同学生留降级的原因各不相同,后面临的境况也各不相同,使用统一的教育管理方法难以产生效果。学生客观存在的个体差异,要求教育工作者在思想政治教育过程中必须贯彻因材施教的原则,因材施教要从教育内容、工作方法、工作态度等方面入手。在进行留降级学生学业援助时,全面分析影响学生完成学业的各方面因素,准确判定其需要克服的主要困难,然后再采用有针对性的学业援助方式,精准帮扶,解决他们的实际困难,以此来将解决实际问题和解决思想问题的工作思路相结合。现以辅导员工作为例,谈一下如何建立基于因材施教原则的留降级学生精准帮扶模式。

1. 互信互动——与留降级学生建立良好的互信互动机制,是开展学业援助的前提和保障

如果辅导员与留降级学生之间不能互相信任,是无法进行坦诚沟通和交流的,那么辅导员也就无法了解学生的真实情况,学生也不会配合辅导员的援助计划,学业援助无法开展。因材施教是辅导员和学生加强互动的教育理念的最佳体现。"材"与"教"互为基础和前提,辅导员只有在充分了解学生的基础上,即熟悉自己所教的是什么样的"材",才可以更好地施教。[8]互动机制能够使留降级学生及时反馈援助效果并进一步提出援助需求,辅导员能够把握援助尺度、进度并修订援助计划,提高援助效果,避免学业援助计划的中途夭折。因此,开展学业援助前必须建立良好的互信互动机制。

建立良好互信互动机制的可行性分析:首先,思想政治教育工作的性质要求辅导员必须与所有学生建立良好的互信互动机制,包括留降级学生,不能存在选择性;其次,做学生的思想工作是辅导员的看家本领,取得学生的信任不应该是很难的事情,除非不想去做。

2. 准确归因——全面了解每个留降级学生面临的困难,分析并确定其中的主要困难,是进行正确学业援助的关键

每个留降级学生完成学业需克服的困难都不止一个,所以首先要全面了解学生面临哪些困难,分析这些困难对学生产生的影响,确定哪个困难是

影响学生学业进步的主要困难,然后才能对症下药,选择适合的援助模式。

准确归因的基本方法:

(1)学生诉说为主,辅导员适当引导。这样可以掌握更全面信息。切忌始终采用一问一答式。

(2)综合分析,准确归因。确定影响学生完成学业主要因素时,要根据学生本人判断,结合辅导员掌握的其他信息(来自班级同学、班主任、任课教师等)来综合分析,同时最好观察一段时间再定结论。切忌辅导员主观"当机立断"。

(3)涉及比较专业的问题一定要请专业人员参与,如心理问题、职业规划问题等。

3.分类指导——建立个性化的援助模式,是实现学业援助有效性的保证

影响留降级学生完成学业的因素很多,而且较为复杂,本文暂以是否具有"目标"为划分标准,具体谈一下建立个性化的学业援助模式的方法。

(1)目标缺失型学生学业援助模式:"树立目标 + 学业规划 + 学习助教"

这类学生缺乏人生目标,对未来信心不足。正是由于缺乏理想和追求,他们找不到学习生活的乐趣所在,每天不知道该干什么,得过且过,思想空虚,甚至悲观消极,逃避现实,沉迷网络。

树立目标:首先请资深专业教师进行专业发展前景介绍,然后进行本专业毕业生就业情况介绍,有条件的甚至可以请发展较好的毕业生回校进行专题讲座。目的是使留降级学生增强对本专业的信心,重新树立人生目标。

学业规划:可请具有相关专业知识的人员帮助学生做学业规划,也可采用"典型引导"的方法,帮助学生先模仿某一优秀学生的学业规划拟出学业规划,然后再根据实际情况进行规划调整。

学习助教:这一措施旨在帮助学习能力弱或者不及格科目较多"积重难返"的学生,也适用于自控能力差,需要监督帮带的学生。学习助教可从学生党员中选配。

（2）目标明确但"不作为"型学生学业援助模式："端正态度＋课堂考勤＋集中自习"

这类学生一般自控力差，意志不坚定，易受外界因素影响，坐不住，心情浮躁，不能专心学习。有的愿意自我放纵，然后心存侥幸心理，觉得期末突击复习也能顺利过关。

端正态度：做学生思想工作，使其意识到学习态度不端正的严重危害。这一工作如果学生家长参与进来，效果会更好。

课堂考勤：针对学生"管不住自己"的情况，要求任课教师对他们进行经常性考勤和课堂提问，以提高他们的课堂学习效果。

集中自习：实践证明，对于习惯了高中监督式学习方式的学生，集中自习是能够提高他们学习成绩的。在集中自习时还可以设立学习助教，为他们学习辅导。

（3）目标明确但做"无用功"型学生学业援助模式："心理辅导＋融入班级＋学习助教"

有目标但做"无用功"的情况有两种，第一种是在留降级后怕被别人另眼看待，而不愿与老师、同学之间交流，或受到同学的讥讽与家长的责骂惩罚，因而自尊心受到挫伤，渐渐丧失自信心、上进心，形成封闭自卑心理而影响学业。第二种是学习能力弱或者存在偏科现象，某些科目不及格后多次考试仍不通过；书看了很多遍后，再看就会厌倦烦躁；随着年级的升高，新科目逐渐多起来，就会感觉背了很重的包袱，越学越累，压力越来越大，导致最后全部放弃。

心理辅导：第一种情况必须要请专业的心理辅导教师帮助其走出留降级的心理阴影，学会坦然面对现实，消除自卑心理。第二种情况也需要通过心理辅导的方式帮助其消除对某些科目的恐惧心理，鼓励学生坚持到底，决不放弃。

融入班级：针对有封闭自卑心理的学生，可以通过组织团体心理辅导活动的方式帮助他们融入新班级，结识新朋友。班级干部一定要多关心帮助这些学生。

学习助教:对于有封闭自卑心理的学生,配备学习助教不仅可以帮助解决学习困难,还可以让他们结交新朋友。对于学习能力弱或者存在偏科现象的学生,配备学习助教是必须采取的措施。

高校存在留降级学生这一事实将长期存在,如何做好教育和管理工作是一个不能回避的问题。党的十九大报告指出,全党要关心和爱护青年,为他们实现人生出彩搭建舞台。青年一代有理想、有本领、有担当,国家就有前途,民族就有希望。只有按照教育的基本规律,从解决学生完成学业的实际困难入手,建立个性化的学业援助模式,整合各方面力量,实施精准帮扶,才能把留降级学生的教育管理工作做得更好,才能为新时代中国特色社会主义建设培养更多优秀人才。

参考文献

[1]纪美静,梁雪莲,刘长亮.高校留降级学生的管理与转化探析[J].华章,2012(11).

[2]付园,杨长青.高校留降级学生问题分析及对策研究[J].民营科技,2010(10):42-42.

[3]任莉,王季春,车福才,等.大学新生留降级现状分析及对策研究[J].教师教育学报,2005,3(2):136-138.

[4]陈梦,李明,赵东磊,等.对高校留级生管理问题的若干思考[J].价值工程,2010,29(17):187-189.

[5]李妩祎,丁颢.探析留降级学生教育和管理的新思路[J].中国科技博览,2010(7):11.

[6]王学斌,万兰芳.论高校留级生教育管理体系的构建[J].中国电力教育,2009(7):192-193.

[7]吴为民.高校学生思想政治教育中的因材施教[J].教学与研究,2002(12):60-62.

[8]赵雪江.道德教育因材施教的现代意蕴之新论[J].现代教育管理,2005(11):79-81.

思想政治教育对荣誉教育的重要性探究
——以哈尔滨工程大学陈赓班为例

夏琳琳[*]

摘　要:荣誉教育是中国高校在培养精英型创新人才方面的重要教育形式,思想政治教育在高校育人过程中发挥着重要的作用,在荣誉教育的过程中思想政治教育的重要性更加不容忽视。以哈尔滨工程大学陈赓班为例探究思想政治教育对荣誉教育的重要作用,可以为高校在荣誉教育过程中发挥思想政治教育的作用提供借鉴。

关键词:荣誉教育;思想政治教育;陈赓班

荣誉教育是 19 世纪美国顶尖本科学院——斯万斯莫尔学院校长弗兰克·艾德洛特最先提出并付诸实施的。荣誉教育"是指专门为优秀拔尖的,具有高水平、高能力的本科生设计的个性化教育模式,也是在大众化教育时代以培养精英人才为目标的教育形式",培养的是综合素质出众、具有创新思维的拔尖创新人才。改革开放以来,随着对创新人才的需求增加,中国高校在探索拔尖创新人才培养的过程中,逐步建立了一些荣誉项目或学院,对优秀学生实施荣誉教育,尤其是在"珠峰计划"实施以后,荣誉教育更是发展十分迅速,并逐渐成为培养我国拔尖创新人才的新形式。2008 年,哈尔滨工程大学设立陈赓班,拉开了哈尔滨工程大学荣誉教育的帷幕。

---

　*　夏琳琳,1985 年出生,山东省新泰市人,哈尔滨工程大学理学院辅导员、讲师,硕士,研究方向思想政治教育和学生事务管理。

在党的十九大报告中,习总书记指出"青年兴则国家兴,青年强则国家强,青年一代有理想、有本领、有担当,国家就有前途,民族就有希望""中国梦是我们这一代的,更是青年一代的""全党要关心和爱护青年,为他们实现人生出彩搭建舞台"。身处新时代,青年的分量由此可以得出。大学生作为青年一代中有知识、有才华的一部分,应该承担起祖国的重托、民族的希望,荣誉教育体制下的学生更是如此

思想政治教育工作是高校育人体系中至关重要的一部分,在当今高校向培养创新人才发展的潮流下,思想政治教育对创新人才的培养具有不可小觑的作用。将思想政治教育贯穿于荣誉教育过程中,充分发挥思想政治教育在精英型人才培养过程中的重要作用,是荣誉教育中培育人才的重要环节。

一、思想政治教育的导向作用

对于荣誉教育体制下的学生来说,大学不仅要学习和积累专业知识,更重要的是养成正确的人生观、价值观。思想政治教育对大学生的人格形成具有重要的导向作用。通过思想政治教育可以帮助大学生树立正确的人生观、价值观,形成为他人服务、为社会贡献的价值目标。

在荣誉教育体制下培养精英型人才,必须要加强思想政治教育,如果思想政治教育跟不上,也不可能为建设社会主义创新型国家服务。

哈尔滨工程大学陈赓班非常重视学生的思想政治教育,在开学之初,会安排学生集体观看学校大型纪录片《哈军工》,以了解学校建校、发展历史,感受建校初期革命前辈奉献的精神,通过历史重现增加学生作为陈赓班学员的荣誉感和责任感。

陈赓实验班相继开展一系列思想政治教育活动,如通过参观船舶博物馆、陈赓展览厅,聆听知名专家讲座等形式了解学校历史、陈赓大将生平,加深学生爱校热情;通过参观日军第731部队罪证遗址,参观东北烈士纪念馆,扫墓,参加陈赓大将纪念活动等形成加强学生的爱国热情。爱国主题思

想政治教育可以使学生从思想上得到提高,树立为国家为社会贡献的决心,只有这样,才能在荣誉教育过程中朝着社会需要的方向发展,把服务于民族进步、国家发展作为人才培养的出发点和根本归宿。陈赓班还通过党建工作加强学生的思想政治教育,在学生党员队伍建设过程中,加强学生对优秀共产党员事迹的学习,通过身边典型事迹增加学生对党的认识,增加学生作为党员的使命感和荣誉感。从而提高学生的思想修养,树立更高的人生目标,通过系列思想政治教育引导学生向精英人才方向发展。

二、思想政治教育的动力作用

传统的高校评价体系中多以考试为手段,侧重对学习成绩结果的评价,忽略了学生能力和思维方式以及创新素质的形成过程,这极大地制约了精英人才的培养。因此,为了更好地促进精英人才的培养,必须要摒弃原有的各种限制,构建能够对大学生具有导向作用的评价体系。

对于荣誉教育体制下的学生而言,大部分学生的学业成绩相差不大,而综合表现却明显的差别。所以为了体现思想政治教育在荣誉教育中的动力作用,在构建多元化评价体系时,一是在评价方式上增加学生学业成绩之外的综合成绩的比例;二是在评价体系的构建上不仅对学生取得创新成果给予奖励,对学生参与创新过程也给予适当奖励;三是改变评价主体,由原来的由教师评价转变为由教师、学生测评小组、学生自身共同评价,使得评价体系成为精英人才培养的动力。

除了构建多元的评价体系之外,建立创新激励机制也是对高校创新人才培养的重要动力。创新激励机制是对学生创新思维、创新能力的肯定,对创新成绩突出的学生进行奖励既可以强调榜样的力量,又可以鼓励学生积极参与竞争。

哈尔滨工程大学陈赓班在学生的综合测评体系中,加大了学生在学术、实践、奉献等方面的考核力度,并根据学生所处年级不同对各方面所占考核比例进行调整,从而引导学生向这些方向努力,让综合测评切实成为培养精英人才的动力。

为了提高学生对创新活动的参与主动性,学校在陈赓班设立创新人才奖学金,且该奖学金的奖励比例大,额度高。该奖学金的设立使学生强化参与竞争的意识,让学生更积极主动地参与创新活动。在陈赓创新奖学金的推动下,陈赓班每个年级的创新活动参与率都达到100%。

在陈赓班除了进行创新奖学金设立以外,还会每学年设立一系列表彰活动,如优秀寝室表彰、学习先进个人表彰、科技创新表彰等。通过系列表彰活动提高学生参与创新活动的热情,同时也激发了学生的创造力。

科学的评价体系促进了学生的创造力形成,高校思想政治教育评价体系是根据一定的思想政治教育目标,在系统广泛地搜集信息、充分占有资料的基础上,对学生行为和思想变化的评价,思想政治教育评价体系会直接影响创新人才的培养,影响学生参与创新活动的积极性。所以多元的、科学的评价体系以及合理的激励机制是培养精英人才的重要动力。

三、思想政治教育的保障作用

高校思想政治教育必须提供校园文化、教学、心理等方面的保障,才能使学生更好地参与精英人才培育的活动,达到精英人才培养的目的。所以在荣誉教育过程中,思想政治教育有助于精英人才人格的塑造,有助于精英人才成长环境的优化,思想政治教育是精英人才培养的保障。

可以从老一辈科学家身上看到,精英人才除了要献身于专业工作之外,还必须要具备超越个人及其小团体利益的品格,必须在实现崇高目标的奋斗中,做到不畏艰险、坚忍不拔才能实现自身的价值。所以,精英人才必须要具备远大的理想和信念。

第一,思想政治教育工作配合教学工作部门探索精英人才培养的机制。教学是精英人才培养至关重要的一部分,将思想政治教育工作与教学相结合,可以营造教师培养学生创造性思维和创新能力的环境。思想政治教育应该服务和服从于教学,但是在适应教学的基础上,思想政治教育同样可以促进教学体系的改革。在荣誉教育的过程中,学生除了应该具有扎实的基础知识之外,加强学生在实践、学术上的能力更加重要。

哈尔滨工程大学陈赓班将思想政治教育与教学服务相结合,在培养学生的创新能力方面取得不错的成绩。首先,哈尔滨工程大学在陈赓班内实行导师制,每一名学生都有自己的导师,陈赓班学生的导师可以对学生进行学业和学术上的指导。自从导师制在陈赓班推广后,大部分学生都进入导师所在的课题组,在专业学术方面接触到了很多新颖的学术知识。学生还可以根据导师的指导进行有目的的课程选择,使得学生学到更多有针对性的学术知识。

除了导师制以外,陈赓班会定期安排不同专业专家的讲座以及学术交流活动,通过专家的讲座可以让学生了解最前端的专业知识,以及学术发展趋势等,从而从思想上引领学生的进步。

为了增加陈赓班学生对创新创业活动的参与热情,并为陈赓班学生参与创新活动提供条件,哈尔滨工程大学为陈赓班学生提供专用创新实验室,实验室内设有学生创新活动所需要的设备以及空间,陈赓班学生可以在实验室内进行科技创新训练、创新交流等活动。哈尔滨工程大学思想政治教育与教学结合为陈赓班的精英型人才的培养提供了优越的教学环境保障。

第二,思想政治教育把心理健康教育与精英人才培育相结合。作为精英型人才,必须具备积极、自信、勇于竞争、坚持忍耐、团结合作等良好的心态。学生只有具备这些良好素质才能在压力面前不屈服,才能成为具有创新精神的人才。心理健康教育对于精英型人才,相较于普通教育而言,更加具有必要性。在荣誉教育过程中,强大的学业压力、激烈的竞争都会使学生在培养过程中更加容易出现心理问题,通过心理健康教育可以对学生心理进行及时干预以及沟通,从而降低学生心理问题爆发的概率。

哈尔滨工程大学陈赓班在将心理健康教育与精英人才培养相结合方面有一些较好的经验可以分享。哈尔滨工程大学陈赓班在选拔录取过程中会对学生进行心理测评,只有心理测评合格的学生才能获得进入陈赓班的资格。这种方式使得陈赓班的绝大多数学生抗压力和意志较强,在某种意义上降低了心理问题产生的概率。

在荣誉教育过程中,通过思想政治教育可以及时发现学生在心理上的问题。在出现心理问题时,陈赓班的专业心理辅导教师会及时干预,帮助学生调整心态,解决问题,在心理教育无法正常干预情况下,心理辅导教师会建议学生及时治疗,将不良后果降到最低。

除此之外,陈赓班的心理辅导教师会在每学期为陈赓班学生提供多次团体辅导,每次团体辅导针对该时间段内学生所存在的问题,有目的、有针对性地进行。学生可以在团体心理辅导过程中,缓解压力,分析自己的特点,学习与人合作技巧等;可以根据自我兴趣进行分析,规划自己未来发展方向;还可以在团体心理辅导中通过各种活动锻炼自己的合作能力以及交往能力,而这些素质都是创新人才所必须要具备的素质。所以心理健康教育为荣誉教育提供了必不可少的心理保障。

第三,优化校园文化,保障精英人才培养环境。高校思想政治教育中开展丰富多彩的校园文化活动是重要的一部分。注重高品位的校园文化建设,创建科技类的学生组织,学校从人力、资金等方面支持学生组织,从而全面培养学生的创新意识,在学校为学生营造一个创新精神和创新意识良好的环境。积极向上的校园文化氛围,能够培养学生的主体意识和独立人格,培养学生的创新精神。这些都有利于学校对精英人才的培养。

校园文化活动开展过程中要强调学生的主体性,调动学生的主动性。开展广大学生都可以参加的校园活动,不过分强调活动的专业性,加强活动的广泛性。提高校园文化活动的品质,开展具有政治立场坚定、学术氛围健康、道德风尚良好的校园文化活动。校园文化活动体现着时代的特征、价值观、世界观,在学生中具有强烈的震撼作用,高品质的校园文化能够引导学生树立远大的目标,锻炼学生坚忍的意志和求实的作风,为荣誉教育提供优越的环境保障。

陈赓班在建设校园文化方面的一些做法取得了不错的效果。开展一系列陈赓班特色学生活动,通过对陈赓精神的学习和传承,提升陈赓班学生的自身品质。在中华传统节日,结合传统文化开展系列校园文化活动,既让学生对传统文化和节日有更深的理解,也对传统文化进行传承和传播。

陈赓班在开展校园文化活动时,非常注重活动的品质,陈赓班曾举办过"国旗飘扬我心飞扬""秉承大将之风,传我军工英魂""筑和谐军工魂""张开世界双眼,放飞心中梦想""温暖夕阳,关爱老人承美德"等一系列特色鲜明、主题积极向上的校园文化活动。主题校园文化的开展不仅丰富了学生的大学生活,而且提高了学生的思想修养,使其真正成为思想品质过硬的精英型人才。

不论是在教学、心理,还是环境方面,思想政治教育为荣誉教育提供的保障作用不可忽视,只有为荣誉教育提供条件,才能够培养出精英型的人才。

随着时代的发展,荣誉教育的形式将不仅仅是在小范围内进行的教育改进,精英创新型人才培养是教育发展的必然趋势,但不论何时,思想政治教育对荣誉教育都有着至关重要的作用。只有加强思想政治教育建设,才能培养出真正为祖国贡献、为人民服务的精英型人才。

参考文献

[1]吕成祯.荣誉教育:我国拔尖创新人才培养模式研究[J].国家教育行政学院学报,2014.

[2]吕成祯.我国荣誉教育的缘起、培养选拔机制与现实诉求[J].教育探索,2018.

[3]刘云,周希贤.高校思想政治教育促进创新人才培养的途径与方法[J].重庆工商大学学报,2011.

[4]郭正怀.论学生工作与创新人才培养[J].湘潭大学社会科学学报,2001,25(3).

[5]刘合行,马巨芳.高素质创新人才的培养与思想政治教育[J].商丘

师范学院学报,2001(5).

[6]冯刚.拔尖创新人才培养与加强研究生思想政治教育的思考[J].思想教育研究,2009(10).

[7]周琴.马克思主义人学视野下的思想政治教育与创新人才培养[J].教育与职业,2007(33).

理工科高校大学生职业价值观的特点与对策研究
——以哈尔滨工程大学为例

朱广跃 *

摘　要：大学生的职业价值观是大学生在职业选择中对自身价值的定位，随着大学生就业难的问题日益凸显，探索评价大学生职业价值观具有重要的现实意义。本篇以"双一流"理工科高校哈尔滨工程大学为例，调查了在校大学生的职业价值观，总结出大学生职业价值观的特点和发展变化趋势，提出引导大学生树立正确职业价值观的对策：加强职业理想教育；加强就业指导工作；巩固和开拓就业市场；推进就业信息化建设；构建有效职业生涯咨询辅导体系。

关键词：理工科；职业价值观

2018 年全国高校毕业生达到 820 万人，再创历史新高，堪称"史上更难就业季"，加上国际经济环境复杂多变，国内经济发展不确定因素依然存在，这些都会对就业产生传导效应。当前就业形势严峻复杂，就业工作已进入关键期。

在此背景下，通过调查研究我校大学生的职业价值观，把握大学生职业价值观的特点和发展变化趋势，及时掌握相关信息，对解决大学生就业中的实际问题，针对性地做好大学生就业指导工作，引导教育大学生树立正确的

---

*　朱广跃，1981 年出生，江苏省沛县人，哈尔滨工程大学学生工作处本科生思想教育办公室科员、讲师、硕士，研究方向思想政治教育和党建研究。

职业价值观,促进他们及时顺利就业,具有重要的现实意义。[1]

一、对象与方法

本篇在开展访谈、查阅文献的基础上设计了《大学生职业价值观调查问卷》,问卷分成两个部分,第一部分是基本信息调查,包括性别、民族等(见表1);第二部分是职业价值观调查,对大学生的职业兴趣认知、职业价值目标、职业价值取向、职业发展观和求职心理等问题进行调查。问卷共设计17道问题,包括14道单选题、2道多选题和1道开放式问题,其中第1题、第3题、第14题和第15题选项设置采用5点计分法。调查对象采取分层抽样的方法选出,每个院系选取大一、大二、大三、大四和硕士研究生共5个年级进行抽样调查。共发放调查问卷2850份,回收有效问卷2767份,有效回收率为97%。数据采用spss18.0(中文版)进行统计分析。

表1　调查样本分布情况

调查指标	选择项	人数	百分比
性别	男	1844	67.6%
	女	885	32.4%
民族	汉族	2638	95.4%
	少数民族	127	4.6%
贫困生	是	758	27.7%
	否	1974	72.3%
独生子女	是	1662	62.0%
	否	1018	38.0%
所在年级	大一	645	23.5%
	大二	586	21.3%
	大三	494	18.0%
	大四	504	18.4%
	硕士研究生	517	18.8%

注:在统计过程中已进行缺失值处理,这一情况不影响后面的数据分析总体结果。

二、结果与分析

根据调查情况,得出以下结果,并对结果进行分析。

1. 专业兴趣浓厚,职业了解不足,专业和工作要有关联度

在"对所学专业兴趣"方面,有 60.2% 的学生对专业比较感兴趣。在"对可能从事职业的了解情况"中,有 56.3% 的学生对职业不是特别了解,说明我校大学生专业兴趣浓厚,但对专业所对应的职业了解不足。所以在新生刚入学的时候就要加强专业思想教育,向学生深入宣传专业的优势、特色、发展前景、对口职业等,增强学生的专业自信。

在"对专业对口的看法"中,有 33.3% 的学生选择"应该专业对口,在工作中丰富自己的专业知识",有 51.4% 的学生选择"找工作尽量专业关联,但不一定对口",即有超过八成的学生认为专业和工作要有一定关系。与文科不同,理工科专业性更强,这使得理工科院校的学生在就业时更加强调专业和工作的关联度。[2]

2. 本科生升学和出国意愿强烈,研究生就业意愿强烈

在"毕业去向"方面,有 34.4% 选择"就业",37.4% 选择"升学",13.3% 选择"出国",8.1% 选择"创业",6.8% 选择"不清楚"。本科生选择"升学"比率为 43.0%,高于研究生 13.3%。在"就业"选项中,62.6% 的研究生选择此项(研究生大部分就业,少部分选择读博),本科生中大四选择比率最高,有 35.5% 选择此项。在"升学"选项中,大二、大三读研意愿强烈,接近 50%,高于大一和大四近 10 个百分点,研究生最低,愿意继续读博的仅为 13.4%。在"出国"选项中,本科生有意向出国的比率为 14.25%,研究生有意向出国的比率为 10.3%,显示本科生和研究生出国意愿都比较强烈。在"创业"选项中,大一创业热情最高,为 12.9%,随着年级增长创业意愿逐渐减弱。

值得注意的是,有 6.8% 的受访者毕业去向选择"不清楚",其中,大一和大二选择比率最高,均为 9%,接近一成,这说明部分低年级学生定位模糊,没有明确自身的努力方向,应加强对低年级学生的理想信念教育和职业生涯规划教育,引导他们把个人的价值追求融入国家的发展之中,尽早树立

远大理想,为实现"两个一百年"奋斗目标贡献自己的聪明才智。

3. 职业价值评价标准趋向现实和功利化,低年级期望值偏高

在"工作地点"方面,选择人数较多的分别是"沿海经济发达地区"和"省会城市或大城市",共占73.7%,超过七成;在单位性质方面,排在前两位的分别是"国有企业"和"科研院所",共占58.9%,接近六成。这说明自我实现的需要是毕业生的主导需要,大学生在择业地区、单位性质选择上也倾向于那些更有利于自我发展的条件。[3] 在薪酬期望方面,选择比率最高的是月薪"4000~5000元",占27.4%;其次是"7000元以上",占22.1%。在"7000元以上"这个档次,大一选择比率最高,达30.7%,高于研究生的25.8%,其次是大二的20.0%,高于大三、大四,这说明低年级期望值明显偏高,不符合实际,有一定的盲从心理。

在选择职业时考虑的因素当中,全体受访者的选择排在第一位的是"经济收入",第二位的是"工作地点",第三位的是"符合兴趣"。职业评价标准是职业价值观的核心,大学生在职业评价的标准上,既突出了经济收入和工作地点等因素,又强调要满足兴趣,功利与个性发展成为主导,说明大学生的职业价值评价标准具有明显的务实主义。[4]

4. 择业自主性更为明显,实现职业价值的途径、手段日趋多样化

在"选择职业时倾向于听谁的意见"方面,选择最高的是"自己",占40.4%,大学生意识到自我作为利益主体的重要性,在职业选择时,有着更加明确的自主性和选择性。许多学生从大一就开始主动关注就业情况,了解有关就业的形势与政策,结合自己的职业期待规划大学生涯。这既给高校的就业指导提出了更高的要求,又为高校开展就业指导提供了契机。

在求职途径上,选择"学校提供的就业信息"的占40%,其次是"直接联系用人单位"占25.8%,再次是"各类人才网站"占17.8%,这3项之和占83.6%,是学生的主要求职途径。目前,市场机制已在配置毕业生资源方面起到了基础性作用,大学生选择职业并不是单方面的一厢情愿,而是要和社会、用人单位发生交流,双向选择,达到共鸣才能实现就业。当代大学生在职业选择时强调自我价值,从自我出发追求完美的职业,使他们不得不迫切

希望实现价值的途径、手段多样化。[5]他们一边投身于校园招聘,另一边又在通过各种网络和广告媒体进行求职。通过多样化的求职方式,实现自我价值,已成为当今大学生一种现实的择业方式。从各年级统计情况来看,在大一的选择中,排在第一位的是"直接联系用人单位",占 36.0% ,其次才是"学校提供的就业信息",占 31.6% ,排序与各年级相反,大二、大三学生选择"直接联系用人单位"的比例也较高,这和低年级还未正式面临就业有关系,不了解学校就业信息的发布途径及其影响力。

5. 就业压力与求职信心并存,就业主体意识增强

在"遇到就业困难时是否会感到沮丧、焦虑、烦躁不安"方面,44.1% 的受访者选择"可能会比这严重"和"可能经常会"。在各年级分布上,大四选择"可能会比这严重"和"可能经常会"两项之和达 50.3% ,为各年级最高。由于大四学生即将或已经在找工作,实践经验、心理准备的缺乏,会使他们在求职过程中遇到挫折容易造成心态失衡,产生焦虑、沮丧、烦躁不安等心理问题。可见,在择业前和择业中加强心理引导很有必要。此外,在调查"遇到就业困难时,你会选择什么人倾诉"问题时,排在第一位的是"朋友",占 33.9% ,其次是"家人",占 25.0% ,从这一题可以看出,大学生遇到就业困难时倾向于和朋友、家人倾诉。

在调查"就业压力和求职信心"时,按 5 点计分法对 5 个选项进行了赋值,经统计分析可知,全体受访者的就业压力均值为 3.44,求职信心均值为 3.41,数值相近,都介于一般和较高之间,这显示我校大学生就业压力和求职信心并存。由于当前就业形势严峻,对学生的就业预期产生一定影响,加上低年级学生还未亲身接触就业,比较迷茫,故从各年级统计情况来看,低年级的就业压力高于高年级,就业信心低于高年级。对男女就业压力进行独立样本 T 检验,t = 3.150,自由度 df = 1849.194,P = 0.002 < 0.01,男女就业压力分别是 3.40 和 3.53,根据统计结果可知,女生就业压力显著高于男生。对男女就业信心进行独立样本 T 检验,t = 2.078,自由度 df = 2724,P = 0.038 < 0.05,男女就业信心分别是 3.43 和 3.36,根据统计结果可知,男生就业信心显著高于女生。检验结果也符合我校是理工科高校的特点。同

样,对汉族和少数民族、贫困生和非贫困生、独生子女和非独生子女之间分别进行独立样本 T 检验,P 值均大于 0.05,可知汉族和少数民族、贫困生和非贫困生、独生子女和非独生子女之间在就业压力和求职信心方面均无显著差异。

三、建议与对策

根据前面的调查与分析,提出了相对应的建议与对策。

1. 加强职业理想教育,引导大学生确立合理的就业目标和正确的职业价值观

在当前大学生的自主择业、双向选择过程中进行职业理想教育,要注意把他们的个人职业理想融入社会的政治理想之中,从而自觉地把职业选择与国家发展高度统一起来,引导他们在深刻了解社会变化规律和发展趋势的基础上,找准个人就业与社会需求的契合点,实现个人职业与共同事业的良性互动。[6] 高校应发挥思想教育的优势,把职业理想教育纳入德育的主要内容之中,开展职业精神、职业价值观教育,同时利用党团组织积极开展校园文化活动,通过开展丰富多彩、形式多样的思想教育活动,提高大学生思想觉悟,引导大学生正确处理自我与社会、奉献与索取的关系,增强大学生社会责任感和使命感,树立合理的就业目标和正确的职业价值观,鼓励学生到祖国最需要的地方去,为祖国建功立业。

2. 大力加强就业指导工作,提高大学生求职能力和职业素质[7]

进一步加强就业指导力度,增强就业指导实用性,做到理论与实践相结合。一是加强《大学生职业发展与就业指导》课程建设,唤醒学生职业生涯规划意识,引导学生了解未来职业要求,明确自身努力方向。二是针对不同年级举办特色就业指导活动:大一开展"学业生涯人物访谈活动",大二进行"职业生涯规划大赛",大三举办"校园模拟招聘会"和"求职经验分享会",大四邀请企业资深人士来校举办讲座,通过搭建活动平台加强对大学生求职能力和职业素质的培养。三是及时丰富、更新就业资料,编写《毕业生求职指南》《毕业生求职笔试习题集》和《毕业生就业案例集》等教材,帮助学

生掌握职业环境最新理论与动态,为学生提供最真实、权威的就业单位资料。四是重视调研,不断提升工作水平。积极走访、调研用人单位,通过与用人单位及在这些单位的我校往届毕业生的交流沟通,收集用人单位对人才培养的反馈情况,主动应对就业挑战。

3.巩固和开拓就业市场,促进就业市场的可持续发展

要充分利用隶属工业和信息化部的行业优势,深刻挖掘就业市场,积极走访、回访以及参加各种校企交流活动,主要以特色行业、国家重点建设单位、国际知名企业和国内外 500 强企业等为重点,重新挖掘和整合就业资源。要根据时代形势积极预测并调整就业市场的行业和地域格局,巩固并优化就业市场现有资源,开拓并发掘新的就业市场,为毕业生提供更优质、更广阔的就业渠道。

4.大力推进就业信息化建设,更好地满足用人单位和毕业生的需求

除了要继续认真办好校园招聘会,邀请更多有招聘意向的用人单位来我校招聘之外,还应该拓展新的就业途径,加强对网络的利用和对学生的宣传,充分利用就业信息网、微信公众号、微博、QQ 群等网络平台发布就业信息,使学生获得就业信息和签约的途径多样化,更好地满足用人单位和毕业生的需求。

加快建设就业信息化管理系统,遵循我校就业工作流程,使系统更具时效性、实用性、针对性和个性化的特点。系统设计完成后,实现毕业生信息采集、审核、利用、管理、求职信息发布,用人单位信息审核、招聘信息发布、就业指导以及后台管理等功能,提高我校就业服务管理的工作效率、决策质量和调控能力,全方位地向毕业生、用人单位和社会各界提供优质、规范、透明的管理和服务。[8]

5.构建有效职业生涯咨询辅导体系,解答学生职业生涯发展中的困惑

一是要设置职业生涯咨询辅导机构,积极开展团体和个体咨询,为学生尤其是家庭困难毕业生、"弱势专业"学生、女生等就业弱势群体提供专业化、个性化服务。二是选拔具备相应专业知识、专业能力的教师负责职业生涯咨询工作,建设一支专业化的咨询工作队伍。三是要确立规范的咨询工

作程序。首先要加强咨询的宣传工作,让更多的学生了解什么是职业生涯咨询,当遇到职业困惑时能够主动寻求帮助。其次,在咨询工作开展过程中,咨询辅导人员对前来咨询的人要表现出同情、理解和关心的态度,真实了解学生情况。最后,在咨询结束后,应进行效果评估,并进行追踪回访调查,切实关注学生的行为反应等咨询效果,真正使咨询辅导工作落到实处。

总之,我们只有了解目前在校大学生职业价值观表现出来的新特点、新内容,才能不断摸索出新的更好的对策,才能与时俱进、扎扎实实地开展有针对性的工作,为大学生及时顺利就业打下坚实基础。

参考文献

[1]方留,孙祥,李宏伟.大学生就业价值取向趋势的实证研究[J].职业教育研究,2007(12):78.

[2]王玮.理工科大学生职业价值观的特点与对策[J].江苏高教,2010(6):127.

[3]李强,魏倩,姜琨.金融危机后大学生职业价值观的演变及教育对策研究[J].教育与职业,2012(6):97.

[4]石志成,乔琳,孙莉平.大学生就业价值取向调查研究[J].重庆交通大学学报(社会科学版),2010(5):97.

[5]江岳.当代大学生职业价值观调查与分析[J].边疆经济与文化,2008(8):70 - 72.

[6]丁静,刘宁."90 后"大学生职业价值观调查及对策分析[J].教育与职业,2010(32):98 - 100.

[7]徐宝贵,等.哈尔滨工程大学 2013 届毕业生就业情况分析报告[R].哈尔滨:哈尔滨工程大学,2013:28 - 37.

[8]韩旭.就业信息化管理系统的研究与实现[D].大连:辽宁师范大学,2011:1 - 2.

大类培养学分制下工科学生入学教育问题探究

——以哈尔滨工程大学自动化学院为例

郭涛*

摘　要:新生入学教育是整个高等教育的第一步,涵盖了思想教育、专业引领、管理服务等方方面面。大类培养学分制的实施给新生入学教育带来了新的变化和挑战,作为教育管理者,顺应时代变化,做出合理高效的教育方式改变是必然也是必需的。习近平同志说:"人生的扣子从一开始就要扣好。"足可见新生入学教育作为高等教育的第一环节的重要性。通过入学教育,让学生入学伊始尽快完成角色转变、自我管理意识唤醒、合理规划并完成学业。

关键词:大类培养;学分制;入学教育

入学教育历来被高校所重视。就其发展时间来看,入学新生正值人生观、世界观、价值观趋于成熟的黄金年龄——十八九岁;就其发展阶段来看,正值大学生告别初等教育进入高等教育的关键环节。如何正确、高效地开展新生入学教育,关系着大学生未来四年的专业认同、专业学习、专业成就。

大类培养是目前国内关于高考招生的变革和趋势,一方面利于学生入学后自主选择专业,弥补了高中职业规划的缺失;另一方面利于学校对具体专业具体人才的选拔,利于学科发展。以哈尔滨工程大学自动化学院为例,

---

* 郭涛,1983年出生,山东省莱阳市人,哈尔滨工程大学自动化学院辅导员、讲师,硕士,研究方向思想政治教育和学生发展规划。

学生从第二学期开始学院内自主申请调整专业至第八学期,最终根据所修课程获得学分,由学位委员会授予不同专业的毕业证和学位证,充分考虑学生自主意愿并且兼顾专业要求,使大学教育更加灵活、更加人性化。学分制条件下,学生根据自己的专业需求,自由选课,打破传统意义上的自然班级,每个学期根据专业意向划分专业班级,形式的变化给新生入学教育和管理工作带来了新的工作内容和工作挑战。

以哈尔滨工程大学自动化学院为例,自 2014 年开始实施大类培养学分制。针对培养目标、新生入学教育开展自动化学院"以心赢新 共筑青春"新生系列见面会。该系列见面会坚持实施四年,其间不断改进和优化。结合学校"三海一核"办学特色以及学院本身导航控制优势学科,以院领导的关心帮助学生树立学生"为船、为海、为国防"的报国之志;党委副书记的爱心为学生成长进行"全方位引导";学科带头人的专心引领学生成为"可靠顶用"的人才;辅导员的耐心为学生成长"精确制导";毕业生座谈会为教育培养机制提供系统反馈。至此从思想引领、生涯规划、专业指导、精确制导、反馈机制五个维度,立体化地完成了新生入学教育,形成教育培训系统闭环控制,实现系统运行健壮性,使学生快速高效地适应大学生活,并能够自主选择专业,自主安排学分修满计划,顺利完成大学学业,最终成长为对国家、社会有用的人才。

一、思想引领

开学初进行"以心赢新 共筑青春"新生系列见面会。院长作为专业学术带头人,通过校史、院史的讲解让学生了解学校的历史发展轨迹、各项优良传统以及建校以来的各项成绩、荣誉,增强学生自豪感和认同感,将他们融入学校特有的风格特色中。使新生比较全面地了解学校的校情、概况、教学科研实力,学校的办学特色和学科优势,学校培养人才的目标及学校历史和未来发展的前景。增强学生们对学校的认同和热爱,培养学生专业兴趣,激发他们的成就感和上进心。[1]结合学校的建校初衷以及历史背景培养学生爱国主义情怀;结合学院行业内科技成果培养学生专业自豪感;结合学科专业知识特点帮助学生进行人生规划,切实发挥思想引领的作用。

见面会最后设置"我有问题问院长"环节,问题涵盖本科、研究生出国政策支持,学院培养目标解读,尤其是大类培养以及学分制的相关问题,院长都会一一现场解答。通过实时问题互动问答,一方面有利于院长作为代言人拉近学院与入学新生的距离,建立学生主人翁意识;另一方面通过问题的详细讲解可以为新生将来专业的选择提供最初的思想指导。

二、生涯规划

新生入学前经历过目标高度明确的高三学习,进入大学后,很容易迷失方向,加上所选专业更大程度上依赖于高考分数,而不是专业兴趣。如何建立专业兴趣,合理规划大学生涯乃至将来就业、升学去向,是每一位大一新生面临的首要课题。

"以心赢新 共筑青春"新生系列见面会之生涯规划由主管学生工作的党委副书记讲解。他把讲解内容以互联网思维和"大数据"的形式呈现给每一位新生,通过对近五年学院各专业学生出国、升学、就业、创业情况的分析,结合典型学生成长案例,绘就保研学生、出国学生、创业学生等一系列"优秀学生成长路线图",直观、准确、全面地传递信息。一方面让新生从大数据的角度理解专业的差异和联系;另一方面为其将来选择专业埋下伏笔,初步建立学生学业生涯规划的萌芽。做好大类培养年限确定和学生分流时点选择,进一步探索大类培养中最适合的分类依据和边界,坚持精英教育,坚持"视野宽、基础厚、能力强、素质优、可靠顶用"的人才培养目标,致力于培养信念坚定、人格健全、乐于探索、务实笃行的一流工程师、行业领军人才和科学家。

三、专业引导

大一新生开课后往往面临着学业繁重的问题:如何面对数目繁多的基础课程令众多大学新生头疼。只有认知和了解大学基础课程设置与专业课程之间的联系,才能更好地把握专业选择方向,为科学高效地选择专业、修满学分奠定基础。

"以心赢新 共筑青春"新生系列见面会之专业引导由各个专业负责人分场次进行。就学生所关心的课程设置、学分要求、专业应用领域做一一介绍,旨在帮助学生了解专业课程设置,了解专业研究内容,了解专业具体应用。学科负责人会就本科基础课程设置与专业课程设置之间的关联做详细介绍,绘制"基础课专业课联系图谱",科学而直观地引导学生提前了解专业课程,并为培养扎实学习习惯提供理论依据。

各专业教研室积极推选青年教工作为新生班主任,建立研究所与班级对接政策。入学初的实验室参观,通过实验室研究项目介绍、量产产品型号展览等建立的学生专业学习;后续研究所所长做报告,指导科技创新选题、科技创新竞赛等活动,都很好地提供了专业指导,让学生真正找到了与自身能力和兴趣相匹配的专业方向,避免盲目跟风选择所谓热门专业,实现学校教育资源的最优配置,尽早介入专业学习,培养锻炼学生动手实践能力,为学生进步发展搭好专业平台。

四、精确制导

新生入学教育是一个连续性教育,不仅仅局限于新生入学初期,甚至要延续到第二学期,乃至第三学期。入学伊始的教育紧凑而充实,学生听讲、理解、消化、吸收的效果有待辅导员进一步精确制导。新生导航员选拔、班级文化建设、科创导航员选拔、本科生导师制推行等一系列活动推行都是为了精确制导每一位学生的成长成才。

1. 新生导航员

选拔高年级品学兼优学生作为新生导航员,入学迎新伊始提前联系学生,迎新当天将进驻学生寝室。一方面优秀的学长学姐本身就是典型榜样;另一方面从朋辈的角度去讲解学校相应规章制度、管理条例等,学生更容易接受。新生导航员的帮助使新生自然而然地融入学校、学院氛围,为今后的大学生活开始有序的第一章。

2. 班级文化建设

通过新生导航员组织新班级一系列班会,开展自我介绍、夸夸家乡、共解千千结等活动活跃班级气氛、增进班级同学间的了解。军训结束后,公开竞选聘任班级委员。班级委员上任后着力建设班级文化,《班级名册》成为班级文化的标志,班委起草班规班纪,绘制班级 LOGO,并为每一位学生建立成长档案,激励学生寻找自己的成长目标,时刻鞭策自我,培养建立自我管理意识。

3. 科创导航员选拔

工科学院,理论学习与专业实践同等重要。高年级专业动手能力强的学生被选拔作为科创导航员,军训期间,科创导航员会作为先驱队伍进班级、进连队、进寝室。针对学院特色科技创新活动开展作品巡展、社团招新宣讲、榜样事迹报告会等形式进行宣传。前三学期设立《科创先导课》,新生通过对先导课的学习,可以更好地理解专业指导教师的讲座;并通过导航员对科技作品的讲解,可以更好地了解专业、认知专业进而热爱专业,为今后专业的选择确立知识储备以及思想认知。

4. 本科生导师制

采用学生和导师双向选择的方式确定导师,原则上每位导师可指导 2～3 名学生。本科生导师制由教务办公室发起,辅导员组织导师与学生双向选择。大类培养学分制下,学生拥有更多的选择权,一方面导师要求课题的推行,有利于学生认知基础课程的重要性。另一方面,导师专业的见解,有利于学生自主选择课程培养计划的有序进行。避免大类培养学分制下学生盲目选择专业,专业人数分配不均衡,学生无计划选修学分等问题。同时本科生导师制实行学生专业课学习与科技创新同步进行,每年举办本科生论文比赛作为院系考核导师制的量化指标。将学生科技创新的作品、理念文档化、论文化、专利化。一方面极大提升导师的工作热情,另一方面提高学生专业学习的实践能力,并将实践环节进一步升华,同时也为培养优秀工程师奠定基础,为进一步培养优秀专业人才提供制度保障。

五、反馈机制

任何制度的实施离不开完整的政策制定以及方案实施,要事无巨细地制定制度,还要注重反馈机制的引入。虽然学生选择专业的人数比例、成才率、专业创新获奖率、就业率、升学率等可以检验我们新生入学教育相关成果,但是方案的优化还需要毕业生对教育方案的反馈。人才培养办负责人会针对学科课程设置撰写专业调查问卷,根据反馈意见,集中召开学生代表组织见面会,适时、及时地调整培养计划,创新改革培养方案和模式,使培养方案和模式体现出足够的灵活性,优化大类培养的通识课程体系,做好通识和专业的有机结合。这是更好地坚持和贯彻以人为本、立德树人的人才培养理念的体现,为大类培养学分制下学生专业选择提供最人性化的服务。

新生的入学教育贯穿基础课学习的前三学期。大类培养学分制是为了让学生在对基础课了解的基础上做出专业的选择,更好更快地完成本科学业,这就要求我们本着立德树人的育人根本,做好教育管理工作,在学生做出专业选择之前,给予及时的知识普及、教育引导。思想是引领,制度是保障,实施者是重点。分类指导,分类教育,引导学生自主管理是我们教育者一直努力的方向。

回归大学教育的价值:更好地认识客观世界,针对个人发展做更理性的判断。在认识教育的价值时我们需要面对三个问题:是否需要不断更动自己的认知;是否未来每个人都应该拓展自己认知的边界,及时快速地获取自己需要的知识点;未来是否每个人都要拥有认知的主动学习和主动演绎的能力。这三个问题也是当代大学教育想要让每一个学生获得教育价值时不得不面对的问题。更动自己的认知,需要学生掌握的不仅仅是知识的本身,更多的是自我获得认知的能力;拓展自己认知的边界,需要专业教师站在科技的前沿给予认知边界的拓展引导;认知的主动学习和主动演绎,是教育的最高境界,社会的进步无数次证实主动演绎即创新的价值,掌握这一能力的基础是学生对专业知识的掌握,核心是对专业知识探索的热爱。

结合高等教育立德树人的宗旨;结合校院两级人才培养目标;结合教育更好地认识世界的价值。我们实施的"以心赢新 共筑青春"新生入学教育活动完成了由思想引领、生涯规划、专业指导、精确制导、反馈机制五个环节构成的新生入学教育闭环反馈控制系统。通过对具体事项贯彻实施切实提高了学生思想觉悟,帮助其树立了正确三观,建立了初步人生学业规划;使其能够基于课程图谱认识并理解课程设置,基于辅导员精确导航完成自我管理意识和能力的提升,并且在顺利完成学业的同时给予教育管理体系意见和建议,最终实现系统闭环控制,提升教育管理系统的健壮性。

结合传统意义上的新生入学教育特点,对大类培养学分制教育进行卓有成效的改革创新,对于新生认识大学并适应大学有深远的意义,也是高校立德树人为社会提供优质人才的关键一环。这亟须我们对大类培养学分制下新生入学教育工作呈现的新问题进行认知和把握,使学生入学初就得到及时科学的学习和生活指导,无缝隙地完成学习角色的转变,树立专业信心、培养专业兴趣,为四年的成长、成才、成功筑起坚实的思想基础。

参考文献

[1]郭涛.互联网时代下对高校新生的特点和入学教育方法的思索[J].教育教学论坛,2016(47).

第四篇 04

| 组织育人篇 |

"两学一做"新常态背景下加强学生党员
教育管理工作

张金臣*

摘　要:学生党员作为高校先进分子的中坚力量,是党和国家的后备军,加强学生党员教育管理工作对新时期建立合格党员队伍具有重要意义。本节以"两学一做"学习教育为契机,客观分析党员队伍教育管理中存在的问题,提出加强党前教育、搭建培养平台、提高理论素养、强化党员意识、注重党员再教育等建议,切实为新常态下高校的党建工作提供坚实支撑。

关键词:两学一做;新常态;学生党员;教育管理

一、"两学一做"新常态背景下加强学生党员教育管理工作的必要性

1. 培养合格学生党员的紧迫性

高校学生党员的质量关乎中国共产党队伍未来的发展方向和执政水平,[1]随着政治、经济、文化等领域逐步进入新常态(新常态一般表示从原有的状态向新的稳定的状态逐步转变的过程),学生党员的发展也逐渐呈现新常态的趋势。"两学一做"工作的开展,目的是为了强化在校生的党性意识,加强组织纪律严肃性,进而增强学生的观念宗旨,从细处扎实,深入挖掘学生党员现存问题,把从严治党的理念具体落实到学生党员身上,加强党的思

---

* 张金臣,1980年出生,黑龙江省哈尔滨市人,哈尔滨工程大学材料科学与化学工程学院学工办主任、讲师、硕士,研究方向思想政治教育和党建研究。

想政治建设,从而提高党的战斗力、向心力和凝聚力。

2. 优化党员队伍的要求

"两学一做"是以全体党员为对象开展的教育学习活动,以"四讲四有"为目标(讲政治、有信念,讲规矩、有纪律,讲道德、有品行,讲奉献、有作为)[2],是推进全面从严治党向基层延伸的有力抓手。这一活动针对当下学生党员存在的问题,进行了客观的分析和引导,对学生党员进行了党性锻炼,有利于强化其党性修养,增强其党员素质,为中国共产党未来的发展培养好的接班人。

3. 夯实基层党组织力量

增强基层党组织的凝聚力和战斗力是当下开展学生党员教育管理的前提和首要任务,要经常组织开展党员教育活动和培养工作,加强对学生党员的教育管理,坚定学生党员理想信念,使其对党有信心,坚定政治立场不动摇。要夯实基层党组织力量,注重党员发展,全面发挥党组织战斗堡垒的作用,培养适合时代发展的合格党员,永葆党的先进性和纯洁性,积极地将"两学一做"学习教育入脑、入心、入行,培养"四讲四有"的合格党员。

二、高校党员队伍教育管理中存在的问题

1. 入党动机不纯,对党认识不到位

当下高校学生申请加入党组织的积极性很高,但是入党的动机却有待考察。受当下价值观的冲击,有部分同学入党有很强的目的性,他们认为党员的身份有利于他们在市场竞争中处于优势地位,尤其是部分用人单位明确要求非党员不录用;有部分同学怀着功利心入党,认为党员的身份会在评优或者评奖学金中被优先考虑;也有的同学出于虚荣心或者父母的要求入党,对党缺乏正确认识,对党不了解,这就导致入党分子仅满足于组织上入党,没有真正做到"思想上入党"。

2. 教育活动单一,入党程序形式化

目前高校对学生党员的培养教育方式通常集中在宣讲会、专题讲座、理论知识的考核等途径,部分基层党组织依然采取大班式灌输、集体式谈话的形式。培养载体单一,内容乏味空洞,缺乏吸引力,不能很好地激发学生对党的理论知识学习的热情和积极主动性,难以达到预期的效果。另外,由于培训周期较短,课程设置不进系统,当下党课培训、会议开展出现内容空洞、缺乏针对性、学习效果不佳等问题,无法顾及学生实际情况和思想动态。过于注重理论教育,缺乏社会实践教育,导致了高校党课培训的实效性不强。

3. 理想信念模糊,政治理论素养低

受当下"西化"思想和不良风气的影响,部分学生党员思想发生了变质,共产主义信念在一定程度上发生了动摇,令人担心。另外,有些学生党员由于理论基础的缺乏,加上社会实践经验少、年纪轻、思想意志薄弱,对错误思想观念分辨能力不强,抵御外界影响的能力差,在困难和考验面前信仰迷茫、精神迷失,理想信念变得模糊,对自身的党员身份认同感不强。此外,有些党员的政治学习力度不够,他们缺少对社会主义核心价值观的学习与实践的重视,不断把党员标准降低,这导致学生党员对当下党的先进理论知识认识和学习不到位,自主自觉学习成了摆设,很多学生党员对党的章程的理解也是片面的,对党的路线、方针、政策的学习也仅限于表面,不够透彻,这些都造成了少数学生党员存在政治素养偏低,政治理论知识匮乏的现象。

4. 党员意识淡化,身份认同感不强

调查发现,入党前和入党初期的学生党员,不管在学习上,还是工作中都能够严格约束自己的行为和思想,他们拥有较高的积极性,在活动和生活中也能发挥模范带头作用,不断地要求自己进步,保持先进性。然而,入党后有些学生党员的思想就发生了微妙的变化,他们把成为党员看成终极目标,逐渐出现思想上的松懈,看齐意识也不强了,认为只要不出大问题就可以"高枕无忧"。在一些问题上缺乏立场,丧失原则,对自己党员的身份认识不到位,放低对自己的要求,缺乏上进心和进取心,将自己与普通同学等同。对于党组织开展的活动不积极参加,对其他集体活动也不上心,整个人散漫、缺乏精气神,纪律性不强,先锋模范作用发挥不够明显,表率作用不够突出。

5.缺乏考核监督制度,再教育力度不足

中国高校在发展党员的过程中,在入党准备材料、党员推优、党会开展、民主评议等方面普遍存在考核不完善、程序烦琐等问题,尤其在党员培养教育方面,缺乏监督和管理。"重质量、轻教育""重入党前考察培养、轻入党后教育监督",对于转正后的党员,不能及时跟进,无法及时掌握党员在日常生活、工作学习方面的思想动态,致使部分党员产生惰性,入党后反而和学习教育脱节,思想觉悟和政治素养没有及时得到提升和加强。

三、"两学一做"背景下学生党员教育管理路径探索

"两学一做"学习教育讲究以"学"为基础,以"做"为关键。要及时发现问题,采取措施解决问题,将"两学一做"落实到行动上。针对目前学生党员队伍教育管理中出现的入党动机不纯、对党认识不到位,教育活动单一、入党程序形式化,理想信念模糊、政治理论素养低,党员意识淡化、身份认同感不强,缺乏考核监督、再教育力度不足等问题,需要将"两学一做"学习教育贯穿于解决上述问题的全过程。

1.加强党前教育,端正入党动机

面对多元复杂的社会思潮,加强学生党前培养教育是目前高校较为重视的一项工作,端正学生入党动机,对积极申请入党的学生进行自上而下的引导,帮助学生树立坚定的理想信念,增强四个意识,将理想信念教育贯穿于各种学习活动和党建工作中,不断提升学生党员的政治素养和思想觉悟。尤其要让学生明白,成为党员不是终点,要不断提高思想道德水平,加深党性观念,严把入口关,从源头上保持党员队伍的先进性和纯洁性,加深学生党员对党的认识,让他们明白合格的共产党员不仅要组织上入党,更要在思想上入党。

2.教育形式多样,搭建培养平台

"两学一做"学习教育背景下,对党员的教育,要紧密结合当下时代发展的要求,以学习党章、党规为切入点,把思想政治教育带入课堂,渗透到生活。采用学生乐于接受的方式开展学习教育活动,以达到预期的效果。根

据学生不同的需求及特点，与学生日常的教学、科研和社会实践活动密切联合，结合现实案例或时事焦点，深化学生的理解和掌握。不断创新，突破以往开会为主的教育形式。以丰富多样的活动为载体，调动学生党员积极性，使其广泛参与到"两学一做"学习教育活动中。党组织也可以尝试利用网络资源，以传统学习与网络学习相结合的方式开展活动，开发党员教育网络新模式。借助微信、微博等新媒体渠道将党建思想理论及时推送，积极与学生党员保持密切沟通，建立网上党务管理信息系统平台。

3. 提高理论素养，坚定理想信念

学习是党员提高理论素养、保持先进性的源泉和不竭的动力。"两学一做"学习教育制度常态化，使广大学生党员能用习近平总书记系列重要讲话精神来武装自己的头脑，发挥共产党员的先进性，提高党性修养，做一名合格的党员。充分发挥党支部的作用，对学生党员的思想状况及时跟进，通过定期收取学生的思想汇报和学习心得感悟，掌握学生近期思想动态，对有问题的党员进行谈话沟通，使其坚定理想信念，确保思想上的先进性。要定期开展专题讨论，帮助学生党员理性分析实际情况，提升学生党员运用中国特色社会主义理论在实际生活中思考分析问题的能力，提高学生党员理论素养。同时要突出实践锻炼环节的重要性，使学生党员在实践中审视自我，接受先进思想，勇于批评与自我批评，提高自身的思想政治素质和党性修养。

4. 强化党员意识，发挥模范作用

一名党员，就是一面旗帜。学生党员要在学生群体中成为榜样，发挥模范带头作用。牢记自己的党员身份，从细微处做起，在点滴中体现自己的价值，注重学用结合，从学院到班级再到宿舍，都要做好带头作用，牢记"四讲四有"，主动带领同学培养优良的生活作风和积极向上的学习风气。发挥党员的影响力和号召力，坚持知行合一，鼓励群众积极监督，时刻提醒学生党员注重自己的言行，强化党员意识。从多方面入手，在思想上严格要求自己，在行为上自觉约束自己，真正发挥学生党员的模范带头作用。

5. 完善考评体系，注重党员再教育

对学生党员的教育管理，需要建立完善的考核评价体系来规范学生党员的行为,从理论知识的学习到实践活动的开展,切实加强对学生党员考核和监督,不断规范党员培养、考察、发展、教育等各个环节的工作。要注重党员再教育,从"两学一做"的学习教育要求出发,制订合理可行的方案,有效地加强党员再教育,使教育贴近学生实际生活,增强其对党组织的感情,对党员的再教育要探索积极有效的措施,努力增强时效性。

参考文献

[1]李金秋,孙红梅,张晓玲,等.浅议民办高校学生党员党性教育管理[J].科技经济导刊,2016(12).

[2]仓伟.在"两学一做"学习教育中加强高校学生党员的教育与管理[J].教书育人(高教版),2017(5).

强化"六个作用"充分发挥学生党支部
战斗堡垒作用
——以哈尔滨工程大学国防教育学院为例

刘东平*

摘　要:本节主要以高校基层学生党支部为研究对象,从新时代党中央对高校党建工作的要求出发,结合自身从事高校基层党建工作的相关实践和经验,提出加强和改进高校基层学生党支部建设和发挥学生党支部战斗堡垒作用的方法和途径。

关键词:六个作用;党支部;战斗堡垒

高校国防生党建工作是为了保证党对军队的绝对领导,为部队培养有坚定思想的后备军官。高校学生党组织在高校党建工作中处于承上启下的关键位置,是带动学生团结进步和开展思想政治教育的坚强堡垒,是引领大学生刻苦学习、团结进步、健康成长的核心。随着部队依托高校培养国防生工作进入尾声,如何站好最后一班岗,充分发挥学生党支部的政治核心和战斗堡垒作用,开创高校学生党建工作新局面,值得我们深入探索。我们要对高校国防生党建工作进行实际反思,从现实出发,提出进一步加强高校国防生党建工作的合理化建议。

一、高校基层党建工作的背景和意义

中央 16 号文件颁发以来,高校基层学生党组织围绕人才培养这个根本

---

* 刘东平,1986 年出生,黑龙江省依兰县人,哈尔滨工程大学国防教育学院辅导员、讲师,硕士,研究方向思想政治教育和党建研究。

任务,在全面贯彻党的教育方针、联系青年学生、服务学生成长成才等方面发挥了战斗堡垒和先锋模范作用,学生党支部的战斗力、凝聚力和创造力进一步增强,已成为引领大学生刻苦学习、团结进步、健康成长的核心,有效发挥了战斗堡垒作用。但学生党支部在激发党员的热情和兴趣,宣传党的思想路线、方针政策,尤其是在运行机制、组织设置、制度建设、活动方式以及培养发展等方面的不完善制约着学生党支部战斗堡垒作用的进一步发挥,影响了学生党支部的战斗力、凝聚力和创造力。

在 2016 年全国高等学校思想政治工作会议中,习近平同志提出:"要加强高校党的基层组织建设,创新体制机制,改进工作方式,提高党的基层组织做思想政治工作的能力。"

在《关于推进"两学一做"学习教育常态化、制度化的意见》中,党中央着重强调"党支部是党的最基本的组织,是党全部工作和战斗力的基础","党的一切工作到支部",支部建设是党的建设中"最重要的基本建设"。

党的十九大以来,党中央进一步强调从严治党的要求,其落脚点在于基层党支部,高校要紧紧围绕抓好基层打牢基础这一重要支撑,把加强党支部建设作为贯彻全面从严治党的要求。

近些年来,高校学生党建工作也暴露出大学生入党动机功利化、党员培养不到位、基层党组织作用发挥不明显、党员先锋模范作用缺失等问题。如何在新形势下加强学生党支部建设,充分发挥党支部战斗堡垒作用,这是高校基层党组织和全体党员必须认真思考和解决的问题。

二、强化"六个作用"充分发挥学生党支部战斗堡垒作用

哈尔滨工程大学国防教育学院由在校国防生组成,而国防生作为后备军官,肩负着兴海强军的历史使命。学院党委一直紧密围绕"政治合格、学业优良、军事达标、作风坚韧"的人才培养标准,通过创新支部建设,强化党支部的"六个作用",着力于打造一支模范带头、素质过硬、群众认可的国防生党员队伍。

1. 深入推进学生纵向党支部建设,发挥党支部的组织作用

原学生党支部为横向按年级设置,工作中暴露出了一定问题,一是低年级党员少而高年级党员多,一定程度上影响了党员先进性的发挥;二是高年级党支部人数众多,规模较大,组织生活受时间地点影响较大;三是发展工作不均匀,集中在大二、大三,中间重两头轻。因此从便于教育管理、利于交流沟通、易于活动开展的角度出发,将原有的按年级建立党支部优化为按专业纵向建立党支部。纵向党支部可以充分发挥老带新、高带低的优势,发扬传统,传承经验,进一步加强支部各年级各专业间的深度融合,培养出了一支群众基础好、学习成绩优、综合素质强的学生干部队伍。学院优中选优,选拔配备了 6 名思想政治素质过硬,担任过主要学生干部,且学习成绩专业排名均在前 20% 的支部书记,他们能够在各方面起到模范带头作用。党支部还建立了政治理论学习制度、活动签到制度、发展对象推优制度等,每年制订支部工作计划,每学期向学院党委汇报支部工作,支部的组织建设抓实落地。

2. 加强教育管理,创新形式内容,发挥党支部的教育作用

积极组织党支部扎实开展"两学一做"学习教育活动。在学院党委的支持下,建立了学生党支部政治理论学习"1 + 3"制度,即在自学基础上,学院党委委员、军事教师、思政教师每学期参与学生支部活动一次,每学期为学生党支部上一次党课,每月与支部委员或困难党员谈心一次。组建党建办,组织理论知识测试、征文比赛、主题党日活动等特色活动,提高学生党员的政治规矩和政治纪律,解决部分党员政治意识不强、看齐意识薄弱、先锋作用不明显的问题。

各支部创新"三会一课"开展形式,采取"自主交流、相互学习"的方式,强化榜样人物的示范作用,同时还利用微信、QQ 等新媒体开展教育培养工作,完善了积极分子教育培养体系,增强了党组织的吸引力和号召力。

3. 严把"三关",发挥党支部的政治作用

严把"三关",即严把积极分子质量关、严把发展对象确定关、严把预备党员转正关。

壮大党员队伍,首先需要建立一支数量充足、素质较高的入党积极分子队伍。党支部要通过做好早"选苗"工作、落实培养联系人、制订发展计划、加强入党积极分子动态管理等,保证入党积极分子数量充足、素质较高。其次是要抓好在学生中发展党员的工作,成熟一个发展一个,确保新党员的发展质量。通过制作谈话记录表,结合日常综合表现及培养人意见,每半年对积极分子队伍梳理排队,对排名靠前的积极分子予以重点培养;对排名靠后的积极分子,安排培养人专门进行帮扶,半年后仍不见起色,取消其积极分子身份,从而确保积极分子的质量。

在确定发展对象过程中,支委会、党小组组长、群众代表组成评议小组,对发展对象思想政治、学习成绩、军事体能、日常养成等方面进行综合考量,结合团支部推优,在广泛征求群众意见的基础上,严格对确定发展对象进行把关,以确保党员发展质量。

在预备期间,要求党员充分发挥表率作用,每半年组织一次党员评议,综合考量党员的先锋模范作用发挥情况,对评议基本合格和不合格的党员进行专门帮扶,对半年后仍不见好转的党员给予延期转正。

4. 开展"亮牌领航"行动,增强党支部对团支部的领导、监督和服务作用

党支部开展"亮牌领航"行动,要求党员在参与重大活动中统一佩戴党徽,并将党员身份在寝室门口挂牌公示,便于群众进行监督。党支部每月听取团支部工作汇报,加强对团支部的领导和指导,帮助团支部解决工作困难。党支部涌现出了一批优秀人物和集体,如荣获由共青团中央、中国电信集团公司、全国学联组织开展的 2017 年"中国电信奖学金·飞 Young 奖"并当选践行社会主义核心价值观先进个人的党建办主任张嘉城,国防生第四党支部书记、校优秀共产党员、国家奖学金获得者黄万永,工信创新奖学金三等奖获得者陈雯,校先进基层党组织国防生第四党支部。

5. 营造优良学风,发挥党支部对学风的引领促进作用

我院学生党支部响应学校号召,充分利用新的公寓书院式育人环境,即同一学院全部年级学生的学习、工作、生活等方面皆在一个公寓楼中展开,极大地增强了学院的凝聚力,方便了组织开展学习辅导、自习、讨论、交流等

活动。李成等 10 名优秀党员先后担任 2015、2016 级班主任,实际参与到了低年级学生训练、学习及生活中,熟悉低年级学生的心理状况,安排并邀请支部高年级党员进行课程辅导 100 余次,内容涉及党团理论知识、专业基础课程、科技创新普及等多个方面,他们为学院以党支部带动团支部的学风建设做出了突出贡献,2015 级学生第一学期学习成绩位列全校第二,2016 级学生第一学期成绩位列全校第三。此外,各支部还建立了党员帮扶援助制度,通信专业刘涵在大一时基础薄弱,成绩不佳,在党员张天舒的悉心指导下,大二时成绩显著提高,并获得校二等奖学金,此类举措不仅提高了困难学生的学习成绩,也使支部内的党员能够建立责任与担当意识,关注支部内广大同学的学习、心理变化。由此,支部对于学风的引领促进作用不言而喻。

6. 密切联系群众,发挥党支部的桥梁和纽带作用

各学生党支部围绕学校、学院党委工作部署,立足实际,在过去一年中,开展了"共谋三海一核""我为学院发展献一策"等活动。支部向学院党委提出的"开放公寓办公区域,增加师生交流场所""每月公示综合测评"等建议均被学院党委听取采纳。各党支部还将"两学一做""三会一课"真正落实到广大群众中去,深入推进学院党委委员联系支部制度,保证上情下达得力,落实全面到位。

三、基层党建工作的经验启示

通过把创新规范支部组织建设、提升支部党员党性修养、充分发挥学生党员的模范带头作用作为学生党支部工作的出发点和落脚点,将强化"六个作用"与党支部建设的各项工作有机地统一起来,学校党建工作取得了突出成就。学校从思想、组织、队伍、作风等方面,创新支部建设,又以支部建设带动学生党员队伍建设,以学生党员队伍建设促进党员先锋模范作用的发挥,继而充分发挥了基层党支部在组织建设、教育党员和团员、吸收入党先进分子、严格保证党员质量、指导团支部建设、学风引领促进、上下联系等方面的战斗堡垒作用。

国防生作为后备军官肩负着兴海强军的历史使命,我院党委一直以"政治合格、学业优良、军事达标、作风坚韧"为建设目标和精神追求,通过加强组织领导,完善工作体制,努力打造一支听党指挥、能打胜仗、作风优良的国防生党员队伍。通过加强学生党支部建设,强化支部的"六个作用",对学生党支部战斗堡垒作用发挥做出了积极探索,为学校基层党组织建设提供了具有参考价值和推广意义的做法和经验。

参考文献

[1]王华彪.高校教师培育践行社会主义核心价值观的对策措施[J].教育与职业,2015(5).

[2]王英,陈新亮.大学生"双服务"素质教育模式研究与探索[M].长沙:湖南人民出版社,2013.

[3]杨世红,蔡明,周妍.对构建大学生军训成果长效机制的理论与实践探析[J].大家,2011.

[4]李科.我国高校国防教育:基本模式、问题及对策[J].武汉科技大学学报(社会科学版),2013(4).

本科生党建工作进公寓的探索与实践

——以哈尔滨工程大学航天与建筑工程学院为例

梁艳艳*

摘　要：随着高校教育教学管理制度的改革和学分制的实行，学生住宿不再传统地按照班级来分配，呈现分散化的特点，公寓作为学生活动的主要场所，其思想教育阵地的育人功能日渐重要，因而把公寓作为党建工作和思想政治教育的新阵地就显得尤为重要，这是全面落实高校全员育人、全程育人、全方位育人的必然要求。因此，如何有效地构建学生党建工作和学生思想政治教育的新模式，是本科生教育管理中面临的新课题。

关键词：党建工作；学生公寓；本科生；思想政治教育

　　高校学生公寓既是学生日常学习生活的地方，是学生思想观念形成和行为习惯养成的重要场所，是学生自我管理、自我教育、自我服务的实践课堂，还是全面落实高校全员育人、全程育人、全方位育人的整体教育工作中不可忽视的重要阵地，其思想政治教育的阵地功能日渐凸显。随着哈尔滨工程大学学分制的实行和大类培养的开展，原有的班级功能日渐削弱，同班级的学生的住宿呈现分散化的特点，按照班级和党支部开展的学生党建工作和思想政治教育工作方式面临着前所未有的挑战。近年来，学生公寓的建设也遇到了一些压力和困难，如学生公寓卫生较差、安全状况不容乐观、

---

*　梁艳艳，1984年出生，河南省焦作市人，哈尔滨工程大学航天与建筑工程学院辅导员、讲师，硕士，研究方向学生事务管理和党建研究。

党员在课堂和在公寓表现差距较大、学习风气下降等。因此,如何有效地构建学生党建工作和学生思想政治教育的新模式、探索和实践本科生党建工作进公寓成为目前我校本科生党建工作面临的新课题。

一、本科生党建工作进公寓的背景和意义

本科生党建工作进公寓是推动本科生思想政治教育工作的有效途径。我院从 2015 年开始进行大类招生,并且实行了学分制。在大二的时候学生可以根据自己的专业爱好选择专业;根据自己的学习兴趣自主选课,获得学分,完成规定的学分即可毕业。这种学习方式,必然冲击着传统的班级制管理,使得传统班集体的功能逐渐弱化,与之相对应的是寝室集体,这种新集体也就成为大学生活中相对固定而关系紧密的新群体组织。作为学生集体活动的新载体,学生公寓区正逐步成为学团组织对学生进行教育和管理的重要阵地,这种客观上的变化要求学校对学生管理、服务、教育等工作的重心应逐步进行合理科学的转变。

本科生党建工作进公寓可以加速推进我校本科生书院制的建设。2016年 10 月,我校对学生寝室进行了调整,一个学院的所有本科生住在一个公寓,实行书院制住宿管理,这也冲击了我们之前的管理模式,一个年级的学生在公寓表现不好,必将影响整个学院的学风建设和思想政治教育。因此,学生公寓变成了全面落实全员育人、全程育人、全面育人整体教育体系中不可忽视的重要环节,党建工作进公寓有助于形成新型思想政治工作网络,推进书院制建设,形成寝室文化。

本科生党建工作进寝室可以防止寝室中出现某些偏差行为。寝室作为大学生日常生活、休息、起居的地方,是学生所在时间最长的地方。但是在网络文化的影响下,出现有些学生党员在公寓内的模范表率作用不明显,老师眼里的党员和生活中的党员表现不一,学生对党员的评价不高等现象。因此,占领学生公寓既是高校思政工作和党团建设工作的新模式,也是必然的发展方向。

二、本科生党建工作进公寓的实践

从发挥党员和党支部在公寓学生思想政治教育中的龙头作用的现实需要出发,按照习近平同志在全国高校思想政治工作会议上的讲话要求,从加强公寓内党支部的载体建设,创新体制机制,改进工作方式着手,提高党支部做公寓内思想政治工作的能力,主要从以下三个方面进行实践。

1.加强公寓党建工作的载体建设,扩大党的群众基础

(1)充分利用互联网拉近公寓与学生的距离,通过主动加强公寓党建网站、QQ群、微信群等信息平台建设,以学生喜闻乐见易于接受的方式来宣传马克思主义意识形态,使网络成为弘扬党建工作主旋律的重要载体,如在公寓内建设红色网站、举办网上党校、开设网上党建专题论坛和举办网上民主生活会等。网站收集一些党的基本知识、发展党员、党员教育等方面的知识,既为学生们的政治理论学习提供了方便,又增加了学生对公寓大集体的归属感,更有利于大家集思广益,畅所欲言,共同为我院的党建工作出谋献策,扩大党的群众基础。

(2)充分利用公寓现有的设施,加强党建宣传教育。以学生党员和学生干部为核心,以学生们为主题,由他们来搜集整理资料,进行公寓电子屏播放信息的维护。例如,党的十九大结束后,利用公寓电子屏设备,每日固定时间播放民生、文化、强军、外交等正能量视频,从而营造良好宣传教育氛围,为党建工作提供有力的硬件设施。

(3)在公寓科学合理地建立党团组织工作的新平台。传统意义的党团组织建立在固定的集体中,我院转变工作观念,结合实际,在公寓成立党小组,合理分配党员、入党积极分子组成党建工作进公寓工作小组,配合党支部完成党团建设、组织发展和培养积极分子等工作,促进学生的思想政治教育工作开展。例如,创建优良学风、寝风,优化寝室环境,开展有公寓特色的活动;在公寓内,指派党小组成员对入党积极分子进行培养考察,并将结果记入档案。

2.创新工作机制,完善积极分子和党员的教育与管理

(1)建立学生党员的工作机制。包括按照学院的实际情况,科学合理地

制定工作机制,明确党支部在公寓中的主要工作任务、支部工作的基本制度、支部委员会的职责等,对学生党员在公寓中工作、学习、活动情况进行记录归档;建立对学生党员的测评制度。在评价指标体系下,按照年度,评出不称职、不合格、不突出的党员,严重的对其进行教育和处理。以此打造优良的公寓风貌,充分发挥学生公寓在育人方面的作用。

(2)建立学生党建工作的竞争激励机制。公寓是大学生实践先进性的重要平台,通过竞争激励机制的建立,鼓励学生党员和党支部创先争优,争做优秀党员。开展先进党支部、优秀寝室等评选活动,把三好班级、优秀寝室的评比与学生党员的表现挂钩,对先进学生和各类标兵进行展板公示,从而调动学生的上进心、积极性和创造性。

(3)建立学生党员发展的"一票否决"制度,入党积极分子在公寓的现实表现纳入我院发展党员的考核内容,可以作为考察发展党员时"一票否决"的依据。此举能够实现对积极分子更全面的考察,使发展党员工作更严谨、更公平、更公开。

3.改进工作方式,突出学生先进性教育实践平台

(1)在公寓内设立党员活动室,突出党员教育阵地建设。活动室供党支部和党小组开展活动使用,在活动室积极开展交流活动和支部的教育活动,除了开展常规的思想政治理论教育外,还可以组织主题讨论、小组辩论、书院文化节等参与性较强的活动,内容贴近生活,与时俱进,学生乐于参与,使之成为支部学习、党员教育的坚实阵地。

(2)开展党员亮身份,发挥党员的先锋模范作用。建立学生党员、学生干部示范寝室制度,开展"亮牌"行动,在学生党员、学生干部寝室外和床位上设置标识,树立学生党员、学生干部身份意识,同时让党员更好地接受同学们的监督,时刻深化学生对党员身份、意义的认知,并且每位党员对寝室成员的政治表现、业务学习、生活作风和卫生纪律等方面负有直接的责任。党员自觉展示好形象,形成自律之风气,从而实现一个党员影响一个寝室,一个寝室影响一层楼,一层楼影响一栋公寓,由点及面良性循环,使抽象的党员先进性变得更为具体,达到学生间自我教育和互相教育的目的。

（3）充分发挥党建工作在新生教育中的引领作用。2017 级新生报到时,选取优秀的党员和预备党员担任新生寝室导航员,制定寝室导航员制度和《寝室导航员手册》,制定例会和奖励制度。在迎新的几天,寝室导航员负责迎接新生,为新生提供帮助;开始学习后,定期和新生进行交流沟通,解决新生的困惑,对其生活、思想、学习方面进行引导帮助,对大学新生实行持久渗透和点滴指导的帮扶教育,培养学生自我学习、自我管理、自我约束和自我教育的能力。目前,新生各方面表现积极,入党热情高涨,共收到新生入党申请书约 270 份。

三、本科生党建工作进公寓实践的初步成效

通过一系列活动的开展,促进了不同年级、专业、层次的学生党员的交流与渗透,将党员教育和公寓管理全面结合起来,将党员的自育、他育和整体的环境教育结合起来,实现全方位的党员教育,真正做到全员育人。寝室的功能进一步得到拓展,提高了公寓党建工作的整体工作实效。以公寓为阵地开展各种形式丰富的大学生思想政治教育,促进了大学生"文明行为"的养成、"优良学风"的建设和"和谐校园"的构建。

（1）对学院党建工作发挥了积极作用。公寓内以创建优良寝风、学风,优化寝室环境和了解广大同学困难与需求为侧重点开展活动。同时,学生公寓党建生活有效补充了学院的支部生活,其形式更加活泼,更加贴近学生的生活实际,与学院组织生活相互促进、互为补充。不但实现了党建工作和寝室建设的双重结果,同时也弥补了传统学生党建工作中存在的一些不足。

（2）提升了学生党员的发展和培养质量。在寝室党建工作中对入党积极分子、发展对象和学生党员进行培养和考察,避免了传统党支部发展党员过程中存在的重发展、轻培养现象,保证了教育工作质量的持续改进。[1]

（3）有效促进了优良寝风、学风的形成。通过以评促建,充分发挥了学生党员在公寓文化建设中的先锋模范作用,帮助了学生党员和干部队伍在学生中树立新形象,争做学生表率:勤奋学习的表率、自律自强的表率、团结和谐的表率等,为班级和院系争创佳绩、做出贡献。党员能积极打扫寝室卫

生,督促带动同寝室的同学打扫房间,在寝室内营造了良好的学习氛围。

(4)满意度调查显示,党建工作进公寓的作用效果很明显。通过调查,发现学生党员在党员意识、责任意识、批评与自我批评、同学认可度等方面的满意度都很高,初步实现了学生自我管理、自我教育、自我服务的目标。在以后的工作中,我们要积极探索一切符合党员思想活动变化规律的方式方法,充分利用新技术、新手段和科学化、多样化、时效性强的新载体,切实增强学生党建工作的生机活力。

参考文献

[1]曹光远,张晓媛.深化大学生"党建工作进宿舍"的实践探索[J].学校党建与思想教育,2014(4).

高校研究生党建工作的策略研究

董云吉　王春秀*

　　摘　要:研究生教育承担着为祖国建设培养拔尖创新人才的重要任务,研究生思想政治教育和专业能力培养都是不可或缺的。目前研究生思想政治教育仍是大学生思想政治教育的相对薄弱环节,研究生党建中存在着马列主义信仰淡漠化、入党动机功利化等问题,应从坚定理想信念、加强基层党支部建设、创新党建载体以及发挥导师作用等方面着力提高研究生党建工作科学化水平。

　　关键词:研究生党建;思想政治教育;辅导员

　　研究生教育是高等教育的最高层次,是为祖国建设培养拔尖创新人才的重要渠道。培养拔尖创新人才,不但要培养其专业水平和研究能力,还有思想政治素质,二者是一个不可分割的统一整体。《中共中央国务院关于进一步加强和改进大学生思想政治教育的意见》(中发[2004]16号)颁布以来,大学生思想政治教育工作取得了重要进展,但研究生思想政治教育仍是大学生思想政治教育中的相对薄弱环节。全国高校思想政治工作会议指出,要把思想政治工作贯穿教育教学全过程,把思想政治工作提升到新高

---

　　* 董云吉,1983年出生,黑龙江省庆安县人,哈尔滨工程大学理学院辅导员、讲师,硕士,研究方向思想政治教育和党建研究。
　　王春秀,1973年出生,黑龙江省肇东市人,哈尔滨工程大学学生工作处副处长、讲师,硕士,研究方向思想政治教育。

度。研究生党建作为研究生思想政治教育工作的重要内容,作为高校组织育人的重要载体,仍存在需要加强和改进之处,需要高等教育工作者进一步研究和攻克。

一、研究生党员群体的特点

1. 党员人数多,比例大

随着研究生招收数量的扩大,研究生党员的数量也在增加。在研究生党员中,以本科阶段入党为主体,研究生阶段发展入党的比例很小。以哈尔滨工程大学某学院为例,2017 年共招收研究生 105 名,其中党员为 34 名,约占 1/3。研究生党员的主要来源是综合素质优良的本科生。在研究培养阶段,学院也会根据实际情况制订党员发展计划,这样一来,研究生党员的比例会进一步提高。因此,在学生党员群体中,研究生党员所占比例较大。可见,研究生党建是学生党建工作的重要内容。

2. 思想相对成熟,民主意识强

经过了本科阶段的学习、锻炼和成长,研究生群体的思想比较成熟,学习目标比较明确,对自身的职业定位比较清晰,学习生活比较规范,在知识、经历和见识上都比本科生丰富。研究生党员具有较强的民主意识、规则意识,对待事物的看法更加深刻。他们积极学习、勇于实践,比本科生更加注重自身素质的提高。

3. 专业技能强,集体观念待提升

研究生教育是培养拔尖创新人才的教育,研究生在知识技能方面受到了很好的训练,学习生活热情比较饱满,科研任务比较繁重,科研压力较大。由于平时主要的学习工作空间是在实验室或课题组,集体生活偏少,而且研究生的学习发展目标比较个性化,因此他们对班级、团支部、党支部的观念相对淡薄,导致党支部缺少凝聚力。

二、高校研究生党建存在的问题

1. 马列主义信仰淡漠化

受经济全球化和意识形态多元化的影响,高等院校已成为各种社会思潮交汇和交锋之地。在校研究生容易受网络新媒体技术的影响,受"西化""分化"社会思潮的影响,对深层次的社会问题和政治问题认识模糊,其理想信念、政治信仰、价值观念等面临着严峻考验。研究生党员虽然整体上思想比较成熟,但有一部分由于只重视专业深造,忽视对党的理论知识的学习,对党的组织生活消极应对,导致对党的基本理论问题认识不清,党性修养和政治信仰淡漠,缺乏应有的政治敏锐性和辨识力,不能坚定共产主义信念,对中国特色社会主义认知度不够,从而淡化了对马列主义指导思想的信仰。[1]

2. 入党动机功利化

入党动机是否正确是衡量一个同志是否具备成为党员条件的重要标志,是保持党员队伍先进性和纯洁性的基本要求。大部分研究生的思想状况是积极的、良好的,但仍有部分研究生的入党动机不纯,带有明显的目的性和功利性。并非所有申请入党的研究生都是因为坚定共产主义信念或要全心全意为人民服务,一些研究生在回答"为什么要入党"这个问题时,就明确表示是"为了找更好的工作""有更好的发展平台",有的甚至是"随大流"或"说不清"。这说明研究生的入党动机已经受到了功利化因素的干扰。从就业角度考虑的入党原因虽然有积极的一面,但还是偏离了正确的入党动机,需要及时教育和调整。

3. 支部功能边缘化

很多研究生党支部以班级或专业为单位横向设置,而研究生的学习模式大部分时间以课题组或导师为单位分散在不同的团队中进行学习,而研究生在入学时党员数量已颇具规模,党支部机构庞大,这种设置方式给基层党支部建设带来较大难度,与研究生的学习生活脱节,具有一定局限性。研究生群体的来源具有多样性,思想状况也比较复杂,学习生活具有较强独立性,这些固有特点使党员教育管理以及党支部活动的参与性受到限制。不能定期开展组织生活或者活动流于形式,导致党支部功能边缘化,不能适应研究生专业培养和思想政治教育工作的要求。

4.党员作用群众化

目前研究生党支部的作用主要专注于发展党员以及引导研究生坚定理想信念,而带动其参与科研学习等服务职能没有很好地体现出来,其原因是研究生党员的先锋模范作用没有发挥好。研究生所面临的学业、情感、就业等压力使其更加注重科研业务能力的培养,忽视了自身党性修养,在思想认识、政治觉悟、行为规范上不能很好地发挥党员应有的模范作用,使其党员身份在同学中显示度不高,甚至无异于普通群众,导致其他同学对其认同感不强。另外,随着研究生的扩招,部分研究生党员的责任意识不强等问题影响党员队伍的整体形象,使党员素质呈现平庸化,党员作用呈现群众化的不良趋势。

三、高校研究生党建工作的策略

1.坚定理想信念,巩固意识形态领导权

培养德智体美全面发展的中国特色社会主义事业合格建设者和可靠接班人,要全面落实党的教育方针。党的十九大报告指出,党的建设要以坚定理想信念宗旨为根基,把坚定理想信念作为党的思想建设的首要任务。加强和改进大学生思想政治教育的主要任务要以理想信念教育为核心,用党的指导思想武装大学生。作为中国高等教育培养的高层次人才中的先进分子,研究生党员必须毫不动摇地树立共产主义的远大理想,确立马克思主义的坚定信念。当代中国马克思主义即中国特色社会主义理论,研究生党建工作必须把思想建设放在首位,加强中国特色社会主义理论学习,使其真正入脑入心,提高政治辨识力和党性修养,坚定走中国特色社会主义道路的理想信念。[2]要把社会主义核心价值体系作为研究生党员必须遵守的党性条例和行为准则,使其对党领导的改革开放事业充满信心,对社会发展进步满怀责任感,对人和对己抱有积极的态度,在明辨中找准人生奋斗方向。建立推进马克思主义传播的长效机制,引导研究生用马克思主义的观点、立场和方法去理解和分析科技社会发展出现的问题,及时向研究生宣传党的理论和政策,帮助学生认识资本主义社会的发展趋势,认识人类社会发展的基本规律,最大程度地扩大研究生群体对社会主义核心价值体系的认同,抵御各种错误思潮和腐朽思想。

2. 加强基层党支部建设,增强党组织凝聚力

基层党组织是党联系和团结广大青年学生的基础,研究生党建工作重点在党支部,关键在党员,尤其是党员骨干。

第一,应优化党支部设置。以便于开展组织生活为原则,以实验室、课题组等学术团队为单位设置党支部。把组织生活和科研学习结合起来,根据党员教育和学术科研的实际需求合理调控支部规模,发挥同一学术团队研究生来往密切、交流频繁、活动场所一致的优势,有意识、有针对性地开展理论学习,提高研究生的思想素质,建设学习型党组织,增强党组织的凝聚力。

第二,加强党员骨干的选拔和培养。选择政治素质过硬、责任心强、科研水平高的党员担任支部委员、入党积极分子的培养人,与共青团组织、研究生会、班级等团学组织干部交叉任职,充分发挥团学组织联系群众的优势和学生干部的桥梁纽带作用,增强支委会的执行力和党组织的活力。

第三,充分发挥和调动研究生党员在党建中的主体作用。激发研究生党员在党建中的主体意识和自我教育的积极性,把研究生党员个人的发展与党的宗旨、任务结合起来,使党员在组织中得到锻炼和成长,取得工作能力和政治觉悟的双丰收。在研究生中树立一批党员典型,发挥其在科学研究、学风建设和思想引领上的示范作用。每个研究生党员(党小组)联系一个本科生寝室(或团支部),与之建立指导与被指导的关系,发挥研究生党员思想成熟、专业能力强的优势,不但有利于做好本科生思想政治教育工作,还能使研究生党员在教育他人的过程中不断提高自身修养,加强自我教育,从而使其快速成长。

3. 规范制度建设,提高研究生党建科学化水平

要通过树立规范完善的研究生党建工作制度,建立研究生党员培养教

育的长效机制。首先要加强入党积极分子的培养教育,坚持早教育、早培养,按照"控制总量、优化结构、提高质量、发挥作用"的总体要求严把党员入口关。从入党动机、党性修养、群众基础、科研能力等多个方面进行综合考察,把隐性的思想素质具化为日常表现,避免用单一标准评价研究生。[3]建立党员发展评价体系并给出相应的评价标准,制定学院层面易于操作的"发展党员工作细则"等规章制度,保证新发展党员质量,坚决避免因研究生学制短而不严格履行发展党员工作手续和程序的问题。还要重视研究生党员的再培养、再教育。研究生党员比例较高,而且多为本科阶段入党,党员先进性教育的持续性是研究生党建面临的迫切问题。应着力加强对研究生党员的管理和考评,设定量化指标,制订考核评价细则,把研究生党员作用的发挥情况与研究生综合测评、学业奖学金、就业推荐等事项挂钩,及时依法处置不合格党员。以此增强研究生党员的党性修养和先进性,规范党支部的各项工作。

4. 创新研究生党建载体,扩大党组织影响力

为提高专业水平和研究能力,研究生党组织或党员要有意识地参与到学术活动的组织中去,发挥党组织在组织、宣传方面的优势作用,促进研究生的创新能力培养。例如,哈尔滨工程大学理学院开展的党支部"四个一"工程,学院党委要求党支部每学期至少组织一次科技创新活动,对研究生专业素质的提升起到了很好的推动作用。创新研究生党建工作载体,还应把开展社会实践、校园文化等符合研究生成长需求的活动与党支部活动有机融合,避免仅就党建论党建,不但为党员的培养教育提供平台和支撑,也使研究生的思想觉悟、综合素质得到全面发展,充分体现党组织服务于研究生成长成才的职能。另外,网络新媒体技术的蓬勃发展正深刻影响着青年人的生活方式,为新时代党建工作提出了新任务。应利用网络新媒体这个新阵地开展研究生党建工作,丰富党建工作的形式,拓宽党员教育培养的渠道,把党的组织优势和新媒体即时性、开放性、互动性等特点结合起来,增强党组织的感染力和吸引力,扩大党组织的影响力。

5. 发挥导师育人作用,形成党建工作合力

教育部教思政[2010]11 号文件明确了导师在研究生思想政治教育中首要责任人的身份,强调导师应全面关心研究生的成长,负有对研究生进行思想政治教育的首要责任。研究生党建工作离不开导师作用的发挥,高校首先应明确导师教书育人的职责,加强导师队伍建设。导师和研究生辅导员都是研究生思想政治教育的骨干力量,应增进沟通,协同配合,合力引导研究生正确认识党的路线、方针、政策,教育研究生树立为人民服务的思想。导师应参与到研究生党员和入党积极分子的培养中,可邀请导师作为党支部的指导教师,为党员、积极分子讲授党课或参加党支部活动,用导师精深的学术造诣、丰富的人生阅历、高尚的人格魅力激励研究生,在党员考察、评奖推优中充分征求和尊重导师的意见,使导师成为研究生党建和思想政治教育的引领者。

人才培养是高校的中心工作,也是高校党建工作的核心目标。研究生党建工作要将人才培养更好地融入其中,从拔尖创新人才成长发展的需求出发,依靠党的组织优势,针对研究生的思想特点和行为特征开展教育培养工作,强化研究生思想政治教育,不断提高党建科学化水平,更好地服务于国家人才培养战略,为拔尖创新人才的培养发挥应有的作用。

参考文献

[1]董雨,付淼.推进马克思主义大众化与高校研究生党建工作模式创新[J].广西大学学报(哲学社会科学版),2013(1):120-124.

[2]董雨,付淼,常军.推进马克思主义大众化提高研究生党建科学化[J].思想政治教育研究,2013(2):92-93.

[3]董云吉,王春秀.关于以学生党建工作促进学风建设的几点思考[J].课程教育研究,2014.6(中):84.

高校共青团基层组织职能发挥策略研究
——以某班级团支部的工作为例

刘春雨　李思滨*

摘　要:中国共青团是中国共产党领导的先进青年群众组织,是党的助手和后备军。高校共青团基层组织,不仅肩负着校园文化建设的重要使命,在人才培养中也发挥着越来越重要的作用。本文以班级团支部的工作为例,解读共青团组织在发挥好党的助手和后备军的作用、国家政权重要社会支柱的作用、党和政府联系青年群众的桥梁和纽带作用的同时,还要提升共青团工作的认同感和吸引力、增强共青团组织的使命感和凝聚力、提升团员的归属感和影响力,从而促进共青团组织的职能发挥,为进一步引导青年、帮助青年、全心全意为青年服务,推动和谐校园建设,为大学生的成长成才奠定基础。

关键词:共青团;职能;班级团支部

共青团是党的青年组织,需要发挥好党的助手和后备军的重要作用,是党和政府联系青年学生的桥梁和纽带。运用党的方针和政策教育广大青年学生,培养青年学生、把青年学生紧密地团结在党的周围是其政治使命。高校共青团组织作为高校的组成部分,肩负着加强广大青年学生思想政治教

* 刘春雨,1987 年出生,黑龙江省双城区人,哈尔滨工程大学动力与能源工程学院辅导员、讲师,硕士,研究方向思想政治教育。
李思滨,1981 年出生,辽宁省营口市人,哈尔滨工程大学国防教育学院学工办主任、副教授,硕士,研究方向思想政治教育。

育和素质教育的重要使命,对营造良好的校园文化氛围也发挥着重要作用。在强调青年学生学习传统文化的同时,还鼓励学生德、智、体、美、劳等多维度综合能力的发展,对促进大学生全面发展,培养复合型人才起到不可替代的作用。[1]

"班级日常活动开展,积极配合班长工作,起到润滑剂的作用。""班级干部例会,班级的情况及时反映给老师,同时将老师通知的事情告诉班级同学,起到上传下达的作用。""积极组织同学们参加各项班级和团支部的活动,起到增进班级同学凝聚力的作用。""开展团日活动,起到促进和帮助学生们的思想与时俱进、不断创新的作用。"这些都是高校基层团组织——班级团支部在日常工作中发挥的作用,也是共青团组织的职能,即共青团组织青年、引导青年、全心全意服务青年和维护青年合法权益的基本职能。在当前形势下,如何更好地发挥基层团组织的职能,是我们应当重视和研究的重要问题。

一、高校共青团的形势与新时代的任务

1. 高校共青团的形势

党的十九大引领中国特色社会主义进入新时代,进一步强调高校落实立德树人的根本任务,提出优先发展教育事业、建设教育强国、加快一流大学和一流学科建设等新的要求。[2]2018 年是全国上下深入贯彻学习党的十九大精神的起步之年,十九大的内容和精神为我们做好当前和今后一段时间的共青团工作提供了明确的导向,为进一步提高大学生日常思想政治教育科学化水平,更好地发挥共青团组织服务广大青年学生成长成才提供了方法和途径,帮助广大青年学生领会新形势、新任务,把握新变化、新特点。

作为具有最广泛的青年群众基础的共青团,当前的工作重心是深入贯彻落实党的十九大精神,坚持立德树人的根本任务,积极促进和谐校园的建设,促进青年成长成才。

2. 高校共青团新时代的工作任务

青年作为最富有朝气、创造性、生命力的群体,是推动各项工作任务开展的核心力量和有效资源。新时代的青年,应抓住新的机遇、面对新的挑战,做到"爱国、励志、求真、力行",肩负起历史使命,肩负起伟大复兴的中国梦和"两个一百年"奋斗目标,把学习热情、创造热情汇聚和发挥出来,奉献于祖国和人民。高校凝聚了众多优秀青年,而共青团更是将青年团结在了一起。[3]青年是国家的未来,"青年兴则国家兴,青年强则国家强"。因此,做好共青团的工作,明确好共青团的工作任务,关乎国家的命运和民族的希望。

学院团委作为共青团的基层组织,工作的主要任务是在校团委和学院党委的领导下,紧密围绕学校、学院的工作重心,组织和带领共青团员学习、贯彻党的路线、方针和政策,学习党的理论和指导思想,积极开展青年思想政治教育工作;不断加强团的思想建设、组织建设和作风建设,努力提高广大团员的思想政治素质和道德素质,积极协助党组织做好推荐优秀团员入党的工作;组织开展健康有益的校园文化活动,努力营造高品位的文化氛围,努力打造具有本学院特色的学生活动,促进校园文化建设;组织开展学生课外科技学术活动和社会实践活动,努力培养广大青年学生的科学思想、科学方法和科学精神,不断提高学生的创新能力;注重学生干部队伍建设,指导学生机构工作,切实发挥共青团的桥梁和纽带作用。[4]

二、高校共青团职能发挥存在的问题

1. 思想意识薄弱

长期以来,共青团工作在组织青年学生参与学校、学院发展建设,引导青年全面成长成才,服务青年成长和进步,维护青年合法权益等方面做了大量的工作,也取得了显著的效果和成绩。但是,时代的发展变化,学生群体的思想变化,学生成长的需求变化,这些因素都制约了共青团职能的充分发挥,有些工作显得滞后或实效性不强。

高校基层团组织的构成人员以"95后"为主。他们存在一个共性问题,即意识淡薄,缺乏组织性,对上级的组织和信息出现了排斥。而且,进入大学后,班级团支部对团员思想意识方面的教育偏少,也让学生们形成了"大

学生都是团员"的错误思维,从而忽略了共青团员身份的先进性。

具体表现在以下三个方面:第一,在团员自我层面上,学生们对学校团组织不清楚、不了解;对学院团组织和班级团支部有一定的认识,但不清楚其职能和作用,更不知道团委的性质,认为"团就是举办各类活动的";班级团支部的建设往往被忽略,开展团的工作应付了事,搞形式主义,使得班级团支部凝聚力和影响力下降,活动作用不能够深入人心,进而使团支部开展活动力不从心。第二,在团组织干部层面上,团干部忽视自身理论学习和自身素质的提高,不能起到及时反映青年团员诉求,帮助维护青年权益的作用。[5]第三,在外部环境层面上,严峻的就业形势使许多学生变得过于"务实",这也体现在团干部和团员的身上,即做事讲代价,功利化。这些表现影响了共青团员对团组织、团干部的认识,更影响了共青团职能的发挥。

2. 队伍建设存在不足

毋庸置疑的是,团干部绝大部分具备扎实的政治理论功底、良好的知识素养,是开展工作的依靠力量。但是,随着招生规模不断扩大和学生数量的不断攀升,学生和学生干部的素质不一,这也对共青团队伍的建设产生了一定的影响。

部分团干部责任心不强、缺乏服务意识,不能及时了解掌握共青团员的思想动态,不能及时、准确地反映青年学生的意见和要求,不能代表和维护青年学生的利益,因此也就使共青团组织很难有针对性地开展工作。有些团干部缺乏必要的知识储备和实践能力,特别是低年级团干部,任职时间短、兼任职务现象普遍存在,没有完全具备团干部应有的政治素质、知识储备和组织能力,每天忙于事务性工作之中,工作系统性不强,工作方式方法不够得当,因此影响了共青团工作的整体效果。有些班级团支部对团干部系统培训制度、激励机制不健全。[6]例如,班级团支部干部由团支部书记、组织委员、宣传委员组成,但在日常工作开展过程中,绝大多数的工作基本由团支部书记一人完成,其余两名支委只是作为辅助,甚至形同虚设,导致团支部的领导力和凝聚力下降。以上诸多因素,都对团组织的队伍建设带来很多不利的影响,进而也就影响了共青团职能的发挥。

3. 与互联网的融合不够深入

当前正处于互联网大发展大繁荣的时代。当代大学生更是高频度使用互联网及手机的人群。网络和手机已经渗透在当代大学生日常学习和生活中的各个方面。互联网的高速发展,对于新形势下做好高校共青团工作带来的既是机遇,也是挑战。如何积极运用互联网,利用好网络这个平台,构建和拓展高校网络思想阵地,创新团活动的内容和方式,做好"互联网＋"高校共青团工作是我们目前亟须面对和解决的问题。[7]虽然,高校共青团的工作已经逐步从传统模式转变为结合互联网的新模式,但与互联网融合的程度还不够深。

为了能够更贴近学生,激发学生的兴趣点,就一定要将高校共青团的工作深度融合进网络,尤其是要利用好手机这个移动终端开展好团的工作和活动。目前,"共青团中央"在新媒体领域已经做得十分出色,但是在高校共青团工作上,与互联网的融合,对互联网平台的运用,尤其是对"微信""微博"的使用还不够深入。虽然,各大高校都在积极投身于构建和拓展网络思想阵地,强化网络在学生工作以及校园文化建设等方面的作用,但目前仍然存在一些问题,如发展动力、创新能力的不足。[8]尤其是不能吸引学生参与到网络阵地中,在网络阵地中互动。高校的共青团工作虽然也积极向网络靠拢,但还没有充分运用互联网的多样化模式,更多的是将传统模式搬运到了网上,没有形成系统的、灵活的互联网工作思维,以及以学生为主体、上下联动的活动模式。

如果高校共青团工作不能与网络进行深度融合,就不能吸引学生参与到共青团的工作和活动中来,那么必然会影响共青团职能的发挥,不利于坚定当代青年的思想意识,团结广大青年,促进青年学生的成长成才。

三、促进共青团职能发挥的新思路

1. 着力提高高校共青团工作的认同感和吸引力

众所周知,共青团是党领导的先进青年的群众组织,是党联系青年的桥梁和纽带,它担负着团结教育青年、带领青年为党的事业奋斗、培养社会主义事业接班人的历史重任。因此,基层团组织的工作目标应是,通过积极的工作,使共青团这样的组织真正成为每一个积极上进的大学生在思想上的首选归宿。

为做到这一点,首先应着力提高团组织、团干部、广大青年团员对共青团工作的认同感,同时还要提高共青团组织的吸引力。共青团组织应大力提高工作的宣传力度,加强团的教育,通过学习使广大学生了解并熟知团的基本理论、基本知识,学习团的章程,掌握团的性质和基本任务,了解团员的权利和义务,进而增进对团的认同感。通过开展讲座、参观、素质拓展、线上线下联动等多元化活动,吸引广大共青团员参与到团组织活动中来,由此进一步加深团员对共青团的认同感。共青团作为党的助手和后备军,青年学生首先应在团组织中以一个共青团员的身份积极地担当起自己的责任,多学习团的知识,熟记团的章程,并把它灵活地运用到自己的社会实践当中,为早日加入中国共产党、为共产主义事业奋斗终身做好准备。

2. 着力增强高校共青团组织的使命感和凝聚力

共青团职能的充分发挥,还应注重增强团组织的使命感和凝聚力。团组织应先明确自身使命,它应是科学思想的率先接受者,应是先进文化的率先倡导者,应是将远大理想付诸现实的坚定行动者。以班级团支部为例,它是由班集体中相对优秀的学生组成,在班级建设和各项活动中,这些学生应该充分发挥团干部的榜样作用,引导其他同学健康成长。除了负责基本的团费收缴、团内推优、主题团日活动等一些常规性事务工作外,还应与在学业、就业、考研、情绪等方面存在问题和困惑的同学进行交流、沟通、引导。由此,不仅提升了团组织、团干部的使命感,也提升了团组织的凝聚力。

另外,学生干部的综合素质对团组织的使命感和凝聚力的增强也起着决定性作用。要不断提升团干部的学习能力、服务能力和引导能力,加强团干部的模范意识教育,使其明白自己是团员队伍中的先进分子,要在青年中发挥模范带头作用,通过自己的榜样作用和良好的形象得到同学的信任和支持。同时,这种信任和支持也能够让他们准确捕捉该班级的学生在成长过程中遇到的矛盾和困惑,及时了解身边同学的思想动态,对不良思想或行为及时汇报,保持信息的畅通,做好舆情信息的反馈。切实履行团组织服务青年健康成长的使命,从而提高团组织的凝聚力。

3. 着力提升高校共青团员的归属感和影响力

共青团工作的不断改进,团组织凝聚力的不断提升,归根结底是为了提高青年团员的归属感,从而发挥共青团在引领青年成长成才过程中的影响力。团员在团组织的工作中扮演着越来越重要的角色,加强团员的培养、发挥团员先锋模范带头作用是加强团组织建设的重要内容。团组织应顺应形势,加强工作方式和教育途径的创新,强化网络等新媒体的育人功能,拉近团组织与青年团员的距离。团组织影响力的提升还应依托于大学生的成长需求,有的放矢地对不同情况的共青年团员进行分类指导。例如,以学院团委或班级团支部为单位对低年级学生开展的适应性教育,对二、三年级学生开展的"三下乡"社会实践活动和"五四杯"科技创新竞赛等,对毕业生开展的志愿服务和基层选调工作的宣讲。这些工作贴近学生实际,能够抓住学生的"兴奋点",充分激发他们参与活动和受教育的热情,从而实现团员对团组织归属感的提升,团组织对团员影响力的扩大水到渠成。

青年兴则国家兴,青年强则国家强。青年一代有理想、有本领、有担当,国家就有前途,民族就有希望。中国梦是历史的、现实的,也是未来的;是我们这一代的,更是青年一代的。在实现中国梦的伟大征程中,广大青年必将努力成为理想远大、信念坚定的一代,品德高尚、意志顽强的一代,视野开阔、知识丰富的一代,开拓进取、艰苦创业的一代,这既是历史的传承,也是新时代的要求。作为先进青年的群众组织,共青团职能的充分发挥,要善于总结以往的工作经验,同时注重不断开拓创新,由此实现在当前形势下,紧密团结带领广大青年积极投身各项学习、工作、实践,引领和服务广大青年团员成长成才、全面发展的职能。

参考文献

[1]刘志坚.论高校基层团组织在学生成才中的职能发挥[J].出国与就业(就业版),2011(2).

［2］孙锋.高校共青团思想引领的三重维度［J］.江苏高教,2018(9).

［3］谭武.新形势下高校团组织活力建设的问题和对策研究［J］.现代教育化,2018(1).

［4］徐悦,苗勇,谢欢.新形势下共青团工作的创新实践与思考［J］.无锡职业技术学院学报,2010(2).

［5］李瑞静.新时期高校共青团基层组织建设及工作路径探析［J］.现代交际,2017(7).

［6］辛晓龙.高校共青团思想政治教育存在的问题和对策初探［J］.科教文汇:下旬刊,2018(6).

［7］阳松谷.新媒体视野下高校共青团工作的有效开展［J］.德育研究,2017(12).

［8］徐瑶.全面深化改革背景下高校共青团建设浅析［J］.湖北科技学院学报,2016(6).

第五篇

05

| 服务育人篇 |

个体咨询技术在高校学生工作中的应用

齐云鹤*

摘 要:学生工作是建立在沟通基础上的工作,以思想政治教育为主要内容,包括道德品质、三观建立等具体部分。在学生工作中引入个体咨询技术,能够有效提高学生工作的实效性。个体咨询技术的合理运用可以有效提高师生关系质量,提高工作效率,促进学生良好成长,适应高校学生工作的特点。

关键词:个体咨询技术;高校学生工作;辅导员

个体咨询技术起源于心理咨询,属于心理咨询技术的一种。心理咨询是运用心理学知识、理论、技术和方法,解决来访者的心理问题,帮助促进来访者个体成长。随着社会的不断发展,个体咨询不再局限于心理咨询方面,在教育、管理、职业生涯等方面有了更多的应用。

在学生工作中,学生个体出现的一般问题包括学业问题、生涯规划问题、寝室问题、集体活动问题、恋爱问题、同学纠纷问题、考研就业问题、违规违纪问题等,学生个体问题几乎涵盖了大学生活的方方面面,种类繁多。在具体的学生工作中,常规的谈话也是需要技巧和方法的,只有掌握了心理活动的规律,才能更好地把握思想形成和发展的规律,有针对性地做好思想政

---

* 齐云鹤,1983年出生,黑龙江省哈尔滨市人,哈尔滨工程大学机电工程学院辅导员、讲师,硕士,研究方向思想政治教育和心理健康教育。

治工作。[1]

一、个体咨询技术应用在个体学生工作中的重要意义

1. 符合学生成长需求

美国心理学家马斯洛(1908—1970)和罗杰斯(1902—1987)提出了著名的人本主义理论,马斯洛作为人本主义心理学的创始人,充分肯定人的尊严和价值,积极倡导人的潜能的实现。另一位重要代表人物罗杰斯,同样强调人的自我表现、情感与主体性接纳。人本主义理论注重对学生内在心理世界的了解,以顺应学生的兴趣、需要、经验以及个性差异,达到开发学生的潜能、激发起其认知与情感的相互作用,重视创造能力、认知、动机、情感等心理方面对行为的制约作用。

人本主义理论肯定人内心的潜能与需求,这与当代大学生的基本情况是相符的。可以简单地讲,学生在心理上都是有积极向上的需求的,而实际阻碍其成长的是其内心的阻力或外界某些客观条件。基于人本主义理论,辅导员在个体学生工作中的主要任务是强化其内心潜能与需求,帮助其消除或减小内在及外在的阻力。

2. 符合实际工作需要

个体咨询技术的开展是建立在良好的咨询关系的基础上,应用相应的咨询技术解决问题,以来访者为主体完成"助人自助"的目标,个体学生工作情况与之相仿。

良好的师生关系是开展个体学生工作的前提。日常学生工作中,经常遇到个体学生工作存在强烈阻抗的情况,有的学生对辅导员工作不理解,表面配合辅导员工作。一旦学生与辅导员之间的关系紧张或形成对立面,思想工作就无法顺利开展。

适当使用相应技术能够提高个体学生工作的效率。在日常工作当中,辅导员需要面临的任务种类繁多、纷繁复杂,能够针对学生个体开展工作的机会非常珍贵。目前各在校学生课业压力较大,平时辅导员与学生谈话都需要精挑细选预定时间,与问题学生面谈的机会非常有限。选择相应的技术开展工作能够有效提高学生工作效率、保证学生工作质量。

二、值得注意的要素

1. 关系的建立

心理咨询是以咨询关系为基础展开的,而学生工作也对关系特别看重,良好的师生关系不仅仅是沟通的基础,也是以学生为中心、帮助学生解决问题的重要前提。

根据学生的实际问题,辅导员可以与其建立平等型、权威型、指导型等不同的咨询关系。但有几个前提特别关键,就是理解、尊重,这不仅是咨询关系的需要、师生关系的需要,也是社会一般人际关系的需要。

2. 学习动机

正确的动机是学习行为的基础。在帮助学生树立动机时,我们要注意以下四点。

第一,帮助其树立高尚、正确的动机,纠正低级、错误的动机。低级、错误的动机是完全的利己主义,如为了挣钱、为了过更好的生活。高尚、正确的动机是利他主义与利己主义的融合,如为了自我价值的实现、为了祖国和民族的需要。除正确开展相关教育活动外,对于两种动机的转换是存在方法与技巧的,如挣多少钱到值多少钱到使自己更有价值的转化,结合国际国内形势教育效果会更好。

第二,注意近景的直接性动机与远景的间接性动机相结合。近无远则浅,远无近则虚。

第三,注意发掘学生内部学习动机,或帮助其把外部学习动机转化为内在学习动机。所谓内部学习动机是对自我价值的肯定,而外部的学习动机一般为奖励、荣誉等。

第四,一般学习动机与具体学习动机。一般学习动机主要产生于学习者自身,与其价值观念和性格特征密切相连,因而也称为性格动机,具有高度的稳定性。具体学习动机是在某一具体学习活动中表现出来的动机,如因为某些原因对某门课程感兴趣,或因为某门课是主干课毕业后能发挥较大的价值而学习。[2]

3.归因方式

维纳(Weiner,1974,1992)将人们活动成败的原因即行为责任归结为能力高低、努力程度、任务难度、运气好坏、身心状态、外界环境六个因素,并将其归为稳定性、内在性和可控性三个维度,详见表2。

表 2　成就动机的归因模式

	稳定性		内在性		可控性	
	稳定	不稳定	内在	外在	可控	不可控
能力高低	√		√			√
努力程度		√	√		√	
任务难度	√			√		
运气好坏		√		√		
身心状态		√	√		√	
外界环境		√		√		√

不同的归因方式会对学习动机产生不同的影响。其中对成功与失败归于内因和外因的不同情感反应有明显不同,详见表3。例如,学生将成功归于能力或努力程度等内因,将会有满意、自豪等情感反应,会促进其增强信心,但如果将失败归罪于运气、任务难度等外因,会产生愤怒等反应。

表 3　对成功与失败的情感反应

	归于内因	归于外因
成功	自豪或满意	感激
失败	自责、内疚或羞愧	生气或愤怒

对于成功与失败的期望,归因于稳定及不稳定因素的区别明显。将成败归于稳定因素,将使其预期与目标结果一致,如归于不稳定因素,则目前结果对预期影响较小,详见表4。

表4　对成功与失败的期望

	归于稳定因素	归于不稳定因素
成功	预期与目前结果一致	目前结果对预期影响小
失败	预期与目前结果一致	目前结果对预期影响小

　　在所投入的努力方面对成败进行归因也可以产生完全不同的效果。如果将成功归于努力，会促使其更努力地完成学习，但如果将失败归于能力高低，可能让学生习得较强的无助感，不利于促进其改善学习情况。

表5　所投入的努力

	归于努力程度	归于能力高低
成功	会更努力	有可能降低努力程度
失败	可更努力	可能习得无助感

　　在个体学生工作中，针对不同情况指导和帮助学生合理归因，可促进学生改善目前的不利局面，但如果归因错误，可能让学生产生不良情绪，非常不利于解决问题，甚至进入难以改变的局面，这种情况需要避免。

　　4. 自尊

　　根据自我心理学相关理论，自尊 = 成功/抱负，此中自尊可理解为自我成就感或自我体验，抱负可以理解为心理预期。此公式可以帮助学习困难学生设定合理目标以提高自我学习体验，强化学习动机。[3]

　　5. 内疚与羞愧

　　内疚与羞愧在学习困难学生中常常存在，根据自我心理学显示，内疚与羞愧为完全不同的两种情感，需要区别对待。其中内疚的焦点在行为，更私密，可以促使个体弥补；而羞愧涵盖整个自我，具有较强的弥散性，会促使个体逃避与隐藏。在学生工作中，应尽量避免使学生出现羞愧的情况。

三、值得推荐的方法

1. 认知—行为法

取材于艾里克森的 ABC 理论,属于心理咨询中的认知疗法,也叫合理情绪疗法。在艾里克森的 ABC 理论中,A 为事件,B 为对事件 A 的认识,C 为产生的情绪或行为。艾里克森认为,产生 C 的原因是 B,而不是 A,是错误的 B 产生了错误的 C。

在学生工作当中可以借鉴此方法,在很多方面帮助学生完成正确的分析或归因,找到合理的 B 去解决 C。

举例,一个学生因为第一学期成绩不佳,认为大学课程难,自我能力不足,而产生了较大的学习阻力,越学越没有劲头。这个例子中第一学期成绩不佳是 A,认为课程难、自我能力不足是 B,学习阻力大是 C。

针对此类学生,可以帮助其分析正确的 B,与高中学习对比,高考分数按百分数折算,上学期成绩按百分制折算,证明大学课程难度并没有高中的难度大,将成绩不好的原因归于努力程度,这样改变 B,使其具备一定信心,只要尽快恢复状态,解决成绩问题并不难。

但在实际解决问题时,很多问题都是互相叠加的,需要仔细分析其原因,有针对性地解决问题。

2. 焦点解决法

取材于心理咨询中的焦点解决短期心理咨询技术,是以 20 世纪 80 年代美国的短期家庭治疗中心为基础发展起来的。[4]焦点解决从积极面去了解学生的问题,重视学生原本具有的天分与能力,而不去考虑问题的原因,强调成功的经验,强调他们身上的可能性,而不考虑局限性。其中有一些技术在个体学生工作中非常实用。

(1)会谈前改变的问句。开始会谈的一种方法,以正向角度引导学生去看问题,共同营造出解决导向的氛围。比如和学生谈话的时候以这句话开始:"上次我们谈过之后,这段时间里你有什么改变?"

(2)例外式问句。焦点解决认为变化是一直存在的。因此对于任何问题总是存在一些例外,而这些例外正是问题解决之道的线索所在,而且我们预先就假设变化正在学生的问题中发生。我们通过这样的问句协助学生思考问题也有不存在或是被解决的时候，并借以建构出解决的办法，而同时也是在提醒案主其实是具备问题解决的能力。例如，"什么时候你的学习状态会有好的时候？""这时候有哪些变化？"

（3）奇迹式问句。奇迹式问句是这样的："如果有一天晚上，当你正在睡觉的时候，奇迹发生了，你们之间的矛盾解决了，第二天早上你醒来的时候，你会看到什么样的东西？""如果真的能重新开始，你希望做些什么？""如果想让奇迹发生，你需要做些什么？"等。这些问题借着让人们清楚地看见目标，来催化解决问题的精神状况，也有助于学生的目光超越问题本身，如果辅导员能鼓励学生不去考虑问题，开始做正确的事，那么问题也就不再那么严重了。

（4）评量式问句。可以用 1 代表问题最糟糕的情况，10 代表学生最理想的状况。要求学生以 1 到 10 的数字来对问题做出评估。例如，"从 1 到 10，如果 1 代表你之前的学习努力程度，而 10 代表你理想中的努力程度，那么你现在对自己的满意度是多少？"评量式问句可以帮助我们把复杂、模糊的目标简单化，通过这种方式辨认出学生进步的情形，培养出小小的变化，并增强学生的动机和信心。

（5）应对式问句。当学生过分强调所面对的困难时，应对式问句是可以运用的好技巧。它以温和的方式挑战学生的无助感，给予小小的成就感。通过应对式问句，提醒学生仍然没有彻底失败，这暗示其有解决问题的可能性和办法，只是过于关注于痛苦，而忽略了本身所具有的能力。例如，"虽然上学期的必修课程非常多，感觉很糟糕，但是你仍然在微积分上获得了中等！你已经很厉害了！我很好奇，你是如何做到的？"

四、面谈技术的应用

面谈技术是咨询技术中非常重要的组成部分，几乎所有咨询流派都非常重视面谈技术的应用。其中较为主要且普遍适用的技术有倾听、共情、提问及面质技术。

1. 倾听技术

倾听技术是个体咨询的重要技术和咨询过程的基础,是指在接纳的基础上,认真、积极、关注地倾听,并主动引导、积极思考、澄清问题、建立关系、参与帮助的过程。辅导员在个体学生工作中合理运用倾听技术,可以建立良好的师生关系、释放学生压力,也能为指导与帮助打下非常良好的基础。[5]

倾听分为身体倾听与心理倾听。所谓身体倾听即倾听者与学生的空间位置、目光接触,倾听者掌握学生的身体姿态、表情等。心理倾听即关注学生的非语言行为中传达的信息,以此了解学生的内心世界,达到真正的理解,为沟通打下良好基础。

2. 共情技术

共情技术是指咨询员一边倾听来访者的叙述,一边进入来访者的精神世界,并能感同身受地体验这个世界,然后在此基础上,完成沟通与指导。

无论是逃课、学习成绩不良、沉迷游戏,学生的内心世界中都是存在矛盾的,没有真正不想好的学生,只有控制不住自己的学生,所以了解、体会学生的痛苦,真正地实现共情,才能更好地帮助学生。

3. 提问技术

(1)开放式提问。开放式提问一般包括"什么""怎样"等内容,可以有效促进学生思考,促进其言语表达。如"上学期挂科后你有怎样的想法?""你当时为什么会和她吵起来?"等。在需要引发学生思考的时候可以使用此技术,促进其主动考虑问题,激发其内在成长动力。

(2)封闭式提问。封闭式提问一般以"是""否"来作为答案,限制了学生的回答内容,引导其向特定的方向思考。如"你希望自己成为一个优秀的人吗?""你心里很讨厌她吗?"等。在已经找到问题的解决方向时可以通过构建好的封闭式提问将交流引入具体的内容上。

4. 面质技术

面质技术又称质疑、对立、对峙、对抗、正视现实等,是指指出学生身上出现的矛盾,目的不在于证明学生做错了什么,而是反射矛盾,帮助学生正视自己的问题,促进问题的解决。如"刚才你说你想考研,现在又每天不去学习""你说你和他关系不错,又说讨厌他,为什么会这样?"面质技术可以帮助学生澄清问题的根本原因,对于找到解决问题的根本办法可以起到关键作用。

参考文献

[1]柳思羽.试论借用心理咨询技术提高思政政治教育实效性[J].亚太教育,2016(4):152.

[2]张大均.教育心理学[M].北京:人民教育出版社,2004.

[3]Jonathon D. Brown,Margaret A. Brown.自我[M].北京:人民邮电出版社,2015.

[4]石静.焦点解决短期心理咨询技术在高校学生工作中的应用启示[J].南京广播电视大学学报,2016(4):45－47.

[5]John Sommers－Flanagan,Rita Sommers－Flanagan.心理咨询面谈技术[M].北京:中国轻工业出版社,2014.

通过全过程体验式专业教育打造服务育人新平台
——以哈尔滨工程大学水声工程学院为例

芦雪松*

摘　要:专业思想教育对本科生来说,是专业教育和教学的根本出发点,然而传统的专业思想教育停留在入学初期的说教与介绍,形式上还以大班讲座为主。如何给予学生在大学不同阶段以不同的专业教育,通过教师平台和学生组织平台如何开展体验式的专业教育,让学生融入其中,是目前的一项重要课题。本文将以此为切入点,通过哈尔滨工程大学水声工程学院实际工作案例,详述全过程体验式专业教育平台的搭建。

关键词:专业教育;体验式;全过程

专业思想教育是大学生对自己所学专业和学科的认识、理解及态度,是学生选择专业、进行专业学习、从事专业工作的思想基础,是专业教育和教学的根本点和出发点。[1][2][3]

全过程专业思想教育是特别针对以往专业思想教育仅仅停留在新生入学初的时间段而提出的,通过在不同年级、不同阶段、不同层次的学生中开展相应的教育活动,在学生大学成长全过程进行的针对性更强的一种专业思想教育方式。体验式教育是针对以往讲座式、说教式教育而提出的,通过为学生定制符合年级特点、符合自身要求的小班座谈式甚至一对一式的教

---

* 芦雪松,1984 年出生,黑龙江省哈尔滨市人,哈尔滨工程大学水声工程学院辅导员、讲师,博士,研究方向思想政治教育。

育活动,让学生在学习过程中体验到更加人性化、更加灵活的教学方式。

　　本文以哈尔滨工程大学水声工程学院为例,从大学四年不同时期的专业教育的开展入手,讨论如何建立一种学生喜闻乐见的、务求实效的、全过程体验式专业思想教育。

一、全过程体验式专业教育平台概况

　　中世纪欧洲大陆的大学教育基本由两个不同学习阶段构成。大学预备阶段的教育主要提供专业基础教育,高级阶段则完全实施的是专业教育,如当时培养牧师、律师和医生的教育。[4]可见专业教育的重要性。全过程体验式专业教育平台由教师和学生组织两个主体组成。其中,教师主体在学生大学四年的不同年级带给学生不同的专业思想教育与专业体验。学生组织主体则在学生大学四年学习中贯穿始终,对学生进行思想引领。两个主体在学生的专业思想教育中更多地为学生提供体验式的互动。图4为此平台的架构图。

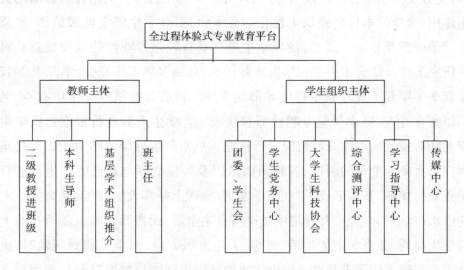

图4　全过程体验式专业教育平台示意图

二、依托教师主体，在大学四年建设体验式专业教育

1. 充分发挥院士及基层学术组织对高年级学生的引领作用

开展院士讲座及基层学术组织推介会，使本科班级深入了解行业发展。为提升高年级学生专业素养，针对大三年级即将升入大四开始保研和考研的这一特殊时期，学院召开了两次深入的专业思想教育。一是由各基层学术组织分别向学生介绍自己团队最前沿的科研成果，让学生对学院的科研实力有了更深一层的了解。二是由杨德森院士及其科研团队与2014级本科生每个班分别召开座谈会，对水声行业的行业动态及未来发展方向进行了深入的介绍。通过这两次行业介绍，让大三的学生对水声行业有了新的认知，坚定了为水声奉献，为国防服务的信念。

2. 充分发挥本科生导师制对大二年级学生的引领作用

试行本科生导师制，为学院本科生提供个性化培养平台。为进一步促使水声工程学院本科生人才培养质量提升，遵循本科生学业发展的客观规律，充分发挥学院教师在教书育人、科研育人、实践育人、文化育人方面的突出作用，为学院本科生提供个性化培养平台，引导学生坚定理想信念、增强学院荣誉感及专业归属感，指导学生进行具有较强专业性的科技创新和科学研究工作。结合水声工程学院实际情况，总结多年工作经验，学院于2017年春季学期起正式开展本科生导师制工作。目前首批试点学生中有44名2015级学生与33名学院专职教师对接成功。学生人数还将根据首批学生与老师对接后的工作开展情况进行扩充。从本科生导师制师生正式对接至学期末大概两个月的时间，各科研团队以及各位老师与自己的学生都进行了频繁的接触，基本形成了"线下学术讨论、线上畅聊人生"的沟通方式。定期以水声学科为基础，开展集中讨论与自主学习，而指导老师也随时在线上与学生沟通，关爱学生的生活、思想、人生发展方向，当学生遇到问题时，也会主动找到老师寻求帮助。师生之间的感情也随着接触的日渐频繁而越来越深厚。

3. 充分发挥行业专家对大一年级学生的引领作用

二级教授进班级，引导学生建立为科学事业奉献追求的精神和高度的责任感。为了让 2016 级新生尽早明确未来方向、了解水声行业需求、树立专业自信,学院精心设计了以"专业理想与人生成长"为主题的班会,邀请乔钢、梁国龙、李琪、李海森、孙大军、时胜国 6 位二级教授分别走入对接的本科生班级,让站在行业前沿的教授们与这帮"95 后"的孩子们讲成长经验、聊未来方向,谈专业理想,让他们认识到自己对于国家的具体责任。为了减少大一学生与教授之间的距离感,营造一个平等、轻松的交流环境,学院安排每个班级的班长直接联系对接教授,确定班会时间。辅导员与班主任不参与到活动中。在班会上,没有高高在上的"教授",只有传授经验、解疑释惑的"老学长"。班会过后,大一年级学生普遍反映对于专业更加自信,对于国家的重大发展战略更加关注,对于学好水声专业课程更加迫切。活动也让教授们更加牢记"老师"是第一身份,人才培养是第一要务,"上好课"是第一责任,政治合格是第一标准。

4. 充分发挥班主任教师对班级学生的引领作用

以结果导向考核班主任工作,以考核内容指导班主任工作。为了充分发挥班主任在大学生教育及管理工作中的重要作用,全面提高学院班主任工作质量,学院出台了《水声工程学院班主任工作管理与考核办法》(以下简称《办法》)。以工作绩效为主要考核点,结合学生评价、基础工作评价和业绩评价,确保考核程序与结果公平、公开、公正。考核内容涵盖了学生评价、班级学习成绩平均分排名、挂科人次、四级通过率、六级通过率、学生获得校级及校级以上科技创新奖励、学生违纪及留降级人数等,同时建立了班主任的退出机制。在此《办法》的指导下,班主任从之前的推着干、不会干,转变成了主动干、学着干。在班级同学出现思想波动、考试复习阶段、班级需要提升班级凝聚力时,均主动站到台前,展现出了一名高校班主任的责任感。

三、依托学生组织主体,开展体验式专业思想建设

水声工程学院现下设 7 个学生组织,分别为学院团委、学生会、学生党务中心、大学生科技协会、综合测评中心、学习指导中心、传媒中心。

1. 充分发挥学院团委、学生会正面引导学生课余生活的作用

通过课外活动增强班级凝聚力、学生归属感以及专业认同感。学院团委及学生会紧跟团中央、校团委、校学生会的节奏与步调,为学生提供积极正面的引导以及阳光向上的课外活动。通过开展"三下乡"、社会主义核心价值观学习、志愿服务、阳光体育活动、"水声杯"足球赛、篮球赛等课外活动,丰富了大学生的业余文化生活。同时根据学院实际情况,发挥高年级优秀学生优势,开展诸如 DSP 竞赛、"生活中的声学现象"科普讲座等一系列有学科特色的院内课余活动,增加学生尤其是低年级学生的专业认同度,提升学生自身专业修养。

通过体验式运动增强体质健康,建立学生秩序感。学院在 2017 年出台了文件《水声工程学院学生体质健康提升工作方案》,旨在促进学生通过体验式运动提高身体素质,建立秩序感。方案规定了三项内容:一是由研究生党员担任裁判的两周一测制度。学院规定大一至大三的所有本科生每两周进行一次测试,其中 100 米跑、立定跳远、30 米折返跑为共同项目,男生加测引体向上,女生加测仰卧起坐。成绩达到一定标准的同学可以免出两周到一个月的早操,其余同学要求务必出早操。二是集体早操制度。方案要求大一到大三没有通过测试的同学必须出操,其他同学自愿出操。早操项目包括足球、篮球、跳绳、踢毽子、跑步等项目。三是寝室体能对抗赛。方案要求各寝室每周自行选定时间进行寝室内体能对抗,对抗中最后一名负责本寝室未来一周公共区域的卫生,成绩与寝室卫生检查挂钩,对抗项目由上一周最后一名同学选定。希望以此来推动学生力争上游的信心,并提升学生的体质健康水平。

2. 充分发挥党务中心思想引领的作用,发挥大学生党员先进性

通过思想教育引领学生树立正确的信仰与精神追求。为提高大学生党员工作的可操作性,提高大学生党员的荣誉感与责任感,学院出台了《水声工程学院学生党员发展工作实施办法》《水声工程学院学生党员发展对象推荐要求》,以文件的形式正式对本科生入党提出了规范与要求,强调了个人能力不能代替思想觉悟与奉献精神。同时通过党内活动,逐步贯彻落实全

国思想政治工作年会精神,通过思想教育引领,发挥党员模范先锋作用。

3. 充分发挥大学生科技协会的作用,以科技创新为导向,提高学生科技创新能力

通过科技创新吸引学生注意力,同时提高其专业认知度与动手实践能力。为了使学生能够远离手机游戏所带来的负面影响,将学生的注意力从手机转移到专业学习上来。水声学院对学院的大学生科技协会进行改建,改建后学院科协由研究生任主席,团委科技部部长任副主席,学生担任创新讲师。由此率先打通了学院本科生与研究生教育的关联性。目前,科技协会内有优秀学生创新讲师 11 人,其中硕士生 5 人,大四学生 2 人,大三学生 4 人。而且创新讲师们已经为近 200 名低年级同学举办了科技创新讲座与实训,其中 16 级本科生 140 人,15 级本科生 60 人。通过科技协会的努力,在 2017 年全国电子设计大赛中,水声学院本科生报名参赛的学生达到 162 人,是往年报名人数的 3 倍多。

通过精神与物质的双重奖励,提高教师和高年级学生指导本科生科技创新的积极性。为了发挥学院教学科研教师的主观能动性,进一步推进水声工程学院学生科技创新工作,促进人才培养质量提升,加强全员育人环境建设,实现学院高水平创新型人才培养工作目标,学院制定了《水声工程学院学生科技创新指导教师奖励办法》。对指导学生参加省级以上科技创新奖励并获奖的教师,提供精神与物质的双重奖励。同时,如果研究生或者高年级学生能够作为指导教师指导低年级学生参赛并获奖的,同样予以一定的奖励。

4. 充分发挥综合测评中心的客观评价职能,提高学生综合素质

为学生提供公平、客观的评价环境,提高学生个人综合水平和社会竞争力。为贯彻落实学校精英型人才培养方针,促进学生全面发展,水声工程学院依据《哈尔滨工程大学学生综合素质测评实施办法》,结合学院实际情况,制定《水声工程学院本科生综合素质测评方案》,对学生综合素质发展的程度及情况进行评估,旨在提高学生个人综合水平和社会竞争力。测评过程中去掉主观评价,全部客观打分。把活动作为学生综合素质教育的课程,以

学习与交流、科技创新、文体活动、实践活动、班级活动五大项综合评价类别为主要评价体系。确保考核程序与结果公平、公开、公正。目前测评结果每两周在学院网站进行一次公示,如果学生存有异议,公示后一周内可以进行申诉。同时学生家长也可以通过综合测评的公示了解孩子在校的课余生活情况,每次公示的网页点击率超过 1500 次。

5. 充分发挥学习指导中心的学业指导能力,提高学生学习成绩

通过全科辅导,提高学生单科成绩。学院学习指导中心担任着学院低年级本科生学习指导、学习习惯养成等多方面任务。学习指导中心设有学习助教,均由单科成绩在 90 分以上的高年级同学自愿、无偿为低年级学生在集体晚自习时间进行小班辅导或举办单科学习讲座。期中考试后,学习助教主动找到低年级单科成绩靠后的同学进行一对一单独助教。2017 年春季学期学习指导中心助教从十几人扩充到 47 人,涉及微积分、概率论、大学物理、程序设计语言 4 门课程。同时学习指导中心每周统一组织低年级学生进行英语四六级模拟考试,在对试卷进行批改的同时针对共性问题举办讲座进行专门讲解。

6. 充分发挥传媒中心在新媒体与传统媒体中的力量,弘扬正能量

引领学生树立正确的精神追求与人生方向。传媒中心是学院弘扬正能量、传播先进思想的主力军,在学院网站、微博、微信订阅号、展示板、宣传栏等新媒体和传统媒体的宣传主阵地发挥着重要作用。《从〈人民的名义〉到学生的名义》《没有不朽的人,只有不朽的魂》《和校园诈骗说再见》《大学应该完成的事,你做到了几件?》等一系列或激励、或引导、或警醒的文章通过传媒中心传递到学生中间,引起了学生的共鸣。

全过程体验式专业教育平台,通过师生联动,以体验式的教育理念为指引,从思想、学习、综合能力、体质健康等多方面入手,取得了卓越的成效。2018 年保研留本效率为 67%,大一期末考试无一人有两门以上不及格,补考后仅一人不及格。通过全过程体验式专业教育平台,水声工程学院为国防事业培育出了大量的优秀科研工作者。目前,国内水声行业近 40% 的主要领导干部中,近 60% 的优秀科研工作者,均有过在水声工程学院学习或工

作的经历。

参考文献

[1]陈向明.从北大元培计划看通识教育与专业教育的关系[J].北京大学教育评论,2006(3):71－85.

[2]徐今雅,朱旭东."专业教育"辨析——兼论专业教育与高等职业教育的关系[J].复旦教育论坛,2006(7):29－34.

[3]周光礼.论高等教育的适切性——通识教育与专业教育的分歧与融合研究[J].高等工程教育研究,2015(2):62－69.

[4]H. Rashdall. The Universities of Europe in the Middle Ages, F. M. Powick and A. B. Emden, eds[J]. Oxford,1936(1):321－337.

高校精准资助问题研究及其改善策略研究

——以哈尔滨工程大学资助育人为例

金棱*

摘　要：家庭经济困难学生资助工作是高校人才培养工作的重要组成部分，是促进教育公平和教育事业协调发展的重要保障。当前高校资助工作面临从"量"到"质"的转型，精准资助是提升高校资助工作水平的必然选择。因此如何实现精准资助，是新时期高校学生资助工作亟待思考与解决的难题，对于这一实践课题的破解，应当树立精准资助的基本理念，在实际工作中，确保资助对象认定的准确性，掌握资助对象的具体需求，提升资助形式的效益性以及增强资助育人的实效性，从而推动高校学生精准资助长效机制的构建。

关键词：高校；学生；经济困难；精准资助

党的十九大报告指出，让贫困人口和贫困地区同全国一道进入全面小康社会是我们党的庄严承诺，要动员全党全国全社会力量，坚持精准扶贫、精准脱贫。[1]当前，对于大多数高校而言，家庭经济困难学生资助工作已初具规模，具有一定的资助广度，而在资助的深度、效度方面尚停留在表层阶段。《国家中长期教育改革和发展规划纲要（2010－2020年）》中期评估学生资助中期评估报告明确指出，要加快进行学校家庭经济困难学生资助体系信息化建设，全

---

* 金棱，1986年出生，黑龙江省哈尔滨市人，哈尔滨工程大学学生工作处本科生思想教育办公室科员、助理研究员，硕士，研究方向思想政治教育和党建研究。

国学生资助管理信息系统要实现与人口、低保、扶贫等部门信息系统的对接或信息共享,为各级各类学校确认学生身份、认定家庭经济困难学生提供技术支持,提高资助管理工作效率和学生资助的"精准度"[2]。

多年来,哈尔滨工程大学通过国家财政投入、教育事业经费提取、社会资金募集、金融机构贷款等渠道广泛筹措资助资金,建立了"奖、助、贷、勤、补、免、偿"等具有学校特色的全方位的经济资助体系,始终坚持以助学贷款为主要渠道,以困难补助、学费减免为辅助手段,以奖助学金为激励方式,以勤工助学为实践途径,完善了资助工作机制,多措并举排除家庭经济困难学生的后顾之忧,满足了学生成长发展的最基本的需求,保证学生安心求学。

一、高校精准资助的内涵

"精"主要指简化、易操作,"准"主要指量化、细化、可操作化。根据精准化管理的定义,结合高校学生资助工作的实际,我们将精准化资助的内涵界定如下。

1.资助政策体系要完备

精准化资助的实现必须有一套完备的资助政策体系。这一政策体系要能够实现精准化资助的"两个一"目标,即应助学生"一个都不能少",不应助学生"一个都不能有"[3],从而为家庭经济困难学生的认定提供科学依据,为资助过程提供可靠保障,为实现资助目标提供方向指引,最终达到资助暖人心、扶人志、教育人的效果。

2.受助学生困难原因及等级识别要精准

高校根据国家制定的资助政策,建立家庭经济困难学生认定的量化评价指标体系,在科学调查摸底、学生民主评议的基础上,采取定量与定性相结合的方法,[3]切实掌握家庭经济困难学生的实际情况,根据困难程度分类细化资助对象,精准识别资助目标。

3.资助措施要适用

家庭经济困难学生认定后,高校要针对学生的困难原因、等级和需求,采取针对性的举措,并且资助过程要实现动态管理,实现资助对象有进有出,确保资助金精准发放,实现"扶真贫、真扶贫",促进受助学生健康成长与发展。

二、高校精准资助的意义

实现高校家庭经济困难学生的精准资助具有重要意义。只有充分认识精准资助的重要意义,才能提高精准资助的思想认识,并下大力气推动高校家庭经济困难学生的精准资助。

1. 精准资助是教育公平的必然要求

教育公平是公平正义的重要构成内容。由于历史、地域、发展阶段等多种原因,还存在一定数量的低收入群体。他们的收入仅能满足基本生存需要,子女就学尤其是进入高等院校就学的费用是一个很大的问题,各类资助政策则是实现低收入群体子女安心入学的重要保障。[4]精准资助能够最大限度地实现对贫困户和低收入群体子女的帮扶,让真正有需要的人得到资助,更好地保障教育公平。

2. 精准资助是改善资助工作的客观要求

以往高校家庭经济困难学生资助工作取得了一定成绩。但是,从实践来看,存在问题也较为突出,主要表现为如何实现粗放资助向精准资助的转变。精准资助以"精准"作为核心,强调在对细节充分把握的基础上,进一步提高高校家庭经济困难学生资助效率,让家庭经济困难学生资助更有针对性,让更多家庭经济困难学生获得资助,从而实现资助政策和资助资金的最大化运用,提高资助资源的配置效率。[4]同时,在精准资助的过程中,势必会对传统家庭经济困难学生资助模式、制度等进行相应变革,进一步实现高校资助工作的改善与优化。

3. 精准资助是培育时代新人的基本要求

党的十九大报告明确要求,要以培养担当民族复兴大任的时代新人为着眼点。[1]高校是培育时代新人的主阵地,是培育担当民族复兴大任接班人的主场所。因此,让更多有信念、有理想、有抱负的学生顺利入学并完成学业是高校的任务之一。精准资助能够缓解家庭经济困难学生及家庭的后顾之忧,保障家庭经济困难学生顺利完成学业,为国家和社会输送更多的人才。因此,高校必须关注家庭经济困难学生的精准资助,让家庭经济困难学生尽可能地享受到分类资助,正常完成学业。在学业完成后,投入中国特色社会主义建设事业之中,为民族和国家做出更大的贡献。

三、高校精准资助的改善策略

2016 年起,哈尔滨工程大学设立了励志成才计划,以实现"家庭经济困难学生资助全覆盖"为目标,以学生需求为导向,以学生发展为中心,建立"对象精准、需求精准、形式精准"的三维精准资助管理体系,即找准资助对象,通过差别化的资助形式,提升资助目标与资助对象需求之间的契合度,最大限度发挥资助的效能。

1. 确保资助对象精准

(1)基于大数据技术,建立资助信息管理系统

2015 年,哈尔滨工程大学以信息化建设为突破口,设计、开发了基于大数据技术的"学生(资助)信息管理系统",结合量化测评模型对每位"系统成员"进行打分,并结合学生校园卡消费检测、定期家访等定性手段动态调整家庭经济困难学生库。每学期初,学生通过系统登记个人及家庭成员相关信息,建立电子档案,经院系、学校审核后形成家庭经济困难学生库,有效地规避了以往数据来源不一导致个别学生身份模糊的情况。同时,系统涵盖奖优评定、助学贷款、勤工助学等大部分资助项目,实现全方位、动态性地把握学生的受助情况,为精准高效实施个性资助提供了强有力的保障。

2016 年将家庭经济困难学生率降低 2%,真正实现了"应助学生一个都不能少,不应助学生一个都不能有"的精准资助"两个一"目标。学校建设"按需服务"资助育人体系,提供类型丰富、行之有效的个性化精准资助项目,除奖助学金、助学贷款、勤工助学等国家相关资助政策外,全年资助学生 4451 人次,资助金额达 102 万元。2016 年,学校涌现出全国大学生自强之星、黑龙江省大学年度人物、全国百支优秀青年志愿服务队等多个优秀个人和集体,资助育人实效性不断增强。

（2）善用量化评测模型，动态调整家庭经济困难学生库

学校针对学生家庭年收入、生源地经济水平、日常消费情况等经济因素和学生受资助情况、家庭成员信息、班级学生互评、未来发展需求等非经济因素进行"信息加工"，利用模型定量地为家庭经济困难学生库成员打分，认定家庭经济困难学生身份及资助等级。同时，学校通过日常表现、随机约谈、不定期家访等补充手段，每隔半年对家庭经济困难学生库进行一次调整，真正实现资助评比科学化、资助信息数据化、资助反馈实时化、资助管理动态化。

2. 掌握资助对象需求

（1）建立需求评估机制，实行需求差异化资助政策

为科学分析把握学生的资助需求，学校建立了家庭经济困难学生学习—生活成本测算机制。依据学生家庭经济情况、学费标准、基本学习—生活成本和长远发展需求等因素，研究构建了家庭经济困难学生资助需求测评模型，针对不同困难程度、不同年级专业学生设立多个资助等级，提升资助需求的层次，在满足学生个体资金需求的同时，促进学生自我价值的实现和提升。

（2）资源配置合理化，物质需求与精神需求同步关注

需求精准即通过资助满足资助对象的个体需求，包括物质需求和精神需求。学校将国家奖助学金、助学贷款等具有较强政策刚性的资助项目，与学校和社会奖助学金、公益实践项目等具有较强灵活性的资助项目进行整合，以"统一规划与精准滴灌相结合"为原则进行资助资源整合。统一规划是把多样资助项目进行整体设计，实现常规与临时项目相结合、大额与小额项目相匹配、无偿与有偿项目相衔接，形成定期及时公布的资助实施方案，在一定时期集中申请、审批，引导学生进行合理选择与统筹。精准滴灌是结合不同学生的贫困程度、学习水平、精神需求等因素，为学生设计更为个性化的资助项目自选方案，让每个需要资助的学生都能获得符合自己需要的资助。

3. 实施资助形式精准

（1）提供个性化资助包，推进助学育人全程化

学校对资助对象进行指标量化评级，依托评级分值，除奖助学金、助学贷款、勤工助学等国家相关助学政策外，针对家庭经济困难学生，学校于

2011 年设立"一分阳光,温暖校园"爱心救助基金。基金运行 5 年来,接受在校师生、爱心企业等各方捐资近 120 万元,帮助 17 名危难疾重学生战胜病魔,继续完成学业。同时,学校对家庭经济一般困难学生和家庭经济特别困难学生提供不同的个性化资助包。后者在学费缓缴、新生礼包、无息借款、生活补助、大病基金、春节红包、话费补助、节日补助、冬衣补助的"保底"九项资助项目外,可额外申请爱心车票、爱心购物卡、灾害补助等资助项目,符合要求者同时可申请学费减免资助项目,上不"封顶"。2016 年,学校为 700 余名家庭经济特别困难学生全部按照卧铺标准发放寒假往返路费近 40 万元,让每一位寒门学子"轻装上阵"与家人团聚。近年来,学校不断提高资助额度,放宽资助条件,为真正需要帮助的家庭经济困难学生带来温暖和关怀。

（2）加强社团文化建设,积极探索公益内核

为全面提升家庭经济困难学生群体综合素质和能力水平,增强其归属感和凝聚力,学校于 2015 年成立校级学生组织助梦团,面向家庭经济困难学生开展"定制式体验活动"。目前,助梦团已连续两年推出了"学优大讲堂""阳光支教""爱心超市""人生分阶"主题团体心理辅导等口碑与效果双赢的品牌公益活动,累计受益近 3 万人次。此外,学校通过"自强标兵""公益之星"等评选活动,树立优秀学生典型,进一步发挥榜样引领作用。真正做到按需服务,弥补家庭经济困难学生人际交往、生活学习、心理健康、科创实践等方面的短板,竭力为其搭建与在校师生、社会各界交流展示的平台,培养优秀学生积极投身公益的优秀品质和社会责任感。

（3）丰富交流实践项目,努力拓宽学生视野

多年来,学校通过开展社会实践、名企参观走访、国内外交流游学等活动,支持并鼓励家庭经济困难学生"走出去",邀请行业专家、知名企业"走进来",强化学生素质培养与视野拓展,帮助学生树立信心、勇于寻梦,加快学生发展国际化进程,推进精英人才培养工程。2013 年至今,学校出资组织近百余名品学兼优的家庭经济困难学生参加美国常春藤名校游学、中美学生文化交流彩虹桥、韩国海洋海事大学暑期文化交流、北京大学国际公益论坛、西安阳光国际交流营等国内外名校交流项目,让学生体会不同高校的人

文环境与学术氛围。为提高学生专业认同感,学校每年组织学生参观大连船舶重工有限公司、清华核研院、中国原子能院、中科院长春光机所、大连东软信息学院、天津航道局、哈尔滨锅炉厂、哈尔滨第一专科医院等国内外知名企事业单位,为学生日后就业创业搭建平台。2016 年,学校与龙江知名企业北大荒集团达成共识,在校投资建立创新创业实践基地,为家庭经济困难学生创新创业提供技术指导和资金支持。2018 年,学校选派 27 名本科生赴韩国海洋海事大学进行暑期文化交流,团队中的 20 名家庭经济困难学生享受学校全额资助,这是学校首次面向家庭经济困难学生开展的国际暑期交流项目,对促进学校家庭经济困难学生对外文化交流、拓展国际视野、培养实践能力大有裨益。

高校家庭经济困难学生实行精准资助,是实现教育公平的必然要求。实现高校家庭经济困难学生精准资助,有利于促进教育公平,提高资助工作的效率,为中国特色社会主义建设事业培育更多的时代新人。如何在新时代更大程度发挥高校学生精准化资助体系的效用,真正意义上实现“保底线、抓主线、争上线”的目的,[5] 由“基本保障型资助”向“发展型资助”转变,是高校进一步研究的课题。

参考文献

[1]党的十八届中央委员会向中国共产党第十九次全国代表大会的报告《决胜全面建成小康社会 夺取新时代中国特色社会主义伟大胜利》.

[2]刘计婷.大数据背景下高校“精准资助”模式创新研究[J].当代教育实践与教学研究,2018(11):15 - 16.

[3]刘云博,白华.精准化资助:高校学生资助工作新思维[J].教育评论,2016(2):67 - 70.

[4]任秀琼.“精准扶贫”视阈下高校家庭经济困难学生资助问题研究[J].领导科学论坛,2018(10):61 - 63.

[5]陈思.高校精准化资助体系构建探析[J].济宁学院学报,2018(10):94 - 95.

第六篇

06

| 文化育人篇 |

大学生思想政治教育视角下的文化自信

曲直*

摘　要：习近平总书记自党的十八大以来，多次强调文化自信，十九大正式将文化自信并肩于理论自信、制度自信、道路自信，而大学生正是文化的传播者和创造者，本文站在思想政治教育视角下，阐述文化自信的概念、对大学生的重要性。文章以哈尔滨工程大学为例，探索培养文化自信的途径。

关键词：大学生；思想政治教育；文化自信

2014 年 2 月 24 日的中央政治局第十三次集体学习中，习近平同志提出要"增强文化自信和价值观自信"。在之后的几年中，他多次提到要增强文化自信，并在党的十九大报告中正式提出："要坚定文化自信，推动社会主义文化繁荣兴盛。"[1]作为当代的大学生——两个一百年的践行者，更是要将文化自信内化于心，外化于行，从内心认同和尊崇传统文化、传统思想价值体系。

一、文化自信的内涵

文化，是人类全部精神活动及其活动产品。自信，是发自内心的自我肯

---

*　曲直，1987 年出生，黑龙江省哈尔滨市人，哈尔滨工程大学信息与通信工程学院辅导员、讲师，硕士，研究方向思想政治教育。

定与相信。文化自信,是一个国家、一个民族、一个政党对自身文化价值的充分肯定,对自身文化发展进程及生命力的坚定信念。也就是一个国家、一个民族和政党对自身优秀的传统文化和先进的当代文化的坚定和坚守,对未来文化发展的自信和追求,以及能够正确地认识和对待外来文化,同时保持对本国文化的高度认可和信赖。[2]党的十八大报告中提出道路自信、理论自信和制度自信。中国共产党成立95周年大会上,习近平同志增加了"文化自信",中国人"坚持不忘初心、继续前进",就要坚持"四个自信",并强调了"文化自信是更基础、更广泛、更深厚的自信"。[1]可以说,文化自信是中华民族千百年传承的精神文明、物质文明,是有别于其他民族的独特标志,它是与理论自信、道路自信、制度自信并肩的另一种自信。而在长期的历史实践中证明,中国道路、中国制度、中国理论,一定来源于中华民族传统文化,植根于人民的实践。

"文化自信"对于当代大学生来说,不仅仅是一句口号、一个理论,而是中华民族千百年传承下来的文化精神,成为日用而不觉的价值观,增强做中国人的底气和骨气。习近平同志说:"没有高度的文化自信,没有文化的繁荣兴盛,就没有中华民族的伟大复兴。"要坚持中国特色社会主义文化发展道路,激发全民族文化创新创造活力,建设社会主义文化强国。

二、培养文化自信对于当代大学生的重要性

当代大学生人生奋斗期与"两个一百年"目标实现期高度契合,可以说,大学生文化自信的培养比任何一个时代都要迫切,文化自信的培养,对于坚定"四个自信"、坚定党的领导有着深远影响。

1. 文化自信是新时代的需要

党的十九大宣告了中国特色社会主义进入了新时代,从此中国发展进入了全新的历史时代。党和国家的一切工作都要以新时代为新起点,学习新思想,以新的姿态、新气象开启新篇章。当代大学生处于新时代的开篇,是"两个一百年"的见证者,树立当代大学生的"四个自信"是当务之急,是新时代的召唤,而文化自信又是四个自信中最根本的。在全社会的文化培育中,大学生正处于领航、传承的主体位置,是实现中华民族伟大复兴中国梦的中坚力量。可以说,培养当代大学生的文化自信是历史的选择,是中华民族稳定昌盛的需要,是适应新时代的必然结果。

新时代需要民族的凝集,而文化自信正是实现民族凝聚力的重要保障。文化的特性就是具有一定的传播和引导功能,文化通过自身价值引领、意识形态引导、思想引领等方式,来提升文化素养,并通过教化功能强化民族自豪感,增强民族凝聚力。可以说,文化自信已经逐步成为国家综合国力竞争的重要基础。因此,我们党才提出要提升国民尤其是大学生的文化自信,逐步将文化提升到助力民族复兴的高度。

2. 培养文化自信就是深层次地理解四个自信

增强当代大学生对四个自信的价值认同是一项固本工程。可以说文化自信是四个自信的坚固底色。文化自信支撑道路自信。从中国长远的发展历史来看,中国特色社会主义道路是全国人民的选择,是社会发展的必然,有深厚的理论和坚固的群众基础做支撑。文化自信支撑理论自信,中国特色社会主义理论体系与中国传统文化是不可分割的,是思想内核与文化资源的关系。中国特色社会主义理论体系所体现的中国化,无不深深地植根于中国优秀传统文化。文化自信支撑制度自信。中国特色社会主义制度的确立和完善,离不开中国文化的传承、革命文化的继承,文化自信的培养有助于增强大学生对中国特色社会主义制度的信心。文化自信是道路自信、理论自信和制度自信的内在要求和必然结果。道路自信、理论自信和制度自信都是偏外在的,而文化自信倾向于内心和价值观,这种自信能够让人真正地心悦诚服。文化自信与道路、理论、制度三大"自信"相互渗透、相互作用、相互影响。[3]

3. 坚定大学生对中国共产党的不渝追随

清朝的没落和腐朽,令每一个仁人志士都怀着救亡图存的梦想,从太平天国、洋务运动到辛亥革命,一批批的中华儿女试图用自己的主张挽救中华民族,可是都没有成功,直到中国共产党的出现,将内忧外患的中国解救于泥淖之中。[4]曾经的中国共产党也是经历了艰苦卓绝的斗争,最终取得了革命的胜利。对当代大学生进行文化自信的意识形态输出,就是坚定大学生对共产主义的不渝追随,就是肯定中国共产党已走到了历史舞台的中央,是对中华传统文化、革命文化以及社会主义先进文化认同和弘扬的过程。要培养大学生的文化自信,让他们体会共产党员不惧牺牲的革命精神,要培养能在其中寻找到确切的依托感和归属感,对共产主义的革命文化发自内心的认同。

4. 抵制西方思潮对当代大学生的影响

现在正处于互联网的时代,特别是随着全球化进程的加快,世界各种文化正在交融、碰撞,西方思想文化思潮大量涌入,而大学生正是西方敌对势力意识形态输出的重要群体,他们通过各种渠道对中国文化和政治道路进行抨击,传播西方的政治观点、价值观念,企图对当代大学生产生潜移默化的影响。另外,中国在近代史中国际地位的变化,导致大学生传统文化的根基浅薄,社会上娱乐、消费、文学等方面对西方文化也存在不同程度的模仿。而大学生的三观还没有完全形成,很容易崇尚西方文化,并轻信西方国家鼓吹所谓的"民主""法制""人权""公平"。更严重的以西方国家为样板,消费观、婚恋观、择业观西化,对千百年来的中国文化进行否定。西方思潮的入侵是不可避免的,坚定当代大学生的文化自信是高校不容忽视的问题。

三、探索文化自信的培养路径

当代大学生是新时代的见证者和缔造者,是文化自信的传承者和创新者,高校要高度重视大学生文化自信的培养力度,肩负起培养当代大学生文化自信的重任。本文以哈尔滨工程大学培养大学生文化自信的做法为例,探索文化自信的培养路径。

1. 发挥思想政治课堂主渠道作用

课堂依旧是学生接受教育的主渠道,授课教师依旧会对学生产生潜移默化的影响。在课堂中,教师要深入挖掘文化自信与思政课程的关联,用新颖的授课方式使学生对枯燥的理论产生兴趣,如哈尔滨工程大学提出运用教、问、辩、演等形式,将中华文化融入教学始终,很好地激发了学生的学习兴趣。文化自信授课当中以习近平同志"四个讲清楚"为主要线索进行设计。一是讲清楚每个国家和民族的历史传统、文化积淀、基本国情不同，其发展道路必然有着自己的特色；二是讲清楚中华文化积淀着中华民族最深沉的精神追求，是中华民族生生不息、发展壮大的丰厚滋养；三是讲清楚中华优秀传统文化是中华民族的突出优势，是最深厚的文化软实力；四是讲清楚中国特色社会主义植根于中华文化沃土、反映中国人民意愿、适应中国和时代发展进步要求，有着深厚历史渊源和广泛现实基础。[5]

　　在必修课程改进的同时，学校开设相关配套选修课程，如"中国传统文化""红色革命文化""海权简史"等课程。选修课程的培养目标同主修课程一致，可以从侧面配合主修课程。另外，通过不同的授课模式和不同的兴趣点增强大学生对中国文化的兴趣。在思政课程中，教师要坚决以中国特色社会主义理论体系为根本，面对纷杂的价值观传播与社会思潮，带领学生辨伪存真，以中华民族文化为骄傲，抵制"历史虚无主义"和"去马克思主义"。

　　2. 构建生动立体的实践活动

　　文化自信作为新时代文化核心观念，要想真正显示其效果，使文化自信成为一个具体而有效的时代观念，除了继续在课堂中进行意识形态引领外，还需要强化自身的实践意识，运用实践手段。哈尔滨工程大学为了使学生更好地接受文化教育，构建了多维度、全方位、环绕式的第二课堂教育体系。第一，依托重大节日开展传承活动。利用传统节日，如青年节、建军节，利用伟人诞辰，如马克思诞辰、毛泽东诞辰，利用各种纪念日，如抗战胜利纪念日等，利用重大事件，如红军两万五千里长征等，让学生重温历史，加强家国文化教育，增进学生对中华民族和中国共产党的情怀，从而坚定文化自信。第二，积极开展校外实践活动。"纸上得来终觉浅"，让学生近距离感受传统文化，学校近几年开展传统艺术进校园活动，"阳光论坛"多次邀请国家知名的文艺家来校传播正能量。学校组织学生到有纪念意义的场所进行参观，如井冈山红色革命区、延安红色教育基地等。第三，充分发挥社团、班团作用，积极开展文化教育活动。通过"相声茶社""书法协会"等社团组织，以及班级组织班会、团活、辩论赛等形式多样的文化传播活动，来潜移默化地影响学生,树立其文化自信。

3. 加强辅导员队伍建设

养成文化自信,不是一蹴而就的,而是一个长期、持续的过程,需要对每个节点有清晰认识并精准发力,这样才能潜移默化、水到渠成。而高校辅导员是思想教师骨干力量,正是这样一个掌握学生情况的全方位角色。可以说,辅导员是最贴近学生思想动态的把握者和观念传授者。[6]加强辅导员队伍建设,对于文化自信的养成事半功倍。第一,明确辅导员自身的使命——中华民族文化的传播者,并以此为己任,抓住一切机会从学习状态、日常生活、职业规划、心理健康等方面入手。第二,善于学习,打铁还需自身硬,只有具备较高的理论水平,学生才能信服。学校要求辅导员学习从古至今的文化,加强对中华文化的认同感,并同中国特色社会主义道路、理论、制度联系起来,了解世情、国情,善于分析热点和学生感兴趣的问题,对于西方文化有客观的了解和鞭辟入里的见解,引导学生树立文化自信。第三,哈尔滨工程大学所开展的小班微课堂授课活动,以思想政治为主题,以辅导员为主体,组建宣讲团队,以自然班级为单位,力求覆盖全体本科生,集体备课研讨,力求在生动的教学过程中传达文化自信正能量。第四,接地气讲温情,学生是辅导员的培育目标,要切合实际地将文化融入学生的真实日常生活,善于运用学生喜闻乐见的语言方式,切忌假大空,高高在上,只有理论没有实践。

4. 发挥校园文化的主体作用

培养文化自信的渠道有很多,在众多渠道中,校园文化可谓是最直观和最有效的。因为从大学功能上看,校园文化是文化自信现实意义所在,而且校园文化是散布在高校中的文化氛围,如果引导恰当,对文化自信的培养事半功倍。就校园文化的内涵而言,可以将其分为物质文化、行为文化、制度文化、观念文化。校园环境、设施属于物质文化;学风文化、学术态度、人际关系等属于行为文化;校规校纪、文件章程属于制度文化;对于学校历史与现实的不断思考属于观念文化[7]。哈尔滨工程大学以这四个方面为抓手,第一,借助物质载体凸显校园文化传承,各种硬件设施、教学楼、一草一木构成了大学生朝夕为伴的生活和学习环境,将校园的物质赋予悠久的历史文化,使学生身处这些物质遗产的同时也能感受其中所承载的军工文化精神。第二,增强校园文化的认同感,将校园文化自信渗透到专业教学中,通过与学生之间面对面的交流,校园文化获得了最为鲜活的存在方式。第三,注重大学校园文艺活动。在遵循美育规律的前提下推进校园文艺活动,学校将校园文艺活动贯穿于校史、军工纪念博物馆、海洋馆等艺术化形式中,从而多方面传播校园文化。

5. 丰富文化自信宣传途径

一方面,让学生眼界宽起来。中国文化正受到西方国家的抨击,没有体验就没有发言权,可以让学生身临其境地感受西方文化,哈尔滨工程大学组织大学生参加对外交流、夏令营、冬令营活动。在学生充分感受到西方模式后,辅导员在坚守习近平中国特色社会主义思想内核的基础上,引导学生客观地鉴别真伪,学习精华,去除糟粕。正如习近平同志所言:"对我国传统文化,对国外的东西,要坚持古为今用、洋为中用,去粗取精、去伪存真,经过科学的扬弃后使之为我所用。"另一方面,学校运用网络媒体,将网络教育发展为文化自信的重要阵地。因为现在越来越多的学生倾向于在网上表达自己的观点,充分利用网络自媒体的功能,激活育人功能,通过学校官微、微博、贴吧、QQ 等媒介助力文化自信。开设贴近学生生活的网络教育平台,引导学生理性思考,树立正确的文化观念,弘扬中华优秀文化。

面临即将承担时代重任的当代大学生,高校的文化自信教育工作要与时俱进,实现学生自觉树立文化自信,做到自信而不自负,谦虚却不自卑,自觉承担起传承发扬中华传统文化、推动社会主义先进文化发展的重任。习近平同志讲中国特色的社会主义既不是植根于经济繁荣的沃土,更不是植根于西方文化的沃土,而是植根于中华文化的沃土。文化自信就是要在本土文化和外文化的交锋和融合中,创造中国文化的新辉煌,成为社会主义先进文化的传播者与创新者。

参考文献

[1]党的十八届中央委员会向中国共产党第十九次全国代表大会的报告《决胜全面建成小康社会 夺取新时代中国特色社会主义伟大胜利》.

[2]刘林涛.文化自信的概念、本质特征及其当代价值[J].思想教育研究,2016,(4).

[3]张静.分析文化自信[J].智库时代,2018(6).

[4]刘瑜,孟建芳.发挥中共党史在大学生文化自信培养中的重要作用[J].北京教育,2018(10).

[5]新华社.习近平在全国宣传思想工作会议上强调胸怀大局把握大势着眼大事 努力把宣传思想工作做得更好[EB/OL].中国文明网,2013 -08 -20.

[6]丁莉婷.辅导员在大学生文化自信树立过程中的角色定位与实践探索[J].黑龙江教育(理论与实践),2018(10).

[7]陈剑.文化自信视域下的大学校园文化建设[J].中国成人教育,2018(10).

以国防教育视角浅谈中华传统武德文化

李思滨*

摘 要:面向大学生开展国防教育,铸就国防精神,离不开中华武德传统文化的滋养,更需要寻根溯源找到新时代大学生国防精神锻造的历史根源。新时代高校国防教育,应以"忠、仁、智、勇、严"为传统遵循,将"爱国、爱民、创新、血性、法纪"作为当代高校国防教育的价值导向,走出具有中国特色的国防铸梦之路。

关键词:传统武德;国防教育;大学生

2018 年 5 月 2 日,习近平同志在北京大学师生座谈会上给广大青年提出"爱国、励志、求真、力行"四点希望。面向普通高校大学生开展国防教育有利于增强大学生"忠于祖国,忠于人民"的家国情怀,还可以在实际的教学实践活动中帮助同学们做到"求真学问,练真本领;知行合一,做实干家",更可以让同学们在国防教育的熏陶下真正做到"立鸿鹄志,做奋斗者"[1]。国防教育之于普通高校,不仅能够满足当代大学生自身发展的需求,也能够满足新时代对当代大学生的要求。

一、大学生国防教育的时代需求

作为国防体系的重要组成部分,国防教育有利于提升人民群众的国家

---

* 李思滨,1981 年出生,辽宁省营口市人,哈尔滨工程大学国防教育学院学工办主任、副教授,硕士,研究方向思想政治教育。

意识、综合素质和整个中华民族的凝聚力,而高等学校更是国防教育的重要阵地,肩负着将国防意识注入当代知识青年灵魂的重要使命。

1. 新国际环境的时代需求

中国特色社会主义进入新时代,这是中国发展新的历史方位。我们党在现阶段的基本路线的中心是以经济建设为中心,而发展经济就必须要有一个和平稳定的国际环境,增强国防建设力度和加强国民的国防意识教育在新时代就显得尤为重要。面向大学生开展国防教育,能够将国防教育的效果沉积为广大学生的政治底线、道德标准、行为准则、意志品质和生活习惯,从而影响整个民族的社会生活,使国防精神渗透于整个社会,进而提升民族居安思危的危机意识、时刻警惕的防范意识、忘战必亡的历史意识和共同发展的大局意识。

2. 素质提升的必然需求

面向普通高校大学生开展国防教育,不仅是国家法律法规的要求,更是出于对大学生综合素质合理考量的结果。一方面,我国《国防教育法》明确提出:"高等学校应当设置适当的国防教育课程。"[2]另一方面,面向大学生开展国防教育必须与大学生的综合素质拓展相结合,满足大学生能力素质提升的需求,提升国防教育的综合育人功能。从德、智、体等多方面,寻求开展大学生国防教育的新策略,拓展大学生的思想力、创造力与行动力,将大学生的个人发展与国家需求紧密结合是对当代大学生国防教育提出的新挑战。

3. 新技术战争人才的保障需求

从现代战争的角度来看,在大学生中开展国防教育更是非常重要的。现代战争是高技术战争,新技术催生新装备、新战法、新战略。新的战争模式更需要新型的军事人才与国防后备力量,在大学生中开展国防教育有助于培养学生们参军报国的思想,从而为军队提供大量的现代化高素质人才方阵。巩固国防、服务国防、建设国防,离不开对广大群众特别是大学生这一掌握高新技术的国防后备力量的国防教育。普及和加强全民国防教育,特别是针对大学生的国防教育,对于推进国防和军队适应现代化战争形式与需求,推进实现中华民族伟大复兴都具有重要而深远的意义。

二、中华传统武德的文化符号

中国悠久的历史伴随着征战,催生了中国历史悠久的传统武德文明。中国传统武德文化的精髓包括:核心是"仁战",作用是"德胜",原则是"义战""人和",治军方略是"师出以律""以治为胜",军人职责是"精忠报国""唯人是保",军人职业道德是爱军精武,军人武德标准是仁、义、忠、智、勇、严、信、礼。中国传统武德文化是中华民族优秀传统文化的重要组成部分,具有重要的历史价值、时代价值和国际价值。[3]近代以来,中国共产党在革命和建设实践过程中领导军队建立伟大功绩的同时,也造就了丰富的革命武德文化,给中华传统武德文化注入了新的活力。

"忠、仁、智、勇、严",作为中国传统武德文化的重要组成部分,在中国历史悠久的文化演进过程中,涌现出一系列代表人物与精神内核。而在中国共产党带领中国人民进行革命和建设的过程中,中国传统武德文化在伟大的革命先驱者们身上得到了传承。

1. 忠——传统武德的信仰根基

朱德元帅深深地传承了"忠"这一精神。作为传统军阀滇军旅长出身的朱老总,在护法战争中战功赫赫,后在十月革命和五四运动的影响下,了解并接受了先进的马克思主义思想,为了寻求真理加入中国共产党。大革命失败后参加领导八一南昌起义,并保留起义的火种发展壮大,率部万余人上井冈山与毛泽东领导的部队会合,创建了井冈山根据地。朱德元帅终其一生,始终忠于党、忠于祖国、忠于军队、忠于人民、忠于他所信仰的马克思主义。[4]

2. 仁——传统武德的灵魂归属

"仁"不仅仅是中华传统武德符号的一部分,也是中华传统儒家文化的核心。贺龙元帅就是一位能够密切联系群众、心系人民的公仆。"文化大革命"期间,性格耿直的贺龙更是多次陷入林彪、吴法宪等人的阴谋,为了保护其他将领和人民,将矛头直指"四人帮"集团,被迫害致死,最终得到平反。

贺龙元帅为国家和人民所做的一切很好地诠释了"仁"的精神。[5]

3. 智——传统武德的价值拓展

中国的开国大将、中国人民解放军军事工程学院的老校长陈赓将军在14 岁时曾携笔从戎,而后考入黄埔军校并成为"黄埔三杰"之一。在南昌起义、长征、抗日战争、解放战争中立下汗马功劳的同时,他还留下了《作战经验总结》等作品。[5]

4. 勇——传统武德的展现形式

毛主席有一首著名的诗句"谁能横刀立马,唯我彭大将军"。彭德怀元帅身经百战、威武坦荡,在长征、抗日战争以及解放战争期间立下了赫赫战功。在战争期间,他多次身处前线险境,亲自指挥战士作战,毫无畏惧之色,这种勇敢的精神深深鼓舞了部队的士气。[5]

5. 严——传统武德的现实保障

1947 年 10 月 10 日,毛泽东同志起草了《中国人民解放军总部关于重行颁布三大纪律八项注意的训令》(又称《双十训令》),"三大纪律八项注意"成为人民解放军统一的纪律和行动的准则,是人民军队战斗力的重要来源。[10]

三、中华传统武德的现代启示

根植于中华悠久的历史文化血脉的"忠、仁、智、勇、严",已经成为中华传统武德的深刻内核,也是新时代发扬传统文化、构筑崭新国防教育体系的历史遵循。国防教育需要充分发挥传统武德的优良文化基因,在继承中展现时代特征,赋予传统文化崭新内涵。

1. 忠——爱国

新时代的"忠",体现的不是封建社会的忠君,作为一个人民当家做主的现代化社会主义国家,谈到忠诚,首先想到的是忠于祖国——爱国。习近平同志指出:"爱国主义是中华民族精神的核心。爱国主义精神深深植根于中华民族心中,是中华民族的精神基因,维系着华夏大地上各个民族的团结统一,激励着一代又一代中华儿女为祖国发展繁荣而不懈奋斗。5000 多年来,中华民族之所以能够经受住无数难以想象的风险和考验,始终保持旺盛生命力,生生不息,薪火相传,同中华民族有深厚持久的爱国主义传统是密不可分的。"面向大学生开展爱国主义教育,要从文化层面、历史层面、传统层面、国情层面、世情层面,多层面、多角度地开拓教育路径,在多元文化的网络时代开辟出一条以中国传统文化为根基的爱国主义教育新路径。

2. 仁——亲民

新时期,赋予"仁"的时代标签即是亲民。广义上讲,亲民就是与人民群众保持血肉联系;从狭义上讲,亲民就是保持群众本色。"群众路线"是党的根本工作路线,以毛泽东为代表的中国共产党在长期斗争中形成了一切为了群众,一切依靠群众和从群众中来,到群众中去的群众路线。群众路线是毛泽东思想三个活的灵魂之一,是党的根本工作路线。高等学校更应当引导大学生保持群众底色,将亲民爱民作为一生的做事基础,友善待人、和谐重道、诚信以交、不欺不躁,时刻保持为人民服务的价值追求。

3. 智——创新

在大众创业、万众创新的时代背景之下,创新便是当今之"智"的最优体现。对于创新型人才的需求已经成为制约当今经济社会发展至关重要的因素。为满足对于创新型人才的需求,美国发布了《为21世纪而教育美国人》公告,确立"培养全区性创新型人才"为高等教育的培养目标。我国"十三五"规划纲要强调了创新的内涵与意义,习近平同志在不同的讲话发言中也多次提到创新对于国家和社会经济发展的重要战略作用。创新已经成为新时代人才培养的关键词,更成为当代大学生国防教育的重要元素。创新给当代高等院校的国防教育带了机遇与挑战,培养创新型人才与培养新时代新型国防后备军在创新教育上找到了契合点。

4. 勇——血性

"勇"即血性。有灵魂、有本事、有血性、有品德,这是习近平同志对现代军人提出的要求,固然军人应该是有血性的,作为国防重要后备力量的当代大学生,血性教育也同样不可或缺。在大学生活中,血性应体现为敢于担当、乐于助人、追逐真理,面对世俗、面对困难、面对谬误、面对积弊,大学生应敢于挺身,敢于挑战、敢于钻研、敢于创新。

5. 严——法纪

"严"即法纪,培养大学生的法律意识。遵纪才能守法,纪律意识是培养大学生法律意识的基础。一般来说,纪律有三种基本含义:①惩罚;②通过施加外来约束达到纠正行为目的的手段;③对自身行为起作用的内在约束力。在现在这个法制社会中,不知法、不遵法、不守法的人是没有生存空间的,顺法而行,在法律的范围内,再谈爱国、爱民、创新与血性才是现代社会武德的最终表现。

四、大学生国防教育中的中华武德文化

高等学校是继承中华传统武德文化并赋予其时代内涵的重要阵地。必须发挥高校在学术、科研、创新、实践以及资源上的诸多优势,实现中华传统武德在大学生国防教育过程中生根开花,并奏响时代的乐章。

1. 爱国——以社团为载体,开展爱国主义教育

高校社团已经成为大学生实践教育的重要抓手。和大学生思想政治教育一样,在大学校园中开展爱国主义教育,必须依靠学生社团。军事类学生社团具备非常明显的爱国主义教育功能,广大学生通过开展主题鲜明、内容丰富、形式多样的军事类实践活动,能让爱国主义教育有的放矢。高校学生工作者,应该充分地运用和指导好爱国主义教育学生社团,强化社团的理论学习和思想建设,将革命历史教育、英雄主义教育、民族使命教育、国防兵役教育有计划、有步骤地融入社团活动,使爱国主义教育润物无声。

2. 亲民——以班级为平台,构建朋辈协作基础

集体是协作的基础单位,班级是大学生协作训练的最基本单元。充分利用班级这一平台,在骨干选拔、学风养成、活动设计、感情凝练上下功夫。将班级作为社会实践的最小平台,通过班级建设,训练班级成员团结协作的能力;通过团队协作,塑造大学生朋辈关怀的仁爱之心;通过仁爱训练,培养大学生爱民奉献的社会情怀。

3. 创新——以竞赛为渠道,营造青年创新氛围

创新意识是人类发展的推动力,是国家和民族发展的不竭动力,更是实现伟大复兴的必然要素。培育大学生的创新意识,是对传统武德思想的继承,更是继往开来的必然需求。以校内外创新创业竞赛为渠道,通过课程改革、教育模式改革、实践载体改革、考核机制改革和教学思维改革,培育大学生的创新意识,为民族的发展保留不竭的火种。

4. 血性——以体育为工具,打造阳刚向上状态

大学生群体中同样要强调血性,这是一个民族刚性与韧性的必然需求。体育精神的竞争性、对抗性、务实性、拼搏性和公正性,是一个民族在现代和平社会中血性的最集中体现。欲强健当代大学生之"精神"必先强健其"体魄",面向大学生开展针对性的体育活动与教育,将体育精神根植于青年的肢体与意识,有利于增强当代大学生的血性和塑造顽强的人格。

5. 法纪——以规矩为框架,划定遵纪守法底线

当代大学生缺乏自律意识与自控能力,高校学生工作者必须强化培养当代大学生的良好生活习惯与学习习惯,以习惯为基础培育学生的纪律意识,将传统武德中严纪峻法的精神内核移植于当代大学生的纪律意识教育,教育大学生面对纷繁复杂环境的诱惑与迷惑时要严守纪律、道德与法律底线,培养大学生树立正确的人生观与价值观。

在党的十九大报告中,习近平总书记首次提出"新时代中国特色社会主义思想",新时代中国特色社会主义思想是全党全国人民实现"中国梦"的行动指南。而"强军梦"是实现"中国梦"的战略支撑和力量保证,铸就当代青年学生的"国防梦"对实现祖国的"强军梦"具有重要战略意义。面向大学生开展国防教育,铸就国防精神,离不开中华武德传统文化的滋养,更需要寻根溯源找到新时代大学生国防精神锻造的历史根源。新时代高校国防教育,应以"忠、仁、智、勇、严"为传统遵循,将"爱国、爱民、创新、血性、法纪"作为当代高校国防教育的价值导向,走出具有中国特色的国防铸梦之路。

参考文献

[1]习近平.青年要自觉践行社会主义核心价值观——在北京大学师生座谈会上的讲话[EB/OL].人民网,2014-05-05.

[2]国防教育起草办公室.中华人民共和国国防教育法释义[M].北京:金盾出版社,2001.

[3]于保中,鲁岩.论中国传统武德文化[J].军事历史研究,2012(3):156.

[4]杨国桢.林则徐传[M].北京:人民出版社,1981.

[5]金一南.苦难辉煌[M].北京:华艺出版社,2009.

[6]芙丽.诸葛亮将帅理想人格观的伦理解读[J].军事历史研究,2011(2):166.

[7]赵国华.戚继光军事思想探论[J].理论学刊,2008(5):171.

[8]蒙曼.辛弃疾:勇闯金营生擒叛徒的爱国词人[J].文史天地,2015(5):17.

[9]刘诚香,刘林.岳家军军体训练中的军事思想探微[J].兰台世界,2013(7下旬):134.

[10]吕臻.毛泽东"三大纪律八项注意"蕴含的历史伟力和魅力[J].思想理论教育导刊,2017(12):59.

学术文化活动视角下，工科类研究生
学术能力提升路径研究与探索

张德伟*

摘　要：本文通过对国内外高校研究生学术能力培养的对比，研究了国内工科类研究生学术能力提升的影响因素，探索了学术文化活动路径下研究生综合学术能力提升的效果。通过数据对比分析发现，在工科类研究生中组织策划多层次、多维度丰富多彩的学术文化活动，可以拓宽研究生的学术视野，提高研究生学术研究的积极性，促进研究生综合学术能力的提高。

关键词：学术文化活动；工科研究生；学术能力；提升路径

工科类研究生是我国科学研究的主力军，承担着数量最多的涉及国民经济发展的工程应用等课题研究。[1]学术能力简单来讲就是指能够针对某一问题进行广泛而深入的理论研究以及实际论证的能力。提升工科类研究生学术能力从客观方面来讲，一方面，是研究生掌握基础理论知识和系统的专门知识，具备能够独立从事相关的科学研究工作及独立完成专门技术工作的能力从而获得相应的学位的硬性要求；另一方面，对高校的发展和社会科学技术的进步有重要的推进意义。从主观方面来讲，研究生学术能力的提升对研究生本人就业、升学等职业发展平台的选择有至关重要的作用。我国对研究生学术能力的培养，更多集中在研究生对文献收集与整理、设计

---

* 张德伟，1978 年出生，黑龙江省双城区人，哈尔滨工程大学航天与建筑工程学院学工办主任、教授，硕士，研究方向思想政治教育和生涯规划。

研究过程等单方面探究研究问题的能力的培养,忽视了综合学术能力的培养。[2]发达国家对于研究生学术能力的培养和提高主要通过两种方式:一是优化研究生课程设置,与国内研究生课程体系相比,国外研究生课程内容丰富,更新速度快,教学方法灵活,重在启发和引导,在此基础上倡导协作学习模式,学生选课可以跨学科和专业,根据自己专业领域、职业需要、基础能力以及兴趣等决定自己的选修课程;[3]二是科研训练注重实践与理论的结合,注重见解独到、强调理论学习兼顾实践环节、参与科研项目。[4]鼓励研究生参加各种学术会议、学术沙龙,目的在于直触学术前沿、拓宽学术交际空间、锻炼学术思维和表达能力、培养学术素养。因此,鉴于目前我国工科类研究生教育体系以及对研究生的科研训练方面与国外一流高校仍存在一定的差距,深入研究工科类研究生学术能力提升的影响因素,探索行之有效的提升路径具有非常重要的现实意义。

一、影响工科类研究生学术能力提升的因素

工科类研究生是研究生中数量比较大的一个群体,该群体整体年龄跨度较大,群体间的自我认知、心理素质、社会经历均存在较大差异。由于研究生的知识层面较高,功利心相对较强,科研任务的单一性造成了该群体的分散性较大。[5]因此会出现这样一个比较普遍的现象:绝大部分工科类研究生相对比较“宅”,不同学科、不同方向的研究生相互之间的学术交流学习非常少,参加团体活动的积极性就变得非常低,语言表达能力相对于文科类研究生就显得相对较弱。随着社会发展,更多的科学问题渐渐趋向于跨学科、领域交叉,对研究生综合学术能力要求也变得越来越高,因此深入探究影响研究生学术能力提升因素具有重要现实意义。

影响工科类研究生学术能力的因素主要分为三部分:教学部分、课题组科研部分以及学生活动部分,如图5所示。从图中可以看出,对于教学部分,专业课程的学习有助于研究生构筑自己的知识体系,专业实践可以帮助研究生提升发现问题、分析和解决问题的能力;课题组科研部分,学生通过参与科研项目可以进一步扩充知识体系;学生学术文化活动部分,丰富多

彩、充满学术气息的学术文化活动能够在更大程度上提高研究生学术能力所要求的四个方面,尤其是语言表达能力以及对学术前沿的感知性,这也是发达国家在提高研究生学术能力的科研训练部分中最为重要的部分。因此,组织、策划好研究生学术活动对于丰富研究生的课余生活以及提高研究生的学术能力具有非常重要的意义。

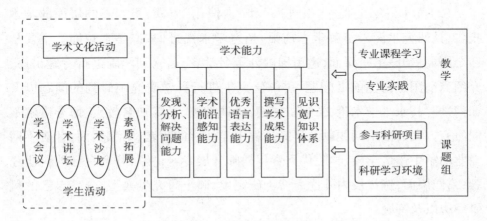

图 5　影响研究生学术能力的因素

二、学术文化活动对研究生学术能力提升探索研究

结合航天与建筑工程学院 2013—2017 年五年期间,在研究生中开展的多层次、多维度学术文化活动,本文对研究生学术能力提升进行了一定的探索和研究。

1. 学术文化活动的开展

学院近几年开展的学术文化活动主题主要围绕"博学、博思、励学、创新"开展。活动目的在于引导研究生树立科研诚信意识,提高科学道德素养,提升科学研究水平、创新创业能力。学院致力于以学术论坛等特色活动为载体,通过开展多形式多类别的学术活动,积极为研究生创造学术交流机会,搭建学术创新平台,拓宽研究生学术视野,激发研究生从事学术活动和科学研究的热情,全面提升学校高层次人才培养的能力和水平。主要活动内容围绕图 5 中"学生活动"部分展开,包括学术讲坛、学术沙龙、素质拓展、研究生创新创业促进活动、就业指导及交流六大方面。

(1)为了提高研究生学术视野,掌握更多的学术前沿,学院鼓励研究生参加高层次专业技术领域高水平国际会议以及国内会议,并成立研究生参加高水平会议专项资助资金,让更多的研究生能够走出去了解专业前沿知识。

(2)学术讲坛是通过"引进来"和"内消化"方式,组织不同层面的学术报告,让研究生深入了解学术前沿,拓宽学术视野,掌握学术技能。主要从四个层面展开:第一层面,邀请国内外著名学者、名家到学院进行专题讲座,介绍当前国际研究前沿问题、讲解研究生进行科学研究中碰到的问题以及如何撰写高水平学术论文;第二层面,邀请学校、学院知名教授、博导讲解不同研究方向的前沿问题以及研究过程中需注意的问题;第三层面,针对不同专业的学生邀请学校、学院优秀青年教师开展专题讲座,分享自己的科研经验;第四层面,选拔校内外优秀博士研究生、硕士研究生典型,分享自己的科研经历以及答疑。

(3)学术沙龙:邀请交叉学科不同专业的博士生导师以及博士研究生进行专题报告,并进行经验分享与交流,促进校内外交叉学科的学术交流和创新发展,激发研究生的创造性思维,鼓励研究生自由探索,促进团队意识的形成,提高研究生的学术素养。

(4)素质拓展方面主要包括研究生学术英语演讲大赛、研究生职业生涯规划大赛、"学术之星"评选三部分。研究生群体处在各学科学术研究的前沿,需要从大量外文文献中获取信息、参加国际学术会议、做英文文献汇报等。研究生学术英语演讲大赛模拟国际会议形式举办,目的在于提高学生的学术英语表达能力和临场应变能力。研究生职业生涯规划大赛通过参赛者制作自己的职业生涯规划书,进一步提升研究生深层次的自我认知,树立正确的人生观和价值观。"学术之星"评选通过荣誉奖励以及资助奖励的方式鼓励科研成果突出、综合学术能力突出的研究生,为学院研究生树立学术楷模,营造学术创新氛围。

(5)研究生创新创业促进活动主要包括两部分。一是邀请与学院有合作的企业进行创业合作交流,鼓励研究生实现学术成果的经济价值;二是鼓励研究生参加国内、国际的科技竞赛,同时举办"航建杯结构设计大赛""未来飞行器设计大赛"等赛事,加强研究生的实际动手能力。

(6)就业指导及交流,通过邀请院企合作的知名人力资源总监进行研究生求职面试答疑,邀请已签约国际、国内 500 强,国防科研院所等企业的研究生进行求职经验分享。

2. 学术文化活动效果

2013 年,我院研究生学术文化活动平均参与率为 32.51% ,到 2017 年这个数据已达到 85% 。由此可以分析出,通过不断搭建研究生学术文化活动的载体,可以更加有效地提高研究生参与学术活动的兴趣。2013—2017 年的五年,学院研究生申请专利篇数分别为 20、22、42、58、76;发表 SCI、EI 检索学术期刊论文数量分别为 32(EI)+16(SCI)篇、46(EI)+21(SCI)篇、88(EI)+26(SCI)篇、84(EI)+43(SCI)篇、100(EI)+40(SCI)篇,其中高水平 SCI 检索期刊论文数量分别为 6、8、10、15、23。

由以上数据可以很清晰地得出结论,通过举办丰富多彩的学术文化活动,搭建成熟稳固、学生喜闻乐见的学术文化载体,可以很大程度上提高研究生学术研究的参与性和积极性,不断促使研究生拓宽学术视野,提高分析问题和解决问题的能力,提升学术论文撰写能力和学术报告语言表达能力,促使更多学术成果的产出。学术能力的不断提升增加了研究生就业的核心竞争力。

三、结论

相对于国内外一流大学,我校研究生学术能力提升的总体框架和教育模式仍处在初级的探索和实践阶段。对于工科类研究生来说,相比于枯燥的课堂理论教学以及相对压抑的实验室科研氛围,丰富多彩的学术文化活动更能让研究生在比较宽松的氛围中接受学术文化的熏陶,养成良好的学术素养,拓宽学术视野,掌握学术前沿,丰富知识体系,促进语言表达能力的提升。

综上所述,应积极探索工科类研究生学术能力提升路径,做好学术文化活动的策划和组织,搭建研究生学术文化活动的载体,让每位研究生在轻松自信的环境中成长,从而为国家的"两个一百年"培养专业技能突出、创新能力更强、综合素质更过硬的高质量人才。

参考文献

[1]吴祖芳,翁佩芳,杨亚文.新形势下工科类研究生培养模式的思考与实践[J].现代教育技术,2010,20(13):166-168.

[2]陶艺,崔骋骋.多维学术观:研究生学术能力培养特色探析——以美国西弗吉尼亚大学为例[J].煤炭高等教育,2016(2):41-45.

[3]许迈进.美国研究生教育模式的特征分析[J].教育发展研究,2003(1):78-81.

[4]定华.走进美国教育[M].北京:人民教育出版社,2004.

[5]杨梦飞.研究生综合能力提升路径探索[J].科教文汇,2017(25):49-50.

后　记

　　为进一步加强我校学生工作的针对性和实效性,推进我校学生工作的进一步发展,提高我校学生工作的理论研究水平,我校辅导员队伍在"工作学习化、学习问题化、问题项目化、项目成果化、成果理论化"的思路下,编辑了这本《新时代高校思想政治教育工作探索——哈尔滨工程大学思想政治教育研究论丛》。本书系统研究了新形势下高校思想政治工作中出现的新情况和新问题,并在此基础上进行了经验的提炼和总结。同时,哈尔滨工程大学学生工作处首次以论文集的方式展现学校学生工作的理论成果,本书对于我校学生工作的开展具有重要的指导意义和参考价值。

　　感谢学校领导对本书编写工作的悉心指导,感谢各位辅导员为本书的出版付出了大量的心血和努力,感谢光明日报出版社的大力支持。同时,由于本书投稿的作者较多,限于时间和编辑水平,不足之处在所难免,真诚希望广大读者批评指正。

本书编写组

2018 年 12 月 25 日